教育部高等学校航空航天类专业教学指导委员会推荐教材

科学出版社“十四五”普通高等教育本科规划教材
航空宇航科学与技术教材出版工程

实验空气动力学

Experimental Aerodynamics

冈敦殿　易仕和　编著

科学出版社
北　京

内 容 简 介

本书介绍空气动力学实验的理论和方法。全书分7章，第1章为实验理论，包括量纲分析和相似准则等；第2~3章介绍低速、跨声速、超声速和高超声速风洞设备的结构和运行原理，以及特种空气动力试验设备；第4~6章主要介绍各种类型测试技术，包括气动力、压力、温度、速度测试等；第7章为流动显示技术，包括阴影、纹影、激光流场测试技术等。

本书可作为航空航天大类专业或者力学专业的本科生和研究生教材，也可作为研究人员和工程技术人员的参考用书。

图书在版编目(CIP)数据

实验空气动力学 / 冈敦殿，易仕和编著. — 北京：科学出版社，2022.9

航空宇航科学与技术教材出版工程

ISBN 978-7-03-072725-1

Ⅰ. ①实… Ⅱ. ①冈… ②易… Ⅲ. ①实验空气动力学—高等学校—教材 Ⅳ. ①V211.7

中国版本图书馆 CIP 数据核字(2022)第120113号

责任编辑：徐杨峰 / 责任校对：谭宏宇
责任印制：黄晓鸣 / 封面设计：殷 靓

科学出版社 出版

北京东黄城根北街16号
邮政编码：100717
http://www.sciencep.com

南京展望文化发展有限公司排版
广东虎彩云印刷有限公司印刷
科学出版社发行 各地新华书店经销

*

2022年9月第 一 版 开本：787×1092 1/16
2025年7月第十次印刷 印张：12
字数：274 000

定价：60.00元

(如有印装质量问题，我社负责调换)

航空宇航科学与技术教材出版工程
专家委员会

航空宇航科学与技术教材出版工程
编写委员会

丛书序

我在清华园中出生，旧航空馆对面北坡静置的一架旧飞机是我童年时流连忘返之处。1973年，我作为一名陕北延安老区的北京知青，怀揣着一张印有西北工业大学航空类专业的入学通知书来到古城西安，开始了延绵46年矢志航宇的研修生涯。1984年底，我在美国布朗大学工学部固体与结构力学学门通过 Ph. D 的论文答辩，旋即带着在24门力学、材料科学和应用数学方面的修课笔记回到清华大学，开始了一名力学学者的登攀之路。1994年我担任该校工程力学系的系主任。随之不久，清华大学委托我组织一个航天研究中心，并在2004年成为该校航天航空学院的首任执行院长。2006年，我受命到杭州担任浙江大学校长，第二年便在该校组建了航空航天学院。力学学科与航宇学科就像一个交互传递信息的双螺旋，记录下我的学业成长。

以我对这两个学科所用教科书的观察：力学教科书有一个推陈出新的问题，航宇教科书有一个宽窄适度的问题。20世纪80~90年代是我国力学类教科书发展的鼎盛时期，之后便只有局部的推进，未出现整体的推陈出新。力学教科书的现状也确实令人扼腕叹息：近现代的力学新应用还未能有效地融入力学学科的基本教材；在物理、生物、化学中所形成的新认识还没能以学科交叉的形式折射到力学学科；以数据科学、人工智能、深度学习为代表的数据驱动研究方法还没有在力学的知识体系中引起足够的共鸣。

如果说力学学科面临着知识固结的危险，航宇学科却孕育着重新洗牌的机遇。在军民融合发展的教育背景下，随着知识体系的涌动向前，航宇学科出现了重塑架构的可能性。一是知识配置方式的融合。在传统的航宇强校（如哈尔滨工业大学、北京航空航天大学、西北工业大学、国防科技大学等），实行的是航宇学科的密集配置。每门课程专业性强，但知识覆盖面窄，于是必然缺少融会贯通的教科书之作。而2000年后在综合型大学（如清华大学、浙江大学、同济大学等）新成立的航空航天学院，其课程体系与教科书知识面较宽，但不够健全，即宽失于泛、窄不概全，缺乏军民融合、深入浅出的上乘之作。若能够将这两类大学的教育名家聚集于一堂，互相切磋，是有可能纲举目张，塑造出一套横跨航空和宇航领域，体系完备、粒度适中的经典教科书。于是在郑耀教授的热心倡导和推动下，我们聚得22所高校和5个工业部门（航天科技、航天科工、中航、商飞、中航发）的数十位航宇专家为一堂，开启“航空宇航科学与技术教材出版工程”。在科学出版社的大力促进下，为航空与宇航一级学科编纂这套教科书。

考虑到多所高校的航宇学科，或以力学作为理论基础，或由其原有的工程力学系改造而成，所以有必要在教学体系上实行航宇与力学这两个一级学科的共融。美国航宇学科之父冯·卡门先生曾经有一句名言："科学家发现现存的世界，工程师创造未来的世界……而力学则处在最激动人心的地位，即我们可以两者并举！"因此，我们既希望能够表达航宇学科的无垠、神奇与壮美，也得以表达力学学科的严谨和博大。感谢包为民先生、杜善义先生两位学贯中西的航宇大家的加盟，我们这个由 18 位专家（多为两院院士）组成的教材建设专家委员会开始使出十八般武艺，推动这一出版工程。

因此，为满足航宇课程建设和不同类型高校之需，在科学出版社盛情邀请下，我们决心编好这套丛书。本套丛书力争实现三个目标：一是全景式地反映航宇学科在当代的知识全貌；二是为不同类型教研机构的航宇学科提供可剪裁组配的教科书体系；三是为若干传统的基础性课程提供其新貌。我们旨在为移动互联网时代，有志于航空和宇航的初学者提供一个全视野和启发性的学科知识平台。

这里要感谢科学出版社上海分社的潘志坚编审和徐杨峰编辑，他们的大胆提议、不断鼓励、精心编辑和精品意识使得本套丛书的出版成为可能。

是为总序。

2019 年于杭州西湖区求是村、北京海淀区紫竹公寓

前　　言

本教材主要面向飞行器设计与工程、理论与应用力学、飞行器动力工程相关专业学生，适用于课内 32~64 学时的相关实验空气动力学课程，学习本书需具备一定的空气动力学基础和数学基础。

实验空气动力学是空气动力学的重要组成部分，它与理论研究、数值研究一同构成了空气动力学研究的基本方法。实验空气动力学课程包括以下三个部分：实验的基本理论、空气动力学的实验设备和实验测试技术。

本书在内容取材和论述过程中，从基本物理概念入手，力求概念清晰准确；从实验过程出发，力求实验方法的完整；引入科技前沿，力求知识结构和内容的与时俱进。但囿于自身水平，错误或不当之处在所难免。作为教材，本书在力求内容全面的同时偏向于基础，受限于学时，部分设备和技术未作介绍。

本教材是在国防科技大学空气动力学实验室近 20 年《空气动力学实验技术》、《实验空气动力学》和《高等实验流体力学》等课程讲稿和教案的基础上总结而来，并参考了多位前辈的著作，包括王铁城等编著的《空气动力学实验技术》、任思根等编著的《实验空气动力学》、颜大椿编著的《实验流体力学》、戴昌晖等编著的《流体流动测量》以及高永卫编著的《实验流体力学基础》等。时至今日，以上书籍依然经典而丰满。部分参考资料由于年代久远或资料调研不充分，未能一一标注引用或出处，如有不当之处请联系作者。

沈阳航空航天大学艾延廷教授、中南大学王汉封教授审阅了本书初稿，并提出了宝贵意见，在此表示衷心感谢。

本书承顾中国人民解放军战略支援部队航天工程大学朱杨柱老师审阅，国防科技大学空天科学学院教学科研处提供了宝贵支持。在编写过程中，国防科技大学曾明教授、赵玉新教授和西北工业大学孟宣市教授给予了大力支持，博士生牛海波对部分章节提出了修改意见，在此表示衷心感谢。

实验空气动力学同时具备了学科的科学属性和实验的经验技巧性，这也给本书的作者带来了挑战。限于本人学识水平，书中定有很多不足之处，诚恳地欢迎读者批评指正。

作者联系方式：gdd_nudt@163.com。

冈敦殿

2022 年 6 月于长沙

第1章 实验测试基础理论

学习要点：

(1) 相似的有关概念，包括单值条件、物理现象相似以及流动相似，相似第一、第二、第三定理；

(2) 量纲概念，量纲一致性原理的内涵，Π 定理及其运用；

(3) 常见测量系统的组成，误差相关概念和误差传递。

空气动力实验涉及面广、成本高，从实验准备到最后给出实验数据要经过许多环节，因此，必须对所做实验进行精心设计。空气动力实验的理论基础包括相似理论和误差理论等。相似理论用来研究真实环境和模拟环境相似的基本规律，对实验进行理论上的指导。由于试验方法、设备以及人员等的因素，不可避免地会存在一定的误差，误差理论就是用来分析试验误差组成、合成的基本规律的理论。本章主要介绍相似理论、误差理论等内容。

1.1 相似理论

为了揭示自然界或工程中的各种流体流动现象的规律性，一般采用实验研究和理论研究方法。但是，在很多情况下用实物来进行实验研究不仅代价昂贵，而且难以进行，甚至是不可能进行的，例如航天飞机、登月舱等的性能就很难用实物进行实验。故在这些领域的设计阶段，广泛地应用模型进行实验，即模型实验。

空气动力学实验，绝大多数是模型实验，并且模型尺寸一般比实物小得多，实验条件与真实运动的条件也不完全相同。因此，实验人员必须解决以下两个问题：一是应该怎样安排实验，使得模型实验的流动状态和实际流动存在一定的关联性或相似性，使模型实验的结果符合实际；二是如何将模型实验所得的数据应用到实际问题中去。相似理论为这些问题的解决提供了依据，它是进行空气动力学实验的理论基础之一[1]。空气动力模拟实验必须与实际飞行保持空气动力相似，只有保证相似，才能从模型实验得到的速度场、压力场以及气动力和力矩经过变换得到被模拟对象的对应值。

目　录

丛书序
前言

绪论 …… 001
0.1　实验空气动力学的研究任务 …… 001
0.2　实验空气动力学发展简史 …… 002
0.3　实验空气动力学主要研究方法 …… 003
0.4　本书内容框架 …… 005
思考题 …… 006

第 1 章　实验测试基础理论 …… 007
1.1　相似理论 …… 007
1.2　量纲分析 …… 014
1.3　测量概论及误差分析 …… 020
思考题 …… 026

第 2 章　风洞 …… 027
2.1　风洞概述 …… 027
2.2　风洞分类 …… 029
2.3　低速风洞 …… 030
2.4　超声速风洞 …… 045
2.5　跨声速风洞 …… 057
2.6　高超声速风洞 …… 063
2.7　风洞流场校测和标模试验 …… 070
思考题 …… 070

第 3 章　特种空气动力试验设备 …… 071
3.1　电弧风洞 …… 071

3.2　燃烧加热风洞 …… 073
3.3　弹道靶 …… 075
3.4　火箭橇 …… 078
思考题 …… 079

第4章　气动力测量 …… 080
4.1　气动力天平原理和分类 …… 080
4.2　机械天平 …… 081
4.3　应变天平 …… 083
4.4　天平校准 …… 089
4.5　坐标轴系转换与数据处理 …… 092
思考题 …… 094

第5章　流动参数测量 …… 096
5.1　压力测量 …… 096
5.2　温度测量 …… 109
5.3　基于激光诱导荧光技术的浓度和组分测量 …… 119
5.4　流量测量 …… 122
思考题 …… 127

第6章　流场速度测量 …… 128
6.1　风速管 …… 128
6.2　多孔探针流向测量 …… 129
6.3　热线风速仪 …… 131
6.4　粒子图像速度场仪 …… 134
6.5　激光多普勒测速 …… 143
思考题 …… 144

第7章　流动显示技术 …… 145
7.1　流动显示技术的分类 …… 145
7.2　基于流场密度变化的流动显示技术 …… 146
7.3　烟线技术 …… 158
7.4　模型壁面流动显示技术 …… 159
7.5　流动显示技术的新进展 …… 163
思考题 …… 164

附录A　标准大气数据 …… 165

附录 B　等熵流特性 …… 168

附录 C　K 型热电偶分度表 …… 170

附录 D　E 型热电偶分度表 …… 173

参考文献 …… 176

绪 论

学习要点：

(1) 实验空气动力学的主要研究任务；

(2) 实验空气动力学的发展史；

(3) 实验空气动力学的主要研究方法。

科学实验，是探索自然规律和改造客观世界的基本手段。伽利略指出“科学的真理不应该在古代圣人的蒙着灰尘的书上去找，而应该在实验中和以实验为基础的理论中去找”。实验空气动力学是空气动力学的一个分支，是用实验方法研究各种环境下气体的运动特性及物体与气体相对运动时的作用规律的一门学科。作为一门学科，实验空气动力学主要通过实验方法研究飞行器在飞行过程中出现的空气动力学问题，从而确定其气动特性，为气动设计和优化提供可靠的实验数据。随着时代发展，实验空气动力学在大型建筑、交通以及体育运动等领域也发挥越来越重要的作用。

0.1 实验空气动力学的研究任务

实验空气动力学的研究任务包括以下四方面。

(1) 通过实验揭示空气流动的物理本质，发现新的现象，从而开拓空气动力学的新领域。由于流动现象的复杂性，空气动力学尤其离不开科学实验。空气动力学领域的重大突破，大都首先是实验上的突破。例如，边界层的存在及其特性、湍流结构、激波与边界层相互作用、超临界翼型等都是在实验研究的基础上发展起来的。

(2) 为包括飞机在内的各种飞行器的研制提供可靠的空气动力数据。在飞行器研制和改型过程中，只有把理论、计算和模型气动力(热)实验密切地结合起来，才能全面地解决面临的各种复杂的空气动力学问题。通常的做法是先根据已有的理论和实验结果，结合具体要求进行计算，为飞行器研制和改型指出方向，定出几种初步方案。然后再通过地面模拟设备进行实验取得各种条件下的大量数据，以供分析、比较和定型。由于一些飞行器外形和流动现象比较复杂，可靠的空气动力数据归根到底还是要来自空气动力学实验。因此，现代飞行器在研制过程中，风洞试验时数往往达数千乃至数万小时。

（3）验证空气动力学中理论分析和计算的结果。通过空气动力学实验可以检验理论和计算、验证设计或为设计提供原始数据。理论分析和计算虽有系统性、通用性、省时省力等优点，但是在理论分析和计算中难免要引入一些与真实现象有区别的简化和假设，因此必须借助实验来检验这些简化和假设的近似程度，其结果得到实验验证后，方可应用于工程实际。

（4）发展先进地面模拟设备和测试技术。地面模拟设备（风洞等）的尺度、性能指标对空气动力学实验至关重要，研究人员一直在追求研制尽可能复现飞行环境的设备，包括典型的如低温高雷诺数风洞、结冰风洞等，都是科学和工程问题中急需的模拟设备。先进测试技术方面，伽利略曾说过："测量一切可测之物，并把不可测的变为可测"。测量是我们观察和研究客观世界的工具，更与我们的生产生活密切相关！通过多手段获取流动各个维度的参数，对于认识和分析流动现象同样具有重要意义。高精度、多参数、全场测量是空气动力学实验测试技术的发展追求。

0.2　实验空气动力学发展简史

地球是人类的摇篮，但是人类不能永远生活在摇篮里。实验空气动力学这门学科，是随着人类航空航天事业的发展而发展的。

图 0.1　莱特兄弟研制的风洞

美国的莱特兄弟在他们成功地进行世界上第一次动力飞行之前，于 1900 年建造了一座小型低速风洞，试验段截面 40.6 cm×40.6 cm（图 0.1）。尽管当时的风洞十分简陋，但其功绩是不可磨灭的，没有当时的风洞试验，人类飞行的愿望或将延期。20 世纪 50 年代开始的航天飞行，使人类的活动范围跳出地球和大气层。航空航天是实验空气力学中最活跃、最富有成果的领域。

从第一次世界大战到 1930 年代是低速空气动力学得到重大发展并对航空事业做出重大贡献的时期，真正实用的低速飞机也相继问世。航空事业的发展期望能够揭示飞行器周围的压力分布、飞行器的受力状况和阻力等问题，这就促进了实验空气动力学的发展。在此阶段，实验方法和实验数据处理方法等都有了长足的进步，利用大型低速风洞进行了大量的空气动力学实验，从而在很大程度上改善了飞机的空气动力外形，在未大幅度增加动力装置功率的前提下，使飞机的飞行速度从大约 50 m/s 提高到 170 m/s。1931 年 5 月 27 日，全球第一座全尺寸风洞在美国兰利研究中心投入使用，其试验段截面尺寸为 18.28 m（宽）×9.144 m（高），如图 0.2 所示。

1930 年代建成了最初的超声速风洞，40 年代又建成了大量的超声速风洞。第二次世界大战时期及战后，建成了跨声速风洞，探索解决了跨声速条件下的一系列问题。由于喷气发动机的问世及其技术的不断提高，飞机飞行速度由亚声速提高到高亚声速，并最终突

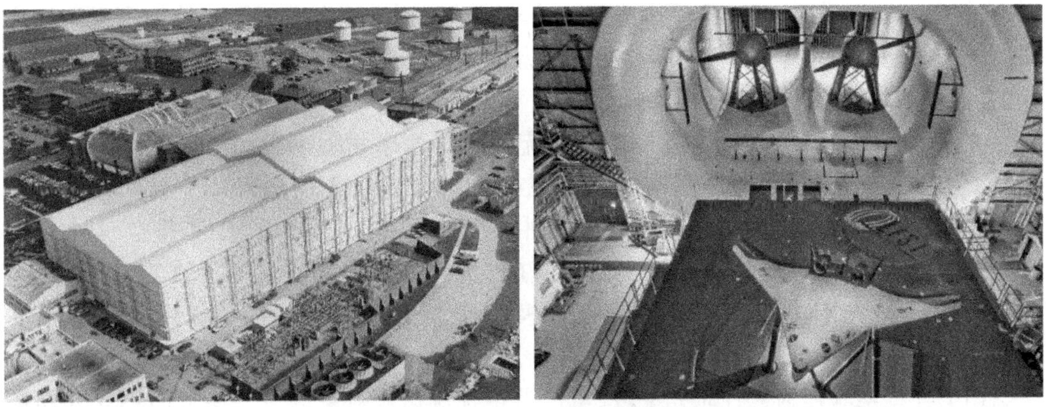

图 0.2　兰利研究中心全尺寸风洞照片

破"声障",达到了超声速。

德国于 1945 年研制了第一座常规高超声速风洞,马赫数达到 10。随着火箭技术的发展,20 世纪五六十年代,出现了飞行马赫数大于 5 的飞行器,并推动了高超声速空气动力学的发展。飞船、航天飞机返回地球时,飞行器周围出现高温,要考虑空气介质在高温下发生的物理、化学变化,又发展了高温气体动力学分支,并对相关的地面高焓、高超实验设备和测试技术提出了新发展需求(图 0.3)。

图 0.3　航天飞机开展风洞试验

1980 年代以来,空气动力学实验技术与现代电子技术、计算机技术、激光技术等、成像技术等密切结合,使实验空气动力学的实验设备、测试技术和实验数据处理方法突飞猛进。新一代风洞,如低温高雷诺数跨声速风洞,相继涌现出来;新兴的基于激光诊断的测试技术,如粒子图像速度场等,也获得了长足的发展;各种先进压力、温度传感器性能指标也获得了巨大提升。

进入 21 世纪,航空航天事业的新发展又给空气动力学发展带来了许多具有挑战性的课题。随着工业空气动力学、环境科学等学科的发展,实验空气动力学对一系列其他领域,如交通、建筑、环保等关系到经济和社会可持续发展的领域,同样起着十分重要的作用,这些领域的需求也对实验空气动力学的发展起着巨大的推动作用。

0.3　实验空气动力学主要研究方法

科学实验按其进行的方式可分为原型(实物)实验和模型(模拟)实验。由于原型实验所需的费用大,而且受自然条件等因素的限制,往往不能及时和有效地进行实验。所以，在空气动力学实验中，一般采用模拟方法，即用模型实验来模拟原型的物理现象。这里所说的模型是指根据数学、物理和空气动力学等理论指导以及实验室条件，改变研究对象的尺度（放大或缩小），以便能安排实验。

在实验空气动力学中，绕流模型和绕流原型这两个物理现象，虽有物理参数上的差别，但物理本质相同，遵循相同的物理规律。这就需要借助于相似理论和量纲分析方法，相似理论和量纲分析是在多个学科中广泛应用的基础知识，在实验空气动力学中也广为应用。相似理论是模拟实验的基础，量纲分析方法是模型实验的重要手段，此部分内容将在本书第1章详细介绍。模型实验的意义，可以从五个方面来加以说明：

(1) 模型实验作为一种研究手段，可以严格控制试验对象的主要参数而不受外界条件和自然条件的限制，做到结果准确；

(2) 模型实验有利于在复杂的试验过程中突出主要矛盾，便于把握、发现现象的内在联系，并且有时可用来对原型所得的结论进行校验；

(3) 由于模型与原型相比，尺寸一般都是按比例缩小的，故制造容易，装拆方便，较之实物实验，能节省资金、人力和时间；

(4) 模型实验能预测尚未建造出来的实物对象或根本不能进行直接研究的实物对象的性能；

(5) 当其他各种分析方法不可能采用时，模型试验就成了现象相似性问题唯一的和最为重要的研究手段。

实验空气动力学的基本方法和设备，按照模型与空气之间产生相对运动的方式不同，主要有以下三大类。

(1) 风洞试验法。基于相对运动原理，安装在风洞中的模型静止不动，使空气流过模型，这是一种广为应用的方法。风洞试验法的优点是测量方便，能精确地控制试验条件，如气流参数（速度、压力、温度）和模型姿态等，模拟比较真实；试验在室内进行，受气候条件和时间的影响小，模型和测试仪器的安装、操作、使用比较方便；试验项目和试验内容多种多样，试验容易重复进行，也比较安全。

(2) 飞行试验法。飞行器在大气中飞行条件下进行试验。有动力或无动力的模型在大气中飞行条件下进行试验，也属飞行试验法。与风洞试验法相比，飞行试验法的优点是不存在风洞壁面和模型支架等的干扰，缺点是试验费用高，安全风险大，试验条件不易控制，测量方法复杂。飞行试验法可用来验证风洞试验的可靠性，解决那些在风洞中难以解决的问题。

(3) 携带试验法。将模型固定在以一定速度在大气中运动的携带设备上，使模型与空气之间产生相对运动，携带设备上装有测量仪器，可测出模型的空气动力等数据。携带设备可以是旋臂机、火箭橇或飞机。旋臂机的中间是竖立的转轴，旋臂的根部固定在转轴上，模型安装在旋臂的端部，转轴带动旋臂在水平面内旋转，使模型与空气之间产生相对运动。旋臂机上的模型沿圆周运动，不仅与飞行器直线飞行情况不同，而且模型总是在自身先前所产生的尾流中运动，流场不均匀。

上述三大类方法中，风洞试验法是进行空气动力学实验经济性最好、效果最好、应用最广泛的方法，是本书论述的主要内容。

在风洞中进行的空气动力学实验，又大体上可分为流场或气动力测量和流动显示。

测量类实验可为科学研究和飞行器设计提供定量的数据。测量作用在整个模型或其部件上的气动力，可用来研究优化飞行器的气动特性。测量模型表面上的压力分布，可得到飞行器及其部件强度计算所需的载荷特性。测量气流的流速、密度等参数，更是各种实验中不可少的测量项目。

用外加示踪物质、注入能量或投射光束的方法显示出绕流模型流场的整个图像，属于流动显示类实验。流动显示的任务是使流体传输现象的过程可视化。流动显示所获得的图像有助于全面了解流场，有助于直观地理解流动机理，有助于分析测力和测压的定量测量结果。由于激光技术和图像处理技术的迅速发展，流动显示技术在显示流动内部结构的能力以及流动信息定量提取和分析处理方面有了长足的进步。可望在不久的将来，取得对三维、非定常、复杂流动显示和测量的重大突破。

测量和流动显示两类实验具有十分密切的联系，不宜将其简单划分为两类孤立的实验。根据流动显示的结果可以确定某些量的值，根据测量结果也可得到流动形态，在许多实验中是同时开展测量和流动显示。

0.4 本书内容框架

本教材的主要内容包括空气动力学实验的基本理论、实验设备以及测试技术。通过学习，可使学者了解实验空气动力学这门学科所涉及的基本原理、设备和测试技术的概貌，为开展空气动力学实验研究打下基础。

在有限的学时内，本教材只能涉及最基本的内容，具体如下。

(1) 实验测试基本理论。包括相似理论、量纲分析以及误差理论等，对实验研究起着指导作用。

(2) 空气动力学实验的基本实验设备。包括各类风洞的工作原理和系统组成，以及一些特种空气动力设备。

(3) 气动力和气流参数测量基本原理和方法。包括气动力天平的原理，压力、温度和流量测量方法，以及基于激光诊断的流场测量，如粒子图像速度场技术和激光诱导荧光技术等。

(4) 流动显示的原理和基本方法。包括阴影、纹影、干涉、丝线和油流等流动显示技术。

实验空气动力学的特点是实践性强，与空气动力学、光学、传感器技术、激光技术等学科之间的交叉性强。

纸上得来终觉浅，绝知此事要躬行。在学习本课程中应理论联系实际，深入实验室，勇于动手操作，不断发现问题、解决问题。切实能够用理论指导实验，掌握实验的系统性知识，具备做实验的素养，学会分析数据、总结规律。开展实验时，能做到脚踏实地、实事求是！

思 考 题

1. 实验空气动力学未来的发展趋势怎样?
2. 开展空气动力学实验应当具备哪些素养?
3. 从实验空气动力学发展史的角度思考,重大实验突破有哪些值得借鉴的思路和方法?

郑哲敏院士指出：相似分析(或量纲分析)是一门值得提倡的知识,它是探讨科学规律、解决科学和工程问题的一个有效的工具、熟练掌握相似分析方法应当是科学和技术工作者的基本训练。

从形式上看,相似分析的原理和方法似乎很简单,其实不然,因为这种分析实际上是一种观察和思考问题的观点,需要了解充分的实例并经过自身的实践才能真正掌握。相似分析方法的创造性运用源于对事物本质的深刻理解。

1.1.1 相似的基本概念

1. 几何相似

"相似"的概念,最早产生于几何学中,比如我们熟悉的相似三角形：各对应边长成比例,各对应角彼此相等。若 l_1、l_2、l_3 和 l'_1、l'_2、l'_3 是两个三角形的对应边长,则

$$\frac{l_1}{l'_1}=\frac{l_2}{l'_2}=\frac{l_3}{l'_3}=C_l(\text{常数}) \tag{1.1}$$

对这两个三角形的所有对应边而言其比值相等,式中的 C_l 是常数,称为相似常数。

2. 单值条件

能够把一个个别的物理现象从一类物理现象中区分开来,必须具有相应的基本条件,这些基本条件称为单值条件。单值条件通常有以下几类：

物性条件：物体的状态和性质,如空气的黏性系数 μ 、热导率 λ 等；

几何条件：现象的空间几何形状和大小；

时间条件：现象的初始条件,研究非定常特性时必须考虑；

边界条件：边界的性质和发生在边界上的流动情况,如前方来流速度的大小、方向,非等温固壁上的温度分布,风洞壁面上的速度分布具体情况等。

3. 物理现象的相似

物理现象的相似是以几何相似为前提的,并且是几何相似概念的扩展。若两个现象服从同一规律,也就是说,可以用同一物理方程描述这两个现象,则称这两个现象为同类现象。两个同类现象,如果在空间、时间对应点上所有表征现象的对应的物理量都保持各自的固定的比例关系(如果是矢量还包括方向相同),则两个物理现象相似。

4. 两个流动相似

两个流动的对应点上对应瞬时所有表征流动状况的物理量都保持各自固定的比例关系(如果是向量还包括方向相同),则两个流场相似。表征流动状况的相应物理量包括几何参数、运动学参数、动力学参数和热力学参数等。

单值条件相似,对于现象的相似,是十分重要的。仍以三角形相似为例,边长是单值条件,面积不是单值条件。对应边长成比例,是三角形相似的必要条件,而面积之比等于对应边长之比的平方,是三角形相似的结果。由此可见,在两个相似的现象之间,单值条件的相似是起决定性作用的[2]。

以相似理论为指导,一百多年来人们在探索自然规律的过程中,已形成一种具体研究自然界和工程中各种相似现象的方法,即所谓"相似方法"。1883 年雷诺对管中流体

的流动及 1903 年莱特兄弟对飞机机翼的实验研究，都是用相似方法解决问题的早期实践[3]。

1.1.2　相似准则

彼此相似的现象所具有的数值相同的由若干个特征量组成的同名无量纲量，称为相似准则（相似参数）。对于所研究的现象可以用物理方程组来描述的，通常用相似变换法来导出相似参数，对于复杂的方程也适用。对于所研究的现象十分复杂，不能用物理方程组来描述，只能一般地写出影响现象的参数，这种情况采用量纲分析法导出相似参数，量纲分析法将在 1.2 节介绍。

以 N－S 方程中的连续方程（1.2）和动量方程（1.3）为例，采用相似变换法导出有关的相似准则。

$$\frac{\partial\rho}{\partial t}+\frac{\partial(\rho u)}{\partial x}+\frac{\partial(\rho v)}{\partial y}+\frac{\partial(\rho w)}{\partial z}=0 \tag{1.2}$$

$$\rho\frac{\mathrm{D}u}{\mathrm{D}t}=\rho f_x-\frac{\partial p}{\partial x}+\frac{\partial}{\partial x}\left(2\mu\frac{\partial u}{\partial x}\right)+\frac{\partial}{\partial y}\left[\mu\left(\frac{\partial u}{\partial y}+\frac{\partial v}{\partial x}\right)\right]+\frac{\partial}{\partial z}\left[\mu\left(\frac{\partial u}{\partial z}+\frac{\partial w}{\partial x}\right)\right]-\frac{2}{3}\frac{\partial}{\partial x}(\mu\nabla\cdot V) \tag{1.3}$$

选定一组特征物理量（或说参考量），然后用这些量去除方程和定解条件中出现的相应变量，由此得到无量纲变量（用上标“ * ”标记）；再将原来的有量纲方程和边界条件转由这些无量纲变量表述，就可得到无量纲的方程和定解条件。

（1）时间：参考量取为流场当地状态发生变化需要的典型时间 T，在有周期现象的流动中 T 即为周期。无量纲量为

$$t^*=\frac{t}{T} \tag{1.4}$$

（2）长度：参考量取为物体的特征长度 L，无量纲量为

$$x^*=\frac{x}{L},\ y^*=\frac{y}{L},\ z^*=\frac{z}{L} \tag{1.5}$$

（3）速度：参考量取为自由流速度 V_∞，无量纲量为

$$u^*=\frac{u}{V_\infty},\ v^*=\frac{v}{V_\infty},\ w^*=\frac{w}{V_\infty} \tag{1.6}$$

（4）密度：参考量取为自由流密度 ρ_∞，无量纲量为

$$\rho^*=\frac{\rho}{\rho_\infty} \tag{1.7}$$

（5）压力：参考量一般取为 $\rho_\infty V_\infty^2$，无量纲量为

$$p^* = \frac{p}{\rho_\infty V_\infty^2} \tag{1.8}$$

（6）彻体力：参考量取为重力加速度 g，无量纲量为

$$f_x^* = \frac{f_x}{g},\ f_y^* = \frac{f_y}{g},\ f_z^* = \frac{f_z}{g} \tag{1.9}$$

（7）黏度：参考量取为自由流黏度 μ_∞，无量纲量为

$$\mu^* = \frac{\mu}{\mu_\infty} \tag{1.10}$$

将连续方程的各变量均用上面定义的无量纲量与参考量的乘积代替，得

$$\frac{\rho_\infty}{T}\cdot\frac{\partial\rho^*}{\partial t^*}+\frac{\rho_\infty V_\infty}{L}\cdot\left[\frac{\partial(\rho^* u^*)}{\partial x^*}+\frac{\partial(\rho^* v^*)}{\partial y^*}+\frac{\partial(\rho^* w^*)}{\partial z^*}\right]=0 \tag{1.11}$$

方程的各无量纲项前均出现了参考量的组合式，分别是 ρ_∞/T 和 $\rho_\infty V_\infty/L$。将方程两边同除 $\rho_\infty V_\infty/L$，就可得到无量纲的连续方程：

$$\frac{L}{V_\infty T}\cdot\frac{\partial\rho^*}{\partial t^*}+\frac{\partial(\rho^* u^*)}{\partial x^*}+\frac{\partial(\rho^* v^*)}{\partial y^*}+\frac{\partial(\rho^* w^*)}{\partial z^*}=0 \tag{1.12}$$

上式中参考量的组合式 $L/(V_\infty T)$ 是一个无量纲参数。

将 x 方向的动量方程的无量纲化，各变量用对应的无量纲量与参考量的乘积代替，得

$$\begin{aligned}
&\frac{\rho_\infty V_\infty}{T}\cdot\rho^*\frac{\partial u^*}{\partial t^*}+\frac{\rho_\infty V_\infty^2}{L}\cdot\rho^*\left(u^*\frac{\partial u^*}{\partial x^*}+v^*\frac{\partial u^*}{\partial y^*}+w^*\frac{\partial u^*}{\partial z^*}\right)\\
&=\rho_\infty g\cdot\rho^* f_x^*-\frac{\rho_\infty V_\infty^2}{L}\cdot\frac{\partial p^*}{\partial x^*}+\frac{\mu_\infty V_\infty}{L^2}\cdot\left\{\frac{\partial}{\partial x^*}\left(2\mu^*\frac{\partial u^*}{\partial x^*}\right)\right.\\
&\left.\quad+\frac{\partial}{\partial y^*}\left[\mu^*\left(\frac{\partial u^*}{\partial y^*}+\frac{\partial v^*}{\partial x^*}\right)\right]+\frac{\partial}{\partial z^*}\left[\mu^*\left(\frac{\partial u^*}{\partial z^*}+\frac{\partial w^*}{\partial x^*}\right)\right]-\frac{2}{3}\frac{\partial}{\partial x^*}(\mu^*\nabla^*\cdot V^*)\right\}
\end{aligned} \tag{1.13}$$

将式(1.13)两边同除以迁移惯性力的典型值 $\rho_\infty V_\infty^2/L$，得

$$\begin{aligned}
&\frac{L}{V_\infty T}\cdot\rho^*\frac{\partial u^*}{\partial t^*}+\rho^*\left(u^*\frac{\partial u^*}{\partial x^*}+v^*\frac{\partial u^*}{\partial y^*}+w^*\frac{\partial u^*}{\partial z^*}\right)\\
&=\frac{gL}{V_\infty^2}\cdot\rho^* f_x^*-\frac{\partial p^*}{\partial x^*}+\frac{\mu_\infty}{\rho_\infty V_\infty L}\cdot\left\{\frac{\partial}{\partial x^*}\left(2\mu^*\frac{\partial u^*}{\partial x^*}\right)+\frac{\partial}{\partial y^*}\left[\mu^*\left(\frac{\partial u^*}{\partial y^*}+\frac{\partial v^*}{\partial x^*}\right)\right]\right.\\
&\left.\quad+\frac{\partial}{\partial z^*}\left[\mu^*\left(\frac{\partial u^*}{\partial z^*}+\frac{\partial w^*}{\partial x^*}\right)\right]-\frac{2}{3}\frac{\partial}{\partial x^*}(\mu^*\nabla^*\cdot V^*)\right\}
\end{aligned} \tag{1.14}$$

式(1.14)为无量纲的 x 方向动量方程。

无量纲连续方程、动量方程中出现了 $L/(V_\infty T)$ 、gL/V_∞^2 和 $\mu_\infty/(\rho_\infty V_\infty L)$ 这些由参考量组合成的无量纲数,这些无量纲数具有重要的意义。如果两流动中它们各自对应相等,同时两流动又满足流体边界几何相似,则两流动的无量纲方程和定解条件也相同,从而无量纲解相同,流动相似。所以这些无量纲数就是相似参数,它们是判断两流动是否相似的准则,也称为相似准则。

相似参数是在进行方程和定解条件无量纲化时选取的一些参考量的组合。从数学上考虑,参考量的选取可以任意,因为有量纲方程两边同除以任选的参考量或其组合后得到的无量纲方程都成立。但是,如果选取了合适的反映流动特征的参考量,则相似参数就能够表征流动中各种因素的大小比较。也就是说,相似参数具有明确的物理内涵。

(1) $L/(V_\infty T)$ 。表示当地加速度对应惯性力和迁移加速度对应惯性力典型值之比。这是一个与流场的非定常性有关的相似参数,称为斯特劳哈尔数,用 Sr 表示:

$$Sr = \frac{L}{V_\infty T} \tag{1.15}$$

L/V_∞ 表示特征滞留时间,例如若以机翼弦长为特征长度,V_∞ 为远前方的来流速度,则此滞留时间大体代表流体流过机翼所需的时间;特征时间 T 表示当地状态发生变化所需的典型时间;两者之比反映了流场的非定常性。

当进行结构弹性振动、旋涡、螺旋桨、旋翼、旋转天平、马格努斯力等试验时,要求模型与实物的斯特劳哈尔数相等。对机翼绕流问题来说,流体流过机翼这段时间内,当地状态还没来得及发生变化,那么流动可以作为定常流动考虑。

(2) gL/V_∞^2。它代表彻体力和迁移加速度对应惯性力典型值之比,其倒数的平方根称为弗劳德数,用 Fr 表示:

$$Fr = \frac{V_\infty}{\sqrt{gL}} \tag{1.16}$$

弗劳德数是重力作用对流动影响的一个量度。如果 $Fr \gg 1$, 则说明重力项的影响很小,可以忽略。开展外挂物投放、模型自由飞及尾旋试验等,弗劳德数是主要的相似准则。

(3) $\mu_\infty/(\rho_\infty V_\infty L)$ 。它代表黏性力和迁移加速度对应惯性力典型值之比,其倒数为雷诺数 Re:

$$Re = \frac{\rho_\infty V_\infty L}{\mu_\infty} \tag{1.17}$$

如果 $Re \gg 1$, 则说明黏性力相对于惯性力很小,N－S 方程中该项可以忽略,也就是说可以采用理想流体的欧拉方程。

(4) $p_\infty/(\rho_\infty V_\infty^2)$ 。该无量纲数出现在无量纲的自由流压力条件中,它可反映自由流静压与动压之比。也被称为欧拉数 Eu:

$$Eu = \frac{p_\infty}{\rho_\infty V_\infty^2} \tag{1.18}$$

利用完全气体状态方程及声速公式,可知:

$$Eu = \frac{p_\infty}{\rho_\infty V_\infty^2} = \frac{\rho_\infty RT_\infty}{\rho_\infty V_\infty^2} = \frac{\gamma RT_\infty}{\gamma V_\infty^2} = \frac{a_\infty^2}{\gamma V_\infty^2} = \frac{1}{\gamma Ma_\infty^2} \tag{1.19}$$

马赫数是流体宏观运动速度与声速之比,马赫数的平方可反映气流的宏观动能与分子热运动内能的比较。可见欧拉数也可反映气流内能与宏观动能之比。当流速较高($Ma \geqslant 0.4$)时不能忽略气体压缩性影响。在低速风洞进行喷流试验和直升机旋翼试验时,存在局部高速流动,也要模拟马赫数。

除上述常用的相似准则外,有些风洞试验还要用到一些其他相似准则,如普朗特数 Pr、努塞尔数 Nu、拉格朗日数 La、斯坦顿数 St 等,这些相似准则可以查阅专门的论著。

1.1.3 相似定理

相似第一定理:彼此相似的现象,其同名相似准则数值相同。

这一定理指明了相似现象的一个重要的基本性质,给出了相似现象的必要条件。从相似的基本概念知,相似现象必是同一类物理现象,满足同一物理方程,故由方程所推导出的相似准则,其同名的相似准则的数值一定是相同的。

相似第二定理:现象的各物理量之间的关系,可以化为各相似准则之间的关系。

这一定理陈述了 Π 定理的重要结论,将在 1.2 节中详细讨论。由此定理可知,应当以相似准则间关系的形式来处理实验结果,以便使实验的结果用到与之相似的现象上去。

相似第三定理:如两个现象的单值条件相似,而且由单值量组成的同名相似准则数值相同,则这两个现象相似。

该定理表述了相似现象的充分必要条件,即满足这些条件的现象必定相似。凡具有同一特性的现象,当单值条件(系统的几何性质、介质的物理性质、起始条件和边界条件等)彼此相似,且由单值条件的物理量所组成的相似准则在数值上相等时,则这些现象必定相似。

在进行风洞试验时,应根据相似理论来安排实验。首先要保证模型和实物的两个流场相似,实验中应测量各相似准则中所包含的物理量,实验数据按相似准则进行整理,这样方可把模型实验数据用到实物流场中去[4]。

1.1.4 完全模拟与部分模拟

在空气动力学实验中用到的相似准则有十几个以上,经常用到的也有六七个。为了保证两流动严格相似,必须使所有的相似准则都得到满足,而在实际上这几乎是不可能的,因为有些相似准则会互相矛盾,最终只能采用全尺寸模型进行实验研究,即 $L_1 = L_2$。因此,一般只能做到"部分相似"。

事实上,各种相似准则的物理意义各不相同,在某一具体情况下,并非所有的相似准则都同等重要。换言之，对于一具体实验，可以根据所研究的具体情况只保证某些起主要作用的相似准则一致。例如，低速空气动力实验的气流速度一般不超过 100 m/s，此时 $Ma_\infty < 0.4$ 时，气流宏观动能相对于分子随机热运动内能很小，因此流速的改变对热力学状态如密度等的影响可以忽略不计。这时流动可视为不可压流，马赫数不再是重要的相似准则。在高速风洞中进行模型实验时，由于压缩性的影响，空气密度和温度都随运动状态发生变化，所以基本方程组中需要增加热力学的状态方程和能量方程，主要模拟 Re、Ma。再例如，当 $Re=\rho_\infty V_\infty L/\mu_\infty \gg 1$ 时，对主流区，黏性力项变得很小，这时雷诺数不再是重要的相似准则。但是在黏性起主要作用的情况，例如阻力问题，雷诺数就是一个重要的相似参数。

要正确地选择必须模拟的相似准则和非必要相似准则，就应该搞清楚各个相似准则的物理意义。以高超声速飞行器进气道试验为例，优先保证几何相似、马赫数相同，取雷诺数相近，可以开展进气道大部分试验研究。为了提高雷诺数，风洞试验中常使用突出重点的部分模拟：半模进气道试验、局部进气道放大的截断试验等。有时为了获得雷诺数的影响，往往还研究雷诺数的自模性[5]。

自模性又叫自准性，现象的自模性是指在一定范围内某相似准则变化不再影响所研究的现象，这时此相似准则就可以不予考虑，或者说此相似准则已进入自模区。典型的低速附着流型，当 $Re \geqslant 3\times10^6$，其气动特性不再随 Re 数变化。

表 1.1 中列出了不同类型试验主要模拟的相似准则。在这里，可再次体会到进行方程无量纲化和应用相似律时，“选取反映流动特征的参考量”这一要求是多么重要。只有选取了合适的反映流动特征的参考量，由此组合成的相似参数才能够表征流动中各种因素的重要程度的对比。这样才能够根据相似参数的数值大小，判断哪些因素是关键的，哪些因素影响很小是可以忽略的。

表 1.1　不同空气动力实验主要模拟的相似准则

低速定常绕流实验	Re
超声速定常实验	Ma
跨声速定常实验	Ma，Re
外挂物投放、模型自由飞试验	Fr
非定常实验	Sr

另外，很多本来属于空气的流动经常会在水洞中进行实验，这时只要保证雷诺数相等，并排除重力影响就差不多了。也有水中运动物体如鱼雷、潜艇等在风洞中开展实验研究，如图 1.1 所示为潜艇模型在风洞中开展实验。

图 1.1　潜艇在风洞中开展实验

1.2 量纲分析

自然现象和工程问题都可用一系列的物理量来进行描述。研究现象或问题的目的是寻求规律。首先,需要把问题所涉及的物理量按属性进行分类;然后,需要找出不同类物理量之间具有何种相互联系;进一步找出某些物理量与另外一些物理量之间所存在的因果关系。现象能够用物理方程描述时,可由物理方程导出相似准则,即采用上节所述的相似变换法,简化问题研究。然而,更多的复杂现象或问题,无法利用现成的数学方程来表述,这时,就需要采用量纲分析方法来解决问题,设计合适的模型实验来揭示问题的物理实质[6]。量纲分析是自然科学中一种重要的研究方法,它根据一切量所必须具有的形式来分析判断事物间关系所遵循的一般规律。通过量纲分析可以检查反映物理现象规律的方程在计量方面是否正确,甚至可提供寻找物理现象某些规律的线索。

1.2.1 量纲基础

物理量,可以定性区别并能定量确定物理现象或物体的属性。量纲,是物理量的一种表达形式,用来指明物理量的类别,表示各物理量之间的关系。例如长度、时间、质量显然具有不同的属性,因此它们具有不同的量纲。物理量总可以按照其属性分为两类。一类物理量的大小与度量时所选用的单位有关,称为有量纲量,例如长度、时间、质量、速度、力、功等就是常见的有量纲量;另一类物理量的大小与度量时所选用的单位无关,则称为无量纲量,无量纲量可以是两个同类量的比值,也可以是几个有量纲量的乘除组合。例如两个长度之比、两个时间之比、升力(阻力)系数等。无量纲量不是一个单纯的数字,它具有特定的物理意义,具有物理量的特征。

对于任何一个物理问题,出现在其中的各个物理量的量纲或者是由定义给出,或者是由定律给出。同一类量,具有相同的量纲。例如,某飞机翼展 40 m,某圆柱体直径 5 cm,它们的数值、单位虽不相同,但它们都属于同一类量——长度。它们的量纲都可用量纲符号 L 表示,量纲与单位是两个密切相关而又有区别的概念。量纲只涉及量的本质或特点,而单位除涉及量的本质或特点外,还涉及量的大小。为了方便,通常单位仅限于说明定量关系,而用量纲来说明定性的关系。

在一个物理问题中,总可以把与问题有关的物理量分成基本量和导出量两类。基本量是指具有独立量纲的那些物理量,它的量纲不能表示为其他物理量的量纲的组合;导出量则是指其量纲可以表示为基本量量纲的组合的物理量。国际单位制(SI)采用的量制中,力学基本量是长度、质量和时间,相应的量纲符号为 L、M、T。涉及热效应时再增加一个基本量,热力学温度,量纲为 Θ。导出量的量纲,可通过物理定律或定义用基本量量纲表示出来。也就是说,量纲是用量制中的基本量的幂的乘积表示,该量制中某物理量 q 量纲的表达式:

$$\dim q = \mathrm{L}^{c_1}\mathrm{M}^{c_2}\mathrm{T}^{c_3}\Theta^{c_4} \tag{1.20}$$

在物理量 q 的前面加上符号 dim，表示这个量的量纲，$\dim q$ 亦可记为 $[q]$。式(1.20)即量纲式，又称量纲积。c_1、c_2、c_3、c_4 称为量纲指数。此式只涉及量的属性，与量的大小无关。量纲式中没有加减运算，因为加减运算不会产生新的量纲。速度 v 的量纲为 $\dim v = LT^{-1}$，密度 ρ 的量纲为 $\dim\rho = L^{-3}M$。

一个量的量纲式中，只要有一个量纲指数不为零，则该量为有量纲量；无量纲量所有的量纲指数都为零。

1.2.2 量纲一致性原理

物理方程量纲一致性原理：在正确反映客观规律的物理方程中，相加减的各项的量纲是一致的。也可换一种表述方式，只有同类型的物理量才可以互相比较大小或者做加减运算，比如，200 s 和 175 cm 是没办法比较的。

根据量纲一致性原理，能够校核物理方程和经验公式的正确性与完整性，即量纲不一致的物理方程和经验公式存在错误或者不完整。由于物理方程各项量纲相同，因此只要用其中任一项通除各项，就能得到各项都是无量纲量的方程。

1.2.3 Π 定理

Π 定理是量纲分析的理论核心，它可以表述为：一个反映物理过程的有量纲的物理量方程，可以转换成由这些物理量组成的各无量纲量的函数关系。Π 定理是白金汉(E. Buckingham)于 1914 年提出的，到了 1922 年，P. W. Bridgman 把这个定理称为 Π 定理。

设有一物理现象，其物理量之间存在以下物理关系：

$$q_0 = f(q_1,\ q_2,\ \cdots,\ q_k,\ q_{k+1},\ q_{k+2},\ \cdots,\ q_n)\ ,\ k \leqslant n \tag{1.21}$$

可以在自变量中找出具有独立量纲的基本量，如果基本量的个数是 k，不妨把它们排在自变量的最前面，那么 $q_1,\ q_2,\ \cdots,\ q_k$ 就是基本量，其量纲分别是 $G_1,\ G_2,\ \cdots,\ G_k$；其余 $n-k$ 个自变量 $q_{k+1},\ q_{k+2},\ \cdots,\ q_n$ 是导出量，其量纲分别可表示为基本量的量纲的幂次式。即任一物理量 q_i (i=k+1, k+2, …, n)的量纲可写为

$$\dim q_i = G_1^{c_{1i}} \cdot G_2^{c_{2i}} \cdot \cdots \cdot G_k^{c_{ki}} \tag{1.22}$$

物理量 $q_1,\ q_2,\ \cdots,\ q_n$ 的量纲可写为

$$\left.\begin{aligned}
\dim q_1 &= G_1^{c_{11}} G_2^{c_{21}} \cdots G_k^{c_{k1}} \\
\dim q_2 &= G_1^{c_{12}} G_2^{c_{22}} \cdots G_k^{c_{k2}} \\
&\cdots\cdots \\
\dim q_n &= G_1^{c_{1n}} G_2^{c_{2n}} \cdots G_k^{c_{kn}}
\end{aligned}\right\} \tag{1.23}$$

将上式中的量纲指数排列成如下形式：

$$\begin{array}{c|cccc} & q_1 & q_2 & \cdots & q_n \\ \hline G_1 & c_{11} & c_{12} & \cdots & c_{1n} \\ G_2 & c_{21} & c_{22} & \cdots & c_{2n} \\ \vdots & \vdots & \vdots & \ddots & \vdots \\ G_k & c_{k1} & c_{k2} & \cdots & c_{kn} \end{array} \tag{1.24}$$

这种排列形式称为量纲矩阵。对于基本量 q_1, q_2, …, q_k, 应同时满足以下两个条件。

(1) 在 q_1, q_2, …, q_n 这群物理量中除 q_1, q_2, …, q_k 以外的任何物理量 q_m 的量纲式可写成

$$\dim q_m = \dim(q_1^{\lambda_{1m}} \cdot q_2^{\lambda_{2m}} \cdot \cdots \cdot q_k^{\lambda_{km}}) \tag{1.25}$$

式中, λ_{1m}, λ_{2m}, …, λ_{km} 是待定指数(待定常数), $m = k + 1,\ k + 2,\ \cdots,\ n$, 式(1.25)表明,非基本物理量 q_m 的量纲等于基本物理量某一组合的量纲。

(2) 被选作基本物理量的 k 个物理量相互独立,它们本身不可能组合成无量纲量,故不可能存在下式:

$$\dim(q_1^{\beta_1} \cdot q_2^{\beta_2} \cdot \cdots \cdot q_k^{\beta_k}) = G_1^0 \cdot G_2^0 \cdot \cdots \cdot G_k^0 \tag{1.26}$$

即无论怎样选择指数 β_1, β_2, …, β_k (不同时全部为 0),都不能使式(1.26)中等号右侧的量纲指数皆为零。

将式(1.23)代入式(1.25),按相同量纲归并后可得

$$\left.\begin{array}{l} c_{11}\lambda_{1m} + c_{12}\lambda_{2m} + \cdots + c_{1k}\lambda_{km} = c_{1m} \\ c_{21}\lambda_{1m} + c_{22}\lambda_{2m} + \cdots + c_{2k}\lambda_{km} = c_{2m} \\ \cdots \\ c_{k1}\lambda_{1m} + c_{k2}\lambda_{2m} + \cdots + c_{kk}\lambda_{km} = c_{km} \end{array}\right\} \tag{1.27}$$

此方程成立,且 λ_{1m}, λ_{2m}, …, λ_{km} 存在解的充要条件为

$$\begin{vmatrix} c_{11} & c_{12} & \cdots & c_{1k} \\ c_{21} & c_{22} & \cdots & c_{2k} \\ \vdots & \vdots & \ddots & \vdots \\ c_{k1} & c_{k2} & \cdots & c_{kk} \end{vmatrix} \neq 0 \tag{1.28}$$

式(1.28)中的行列式是量纲矩阵中阶数最高的方阵,此阶数即量纲矩阵的秩。基本物理量的个数与量纲矩阵的秩必相等。

设有一群物理量, ρ、v、d、μ 和 F,其量纲为

$$\begin{array}{l} \dim\rho = L^{-3}M \\ \dim v = LT^{-1} \\ \dim d = L \\ \dim\mu = L^{-1}MT^{-1} \\ \dim F = LMT^{-2} \end{array} \tag{1.29}$$

将其排列为量纲矩阵：

$$
\begin{array}{c|ccccc}
 & \rho & v & d & \mu & F \\
\hline
L & -3 & 1 & 1 & -1 & 1 \\
M & 1 & 0 & 0 & 1 & 1 \\
T & 0 & -1 & 0 & -1 & -2
\end{array}
\tag{1.30}
$$

在这个量纲矩阵中，ρ、v、d 三个量的行列式：

$$
\begin{vmatrix} -3 & 1 & 1 \\ 1 & 0 & 0 \\ 0 & -1 & 0 \end{vmatrix} \neq 0
$$

即式(1.28)成立，故该行列式的阶数为量纲矩阵的秩。由此可判定 ρ、v、d 三个物理量可作为 ρ、v、d、μ 和 F 这群物理量的基本物理量。

在一群物理量中符合基本物理量条件的物理量可能不止一组。在空气动力学中，通常选空气密度、流速和物体的特征长度(如机翼的平均气动弦长等)作为基本物理量。涉及热现象时再增加一个基本物理量，通常选定压比热。这样，共四个基本物理量。对于绝大多数力学问题，有三个基本量纲，同时有三个基本物理量 $k=3$，涉及热现象时 $k=4$。但在有些力学问题中，基本物理量只能取两个，这取决于量纲矩阵的秩。

对于式(1.21)描述的物理现象，选定 k 个基本量，那么函数关系可化为

$$
\Pi_0 = f(1,\ 1,\ \cdots,\ 1,,\ \Pi_{k+1},\ \cdots,\ \Pi_n) \tag{1.31}
$$

$$
\Pi_m = \frac{q_m}{q_1^{\lambda_{1m}} \cdot q_2^{\lambda_{2m}} \cdots q_k^{\lambda_{km}}},\ m = 0,\ k+1,\ k+2,\ \cdots,\ n \tag{1.32}
$$

可以用一句话来概括 Π 定理的内容：问题中若有 N 个变量(包括 n 个自变量和 1 个因变量，$N=n+1$)，而基本量的数目是 k，那么一定能形成 $N-k$ 个无量纲量 Π_0，Π_{k+1}，Π_{k+2}，…，Π_n，它们之间形成确定的函数关系。此即相似第二定理。

Π 定理提供了一种用来确定相似准则的方法，特别是在物理方程未知的情况下更具有意义；使被研究现象自变量个数减少，减少了实验次数和实验工作量；按照 Π 定理，用相似准则处理实验数据，不仅简化了处理过程，也使具有相似准则形式的结果更具普遍意义。

1.2.4　Π 定理的运用

Π 定理指出，物理现象中各物理量之间的关系一定可以化为若干个相似准则之间的关系。在应用 Π 定理之前，确定与现象有关的物理量时，既不要遗漏一个重要的物理量，又不要列入不必列入的物理量。要做到这一点，完全依靠人们对现象本质的研究，而无法依靠 Π 定理。如果选错了有关物理量，应用定理后则会得到错误的结果。

对于一定的现象来说，无量纲量的个数是固定的，但其形式不是唯一的。也就是说，由定理确定的无量纲量的组合形式有一定的任意性。不同的组合形式并没有改变这些无

量纲量的本质,可根据具体情况来确定方便的、习惯的无量纲量组合形式。应用 Π 定理导出相似准则(量纲分析法)的步骤如下:

(1) 确定影响现象的各物理量,并列成式(1.21)这种形式。q_1, q_2, …, q_n 这些物理量应该是对所研究的现象起作用的所有因素,既包括变量,也包括常量(如密度、直径等)。

(2) 写出量纲矩阵,确定量纲矩阵的秩 k。选出 k 个物理量 q_1, q_2, …, q_k, 用式(1.28)加以检验。值得提出的是,基本物理量的个数应等于量纲矩阵的秩。

(3) 对于这些基本物理量以外的物理量,按式(1.32)的形式与这 k 个基本物理量组合成无量纲量。

(4) 进一步得到物理现象的无量纲关系式:

$$\prod_0 = f\left(\prod_{k+1}, \prod_{k+2}, \cdots, \prod_n\right) \tag{1.33}$$

按照以上步骤,含有 $n+1$ 个有量纲量的关系式,被简化成了含有 $n+1-k$ 个无量纲量的关系式。后者对于描述现象来说,更具有普遍意义。

例一:低速气流绕圆球流动时的阻力问题。

实验研究低速气流绕圆球流动时的阻力特性。影响阻力 F_D 的物理量有:空气密度 ρ、速度 U、黏性系数 μ 和圆球直径 D。

问题解决步骤如下:

(1) 分析研究对象,列出与现象相关的物理量,写出函数关系式:

$$F_D = f(\rho, U, D, \mu)$$

(2) 写出量纲矩阵:

	ρ	U	D	μ	F_D
L	-3	1	1	-1	1
M	1	0	0	1	1
T	0	-1	0	-1	-2

选取基本物理量:这里选择 ρ、U、D 三个量。判断量纲矩阵:

$$\begin{vmatrix} -3 & 1 & 1 \\ 1 & 0 & 0 \\ 0 & -1 & 0 \end{vmatrix} \neq 0$$

表明 ρ、U、D 三个量可以作为基本物理量。

(3) 确定其他物理量的量纲形式:

$$\dim \mu = \dim(\rho^{\lambda_{11}} U^{\lambda_{12}} D^{\lambda_{13}}) = L^{-1}MT^{-1}$$

$$\dim F_D = \dim(\rho^{\lambda_{21}} U^{\lambda_{22}} D^{\lambda_{23}}) = LMT^{-2}$$

利用量纲一致性原理求各系数:

$$L^{-1}MT^{-1} = (ML^{-3})^{\lambda_{11}}(LT^{-1})^{\lambda_{12}}L^{\lambda_{13}} = L^{-3\lambda_{11}+\lambda_{12}+\lambda_{13}}M^{\lambda_{11}}T^{-\lambda_{12}}$$

$$LMT^{-2}=(ML^{-3})^{\lambda_{21}}(LT^{-1})^{\lambda_{22}}L^{\lambda_{23}}=L^{-3\lambda_{21}+\lambda_{22}+\lambda_{23}}M^{\lambda_{21}}T^{-\lambda_{22}}$$

解得 $\lambda_{11}=1$，$\lambda_{12}=1$，$\lambda_{13}=1$，$\lambda_{21}=1$，$\lambda_{22}=2$，$\lambda_{23}=2$。由此可以得到无量纲参数：

$$\Pi_{\mu}=\frac{\mu}{\rho UD}=\frac{1}{Re}$$

$$\Pi_{F_D}=\frac{F_D}{\rho U^2D^2}$$

这样就得到了两个无量纲量。

（4）得到无量纲函数关系式：

$$\Pi_{F_D}=f(1,\ 1,\ 1,\ \Pi_{\mu})$$

人们在研究这类问题时一般都用雷诺数 Re 来代替本例中 Π_{μ}，两者呈倒数关系，本质是一样的。此外，一般用圆球的阻力系数 $C_D=F_D/\left(\frac{1}{2}\rho U^2S\right)$ 来代替本例中导出的 Π_{F_D}，两者的本质也是一样的，这里的 S 是圆球的迎风面积。最后得到无量纲关系式：

$$C_D=f\left(1,\ 1,\ 1,\ \frac{\mu}{\rho UD}\right)=f\left(\frac{1}{Re}\right)$$

例二：边界层法沃克纳-斯坎变换。

一些特殊的边界层流动存在“自相似”的特点，在变换的坐标系下，同一流动不同位置的解分布具有相似性，平板边界层流动就是一种自相似流动。边界层厚度 $\delta(x)$ 和边界层外缘速度 $V_e(x)$ 都是随 x 变化的。

如果以不同 x 位置的当地边界层厚度 $\delta(x)$ 对 y 向尺度进行无量纲化，即定义无量纲的边界层法向坐标：

$$\eta=C\frac{y}{\delta(x)} \tag{1.34}$$

式中，C 为一常数。再以不同 x 位置各自的边界层外缘速度 $V_e(x)$ 对速度无量纲化，能使不同 x 处的无量纲速度 u/V_e 随 η 变化的剖面一样。做适当的坐标变换：

$$(x,y)\rightarrow(\xi,\eta) \tag{1.35}$$

据层流边界层中惯性力和黏性力同量级这一物理事实，估计了边界层厚度的量级。边界层厚度是随流向发展的，在距离前缘 x 位置的边界层厚度为

$$\delta(x)\sim\frac{x}{\sqrt{Re_x}}=\sqrt{\frac{\nu x}{V_e}} \tag{1.36}$$

式中，ν 为运动黏性系数，据此可将相似参数 η 定义为

$$\eta = y\sqrt{\frac{V_e}{\nu x}} \tag{1.37}$$

并令

$$\xi = x \tag{1.38}$$

以上两个式子就是法沃克纳-斯坎变换(简称 F－S 变换)的定义式。F－S 变换是二维流动中非常著名的相似变换。此处 F－S 变换中坐标 y 的变换实际就是选取了当地边界层厚度 $\delta(x)$ 作为基本量。对于自相似的边界层流动,无量纲物理量 $u(x,y)/V_e(x)$ 只是相似参数 η 一个单变量的函数,那么原来的偏微分方程就可转化为常微分方程求解,进一步带来数学上的大大简化。关于F－S 变换的详细内容可参考曾明等编著的《空气动力学基础》一书第六章部分内容[7]。

1.3 测量概论及误差分析

测量是人类对自然界中客观事物取得数量观念的一种认识过程,是认识事物发展规律的不可缺少的手段和途径。在这一过程中,人们借助于专门工具,通过试验和测量使人们对事物获得定性概念和定量关系,再通过加工分析上升到理性,发现事物发展的一般规律。在科学技术领域,许多新的发现、新的发明往往是以测量技术的发展为基础的,测量技术的发展推动着科学技术的前进。

由于实验方法和实验仪器及设备系统等的不完善、外部环境因素的影响以及人们对客观事物认识能力的限制,由此必然引出测量误差及其分析的问题。本节将介绍有关测量的基本原理和误差分析。

1.3.1 测量的基本过程

在测量技术中,为了测得某一物理量的值,总要使用若干个测量设备,并把它们按一定的方式组合起来。为实现一定的测量目的而将测量设备进行的组合称为测量系统。任何一次有意义的测量,都必须由测量系统来实现。测量系统中的测量设备一般由传感器、转换器、传输通道和显示装置组成,如图 1.2 所示。

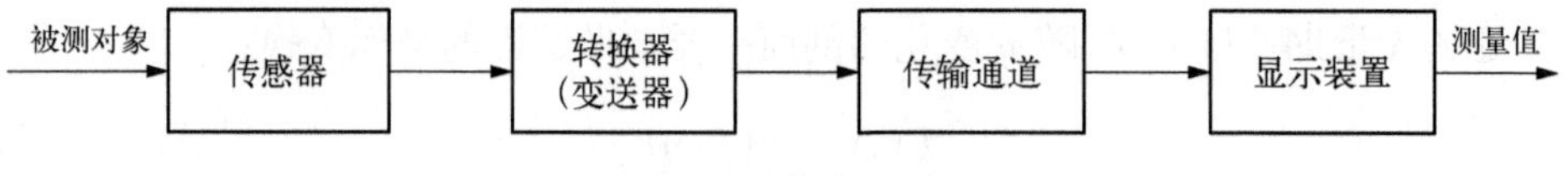

图 1.2 测量系统组成

传感器是与被测对象直接产生联系的部分,又称为一次仪表。它是将被测量按一定规律转换成便于处理和传输的另一物理量(一般多为电量,如电压和电流)。

转换器是将传感器输出的信号变换成显示装置易于接收的信号,这种信号变换可能是物理性质的变换,也可能是将同性质的物理量加以放大。

显示装置通常有模拟式、数字式和屏幕式三种基本形式,是与观测者直接产生联系的部分，又称为二次仪表。它将被测量信号变成能为人们感官识别的形式。

传输通道有电缆连接、光纤连接和管道连接等方式，将测量各环节间的输入、输出信号连接起来。传输通道一般较为简单，容易被忽视。实际上，由于传送元件选择不当或安排不周，往往会造成信息能量损失、信号波形失真、引入干扰，致使测量精度下降。例如导压管过细过长，容易使信号传递受阻，产生传输迟延，影响动态压力测量精度；导线的阻抗失配、无屏蔽层等，将导致电压、电流信号的畸变。

1.3.2　测量系统的特性

测量系统的性能在很大程度上决定着测量结果的质量。测量系统的一般特性，通常分为静态特性与动态特性两个方面。在静态测量条件下，测量系统的输入量和输出量之间的对应关系称为系统的静态特性。测量系统的动态特性是指在动态条件下（即输入信号为动态信号时）系统的响应特性。在动态测量时，由于测量系统具有一定的惯性，使得系统的输出量不能够正确地反映同一时刻输入量的真实情况。此时，必须考虑测量系统的动态特性，关于测量系统动态特性可参考《传感器原理及应用》一书[8]。本书主要介绍静态特性，静态性能指标主要有以下几种。

1. 灵敏度

灵敏度是测量系统静态特性的一个基本参数。其定义为：当输入量变化很小时，测量系统输出量的变化 Δy 与引起这种变化的相应输入量的变化 Δx 之比。若用 S 表示灵敏度，则

$$S = \lim_{\Delta x \to 0} \frac{\Delta y}{\Delta x} \tag{1.39}$$

对于线性测量系统，其灵敏度是常量；而对于非线性测量系统，其灵敏度将随输入量的变化而变化。由于灵敏度对测量品质影响很大，所以一般测量系统或仪表均给出灵敏度值。

2. 线性度

理想测量系统的输入—输出关系是线性的，但由于实际传感器总有非线性（高次项）存在，所以大多数传感器是非线性的。测量系统的线性度，是全量程范围内的实际特性曲线与理想特性曲线之间的最大偏差 ΔL_{max} 与满量程输出值 Y_{max} 之比，它反映实际特性曲线与理想特性曲线之间的符合程度。线性度也称为非线性误差，记为

$$\varepsilon_L = \frac{\Delta L_{max}}{Y_{max}} \times 100\% \tag{1.40}$$

3. 分辨率

分辨率是指测量系统能够检测出被测量最小变化量的能力。在数字测量系统中，分辨率比灵敏度更为常用。一般仪器的分辨率应小于仪器允许的绝对误差的一半。

4. 量程

测量系统所能测量的最大输入量与最小输入量之间的范围，称为该测量系统的量程。

组成测量系统时正确选择仪表量程是十分重要的,通常使被测量落在系统量程的 2/3 ~ 3/4 处为最佳。如果量程选择太大,会使测量精确度下降。

5. 基本误差

测量系统的基本误差,是指在规定的标准条件下,用标准设备进行静态标定时,测量系统在全量程中所产生的最大误差的绝对值与系统量程之比。如果用 R 表示基本误差,则

$$R = \frac{|\delta_{\max}|}{A} \times 100\% \tag{1.41}$$

式中,A 为系统量程; δ 为绝对误差。

6. 迟滞误差

传感器在输入量由小到大(正行程)及输入量由大到小(反行程)变化期间,其输入—输出特性曲线不重合的现象称为迟滞。也就是说,对于同一大小的输入信号,传感器的正反行程输出信号大小不相等,这个差值称为迟滞差值。传感器在全量程范围内最大的迟滞差值 $\Delta H_{\max}$ 与满量程输出值 $Y_{\max}$ 之比称为迟滞误差,用 γ_H 表示,即

$$\gamma_{\mathrm{H}} = \frac{\Delta H_{\max}}{Y_{\max}} \times 100\% \tag{1.42}$$

产生迟滞现象的主要是由传感器敏感元件材料的物理性质和机械零部件的缺陷所造成的,例如弹性敏感元件弹性滞后、运动部件摩擦、传动机构的间隙等。

7. 重复性

重复性是指在相同条件下,输入量按同一方向作全量程多次测量时,所得传感器输出特性曲线不一致的程度。

8. 漂移

传感器的漂移是指在输入量不变的情况下,传感器输出量随着时间变化,此现象称为漂移。产生漂移的原因有两个方面: 一是传感器自身结构参数: 二是周围环境(如温度、湿度等)。最常见的漂移是温度漂移,即周围环境温度变化而引起输出量变化,温度漂移对测量系统静态特性的影响主要表现为: 使静态特性曲线平移,但斜率不变,这种影响称为热零点漂移或温度零点漂移;使静态特性曲线斜率变化,这种影响称为热灵敏度漂移或温度灵敏度漂移。

9. 精确度

测量仪表的精度等级是用允许误差来标明的,它等于仪表的最大绝对误差与仪表的量程范围之比的百分数。测量仪表的精度等级是国家统一规定的,把允许误差中的百分号去掉,剩下的数字就称为仪表的精度等级。仪表的精度等级常以圆圈内加数字标记在仪表的面板上。例如某台压力计的允许误差为 1.5%,这台压力计电工仪表的精度等级就是 1.5,通常称为 1.5 级仪表。

1.3.3 测量误差

人们常用绝对误差、相对误差等来说明一个近似值的准确程度。为了评定试验

数据的精确性，分析误差的来源及其影响是必要的。由此判定哪些因素是影响试验精确度的主要方面，从而在试验中进一步改进试验方案，提高试验的精确性和准确性。

1. 有关误差的基本概念

（1）真值。真值是指在一定的时间及空间条件下，被测量所体现的真实数值。真值是理想的概念。一般说来，一个量的真值是难以确切知道的。为了使用上的需要，在下面几种情况下，认为真值是已知的。理论真值：在理论上规定的值。如平面三角形三个内角之和为 π(rad)；一个整圆周角为 2π(rad) 等。法定真值：法定计量单位认为真值是已知的。例如，国际千克基准，是按定义规定在特定条件下的值，可以认为是真值 1 kg。约定真值：约定真值是满足规定准确度的用来代替真值使用的量值。通常把高一等级的测量仪器所测得的量值作为约定真值。

（2）绝对误差。将某一物理量的测量值与其真值之差定义为绝对误差。不论测量系统的精确度有多高，多么完善，其测量值相对真值总是存在一定的误差。绝对误差记为 δ，则

$$\delta = X - X_0 \tag{1.43}$$

式中，X 为测量值；X_0 为真值。

（3）误差的绝对值。不考虑正负号的绝对误差称为误差的绝对值。

（4）相对误差。定义绝对误差与真值之比为相对误差，记为 η，则

$$\eta = \frac{\delta}{X_0} \times 100\% \tag{1.44}$$

（5）引用误差。引用误差是仪器的绝对误差与量程范围之比。

2. 误差分类和处理方法

通常，为了便于对测量值所包含的误差进行分析和处理，可按照误差的特点和性质，把误差分为系统误差、随机误差和粗大误差三大类。

（1）系统误差。系统误差是指在同一条件下，多次测量同一量值时，误差的绝对值和正、负号保持不变，或按一定规律变化的误差。试验条件一经确定，系统误差就获得一个客观上的恒定值。例如，用一把端头已磨损了 0.1 mm 的尺子测量某一物体的长度，在每次的测量值中都含有 0.1 mm 的系统误差。系统误差的来源包括仪表制造、测量设备的基本误差以及环境误差等。系统误差是一种有规律的误差，故可以通过理论分析、采用修正值或补偿校正等方法来减小或消除。

（2）随机误差。随机误差是指在等精确度的测量条件下，由于大量的偶然因素，多次测量同一物理量的测量结果或大或小，而且符号都不固定，具有随机变量的特点。这类误差往往是由于在测量过程中一些不易控制或不易确定的因素发生了变化而引起的。倘若对某一量值作足够多次的等精度测量后，就会发现随机误差完全服从统计规律（如服从正态分布），误差的大小或正负出现的概率可以是确定的。因此，随着测量次数的增加，随机误差的算术平均值趋近于零，所以多次测量结果的算数平均值将更接近于真实值。随机

误差的特点如下。

单峰性：绝对值小的误差比绝对值大的误差出现的几率多。

对称性：绝对值相等的正负误差出现的几率相等。

有界性：有极大误差的上限。

抵偿性：各次测量的随机误差的代数和随测量次数 $n\to\infty$ 而趋于 0。

（3）粗大误差。超出在规定条件下预期的误差称为粗大误差。粗大误差一般是由于操作人员粗心大意、操作不当或实验条件没有达到预定要求就进行实验等造成的。如读错、测错、记错数值、使用有缺陷的测量仪表等。此类误差无规则可循，只要加强责任感、多方警惕、细心操作，粗大误差是可以避免的。含有粗大误差的测量值称为坏值或异常值，在数据处理时应剔除掉。

实验中常采用 3σ 准则来剔除异常值，3σ 准则亦称拉依达准则。假设在一列等精度的测量结果中，对于某一测量值，若只含有随机误差，且测量次数足够多时，则可按随机误差正态分布规律来检验。记 $\bar{x}$ 为测量值的平均值，σ 为测量值的标准差，若某一测量值 x_i：

$$|x_i - \bar{x}| > 3\sigma \tag{1.45}$$

则认为该测得值 x_i 含有粗大误差，为异常值，应予以剔除。

对于实验测试和误差处理，应当具备“心含敬畏，科学严谨”的素养。粗大误差往往是由于错误的实验或者某种疏忽导致的超出正常规定范围的结果，实验中遇到粗大误差，我们就要毫不犹豫地摒弃，而且寻找产生粗大误差的根源，进而改进实验。避免粗大误差需要从方法、人员、环境和仪器等诸多方面进行考虑，这些方面在测量过程中能给出多个约束条件，只有满足约束条件才能获得正确的测量结果。

3. 准确度

设测量结果中只含有系统误差和随机误差，可用下列三个术语表示测量结果中误差大小的程度。

准确度（或准度、正确度）反映系统误差的大小。

精密度（或重复性）反映随机误差的大小，用随机误差的均方根值来表示实验结果的精密度。

精确度（或精准度）衡量包括系统误差与随机误差的综合误差的大小。

在一组测量中，精密度高的准确度不一定高，准确度高的精密度也不一定高，但精确度高，则精密度和准确度都高。测量的准确度与精密度的区别，可由图 1.3 解释，若靶心为真实值，图中黑点为测量值，则图 1.3(a) 表示准确却不精密的测量，图 1.3(b) 表示精密却不准确的测量，图 1.3(c) 表示既准确又精密的测量。

一切测量都应同时兼顾准确度和精密度，力求既准确又精密，才能成为精确的测量[9]。一般来说，工程测量中，占主要地位的是系统误差，应力求准确度高。而在精密测量中由于已经采取一定的措施（如改进测量方法，改善测量条件）减小或消除了系统误差，因而随机误差是主要的。

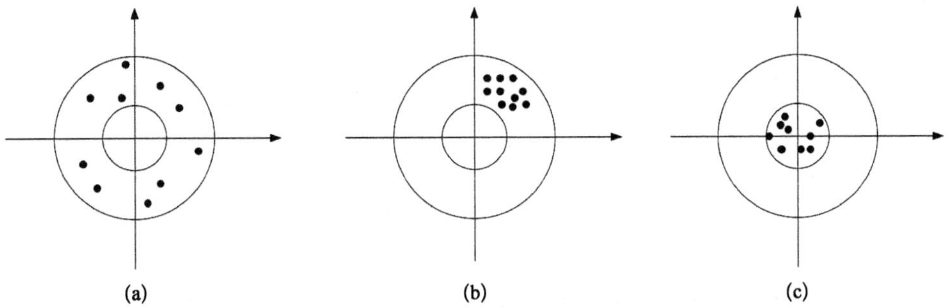

图 1.3　测量的准确度与精密度

1.3.4　间接测量误差传递

直接测量是指不需对被测量与其他实测的量进行函数关系的辅助计算,而直接得到被测量值的测量。但在许多场合下,往往涉及间接测量,所谓间接测量是通过直接测量的量由一定的函数关系计算给出物理量。例如低速风洞中的风速测量,一般是通过测量气流的总、静压之差和气流温度等直接测量的量,再由状态方程和柏努利方程计算出风速的大小。由于直接测量的量都存在一定的误差,因此,由数个直接测量的量通过已知的函数关系而求出的间接测量的量,必然也存在误差。

间接测量误差不仅与直接测量量的误差有关,而且还与它们之间的函数关系有关。如果所用的函数关系式是近似公式,由这种近似公式而引起的误差,本章不做讨论。在求间接测量误差时,首先假定间接测量的量与各直接测量的量之间的函数关系是正确无误的。其次,假定各直接测量的测得值中,含有粗大误差的异常值已被剔除。

间接测量值误差是各个测量值误差的函数值,也称为函数误差。间接测量值一般表达为直接测量值的多元函数,即 $y=f(x_1, x_2, \cdots, x_n)$,其中 y 为间接测量值,$(x_1, x_2, \cdots, x_n)$ 为直接测量值。

若各直接测量参数的误差为 $(\Delta x_1, \Delta x_2, \cdots, \Delta x_n)$,而间接测量值的误差为 Δy,则两者之间的关系式可按泰勒级数展开,在略去高阶项后,可得

$$\Delta y = \frac{\partial f}{\partial x_1}\Delta x_1 + \frac{\partial f}{\partial x_2}\Delta x_2 + \cdots + \frac{\partial f}{\partial x_n}\Delta x_n \tag{1.46}$$

间接测量值的标准差可按下式计算:

$$\sigma_y = \sqrt{\frac{\sum_{i=1}^{k} (\Delta y_i)^2}{k-1}} \tag{1.47}$$

将式(1.46)代入式(1.47),并结合直接测量参数的标准差:

$$\sigma_{x_n} = \sqrt{\frac{\sum_{i=1}^{k} (\Delta x_n)_i^2}{k-1}} \tag{1.48}$$

可得间接测量量的标准偏差为

$$\sigma_y = \sqrt{\left(\frac{\partial f}{\partial x_1}\right)^2 \sigma_{x_1}^2 + \left(\frac{\partial f}{\partial x_2}\right)^2 \sigma_{x_2}^2 + \left(\frac{\partial f}{\partial x_3}\right)^2 \sigma_{x_3}^2 + \cdots + \left(\frac{\partial f}{\partial x_n}\right)^2 \sigma_{x_n}^2} \tag{1.49}$$

思 考 题

1. 相似理论对实验研究的指导意义是什么?
2. 如何导出相似准则?
3. Π 定理的实质是什么? 简要叙述 Π 定理导出相似准则的步骤并列举常用的相似准则。
4. 联系实际说明怎样才能得到精准度较高的实验结果。
5. 试从系统误差和随机误差的定义、来源、发现方法、减小方法、分布类型和反映的实质等方面,比较系统误差与随机误差的异同。
6. 如何选择测试方法和仪器来满足对结果的精度要求?
7. 已知一小球在空气中以 20 m/s 速度运动,为实验模拟小球所受气动力,模型与真实小球直径之比为 1∶10,试确定开展风洞实验所需的条件。
8. 在流体流过圆柱体产生涡街的现象中,旋涡脱落频率 f 与流体密度 ρ 、速度 U、黏性系数 μ 和圆柱体直径 D 有关。如果模型直径是原型的 1/2,模型流场与原型流场完全相似,且流体的密度和黏性系数分别相等,求模型与原型的旋涡脱落频率之比。
9. 欲在风洞中研究某高速飞机等速直线飞行时的空气动力特性,根据经验,作用在飞机上的空气动力主要取决于飞机的迎角 α 、侧滑角 β 、空气密度 ρ 、速度 U、机翼平均气动弦长 b_A、空气黏性系数 μ 、空气弹性模量 E。求气动力与各物理量无量纲关系式。(注: $E = \rho a^2$, a 为声速)。

第2章 风 洞

学习要点：

(1) 风洞的概念和分类，风洞的发展历程；

(2) 各类型风洞的典型结构和原理；

(3) 风洞流场校测方法和主要指标。

理论研究、风洞试验、科学计算、模型和实物飞行试验是空气动力学研究的主要手段。风洞是指在一个按一定要求设计的管道系统内，使用动力装置驱动一股可控制的气流，根据运动的相对性和相似性原理进行各种空气动力实验的设备。风洞的产生和发展是同航空航天科学的发展紧密相关的，风洞广泛用于研究空气动力学的基本规律、验证和发展有关理论，并直接为各种飞行器的研制服务[10]。风洞主要由洞体、驱动系统以及测量控制系统组成，各部分的形式和构成因风洞的类型和性能而异。

风洞试验是在风洞试验段安装飞行器、其他物体的模型甚至实物或其部件，按要求由驱动系统在试验段中产生所需的气流，同时由测量控制系统进行控制和测量，从而研究空气或其他气体流动及其与模型的相互作用，了解飞行器或其他物体的空气动力学特性的一种地面模拟试验。

一般来说，在风洞中进行模型实验要求满足三个条件：首先要保证模型与真实飞行器几何相似，即把飞行器各部件的几何尺寸按同一比例缩小加工成模型，但对于实际情况，并不是都能做得到的，特别是对于小尺寸的部件，完全几何相似几乎不可能；第二要保证运动相似，即保证飞行器与模型的对应部位气流速度相同或按同一比例变化，而且气流的方向要相同；第三必须保证动力相似，即保证模型和飞行器对应点的气动力(系数)相同，要做到动力相似，除了前述的要求外，还需保证风洞试验的马赫数和雷诺数等相似准则相同[10]。

2.1 风洞概述

空气动力学的许多重要理论，如俄国科学家茹科夫斯基的螺旋桨理论等，都是在风洞进行试验,包括大量观测和测量后才提出来的,并且这些理论的应用又得到了风洞试验的验证[10]。在飞行器的研制中,风洞的作用更加突出,例如 20 世纪 50 年代美国 B-52 型轰炸机的研制,曾进行了约一万小时的风洞试验,而 80 年代第一架航天飞机的研制则进行了约十万小时的风洞试验。此外,风洞试验还广泛应用于国民经济的许多部门,如用来研究阻力最小的汽车外形、高层建筑物的风载、风力机和桥梁的风激振动以及大气污染等。

从 1927 年到 1941 年,飞机的最大飞行速度由 180 km/h 提高到 600 km/h 左右,增加到 3 倍多。如果单靠提高发动机功率来取得速度增长,则需要把发动机功率提高 27 倍以上。但事实上,这段时间发动机功率也仅增加到 3 倍。飞行速度的增加,主要是由于减小了飞机的阻力,尤其是各部件之间的干扰阻力。在当时条件下,这些减阻措施都是通过风洞试验验证的[10]。

风洞通常按试验段气流速度范围进行分类,分为低速风洞($Ma<0.4$)、亚声速风洞($Ma=0.4\sim0.8$)、跨声速风洞($Ma=0.8\sim1.4$)、超声速风洞($Ma=1.4\sim5$)和高超声速风洞($Ma\geqslant5$)。

世界上公认的第一座风洞是英国人韦纳姆于 1869~1871 年建成,该风洞是一个两端开口的木箱,截面 45.7 cm×45.7 cm,长 3.05 m。1907 年普朗特建造的风洞具有等截面的洞体管道,能量消耗很大,1917 年普朗特将等截面洞体变成变截面型式,如图 2.1 所示,大大降低了风洞能量损耗。

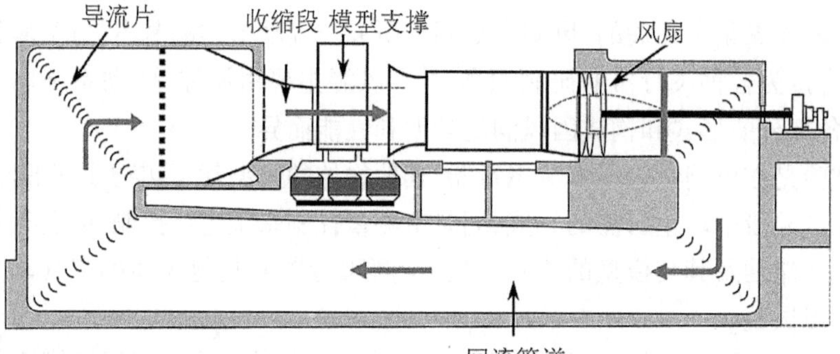

图 2.1　普朗特形式变截面回流风洞

欧美等发达国家的常规低速风洞的建设主要集中在 20 世纪 20~50 年代,主要解决了飞机和螺旋桨的气动力及其效率问题,也包括飞机的气动布局。1980 年,美国埃姆斯研究中心建成试验段截面尺寸为 24 m(宽)×12 m(高)的美国最大的全尺寸低速风洞,如图 2.2 所示,这个风洞建成后又增加了一个 24 m×36 m 的新试验段。

从 1871 年出现第一座风洞到现在,一百多年间,为了满足各种不同类型空气动力学实验的要求,出现了多种类型的风洞,其性能和参数也各异。早在 1932 年,为了解决炮弹的气动力问题以及探索超声速流动的一般规律,阿克雷特在瑞士建造了一座连续式的超

图 2.2　美国埃姆斯研究中心鸟瞰图(下方为全尺寸风洞,图片来源: NASA 官网)

声速风洞,试验段马赫数为 2。1956 年,美国建成了当今世界上最大的超声速风洞,试验段尺寸为 4.88 m×4.88 m,马赫数范围 0.8~4.0,风洞功率达 160 MW。

跨声速风洞的出现是在超声速风洞之后。1947 年,美国兰利研究中心采用试验段洞壁开槽的方法,研制成功世界上第一座跨声速风洞。为了研究导弹和火箭的空气动力问题,研制了高超声速风洞。

我国在 20 世纪 50 年代末至 60 年代初期,出现了 3 m 量级低速风洞和 0.6 m 量级跨超声速风洞的建设高潮。在此期间建造的低速风洞包括北京大学直径 2.25 m 低速风洞;航空工业空气动力研究院的 3.5 m×2.5 m 低速风洞(FL－8)等。建造的跨超声速风洞有航空工业空气动力研究院的 0.6 m×0.6 m 跨超声速风洞(FL－1);北京空气动力研究所的 0.76 m×0.53 m 亚跨声速风洞(FD－08)等。

从 20 世纪 60 年代末期开始,随着中国空气动力研究与发展中心的建立,形成了我国第二个风洞建设的高潮。近年来,为推进高超声速相关研究,我国建设了多型激波风洞和推进风洞,有力推动了我国高超声速技术的研究发展。

2.2　风洞分类

风洞种类多样,外观形式和用途也各有不同,国内外比较常用的风洞分类方法有按试验段流动速度和按运行时间这两种。风洞按照气流速度范围分为低速风洞、亚声速风洞、跨声速风洞、超声速风洞和高超声速风洞。

按风洞的运行时间则可分为连续风洞(可长时间运行)、暂冲风洞(数秒至数分钟量级)和脉冲风洞。一般而言,随着风洞试验段气流速度的增大,单位试验段截面积所需要的驱动功率也显著地增大，因此试验段尺寸越来越小、运行时间也越来越短。如我国中科院力学所 JF12 激波风洞，试验段马赫数 6~9，运行时间在 100 ms 左右，可以归为脉冲风洞。

也有一些其他的风洞分类形式，如风洞试验段的“开、闭口”、直流或回流以及超声速风洞的“下吹”“吹吸”“引射”等驱动形式。亦有按照风洞用途进行分类的，如汽车风洞、建筑风洞和桥梁风洞等。

目前最常用的是按照气流速度范围进行分类。

低速风洞：试验段气流的马赫数小于 0.4，空气的压缩性可以忽略不计。在这类风洞中驱动气流的动力设备都为一级轴流式风扇。在同等试验段尺寸的风洞中，低速风洞的驱动功率最小，构造也比较简单。低速风洞主要模拟的相似准则为 *Re*。

亚声速风洞：气流的马赫数范围在 0.4~0.8 的风洞。亚声速风洞的构造与低速风洞相近，驱动风扇的功率较同等尺寸的低速风洞大，一般都采用两级或两级以上的轴流式风扇，并有防止气流温升过高的冷却器或换气装置。世界上这类风洞不太多，大都建于跨声速风洞、三声速风洞（运行范围包括亚、跨、超声速的风洞）出现之前。

跨声速风洞：试验段气流马赫数范围为 0.8~1.4 的风洞。从外廓上看，这类风洞有的类似于亚声速风洞，也有的类似于间歇式超声速风洞。这类风洞有一个特点，即试验段采用通气壁，通气壁的外面是驻室，驻室的外面是与大气相隔的壁面，驻室内的压力是可以调节的。

超声速风洞：试验段气流马赫数范围为 1.4~5.0 的风洞。在试验段上游有一个先收缩后扩张的喷管，使气流加速膨胀到所要求的马赫数。这类风洞又有连续式和间歇式之分，并且要在喷管出口实现超声速气流，需要保证前后的压力比，因此超声速风洞往往涉及高压和真空。

高超声速风洞：试验段气流马赫数大于 5 的风洞。这类风洞单位试验段面积对应的驱动功率更大，为防止急速膨胀的气流在高超声速喷管内发生冷凝，需要通过一定途径提高气流总温。按不同的加热方式，高超声速风洞可分为常规高超声速风洞、激波风洞和推进风洞等。

另外还有一类风洞，不仅试验段马赫数能达到 5 以上，且能模拟飞行时气流所达到的很高的焓值，称为超高速风洞。

2.3 低速风洞

低速风洞试验段的风速小于 130 m/s（$Ma<0.4$），在这个速度范围内气流的压缩性影响可以忽略。在各类风洞中，低速风洞是出现最早、发展最完备、种类和数量也最多的一种风洞，它有着广泛的用途。在航空航天方面，有关低速流动的基础研究，各种飞行器的布局和性能研究，很多在低速风洞开展。在一些民用领域，如舰船和车辆等的风阻研究，建筑物的风载、风振研究，风能开发研究，质量迁移（如大气污染）研究及雨雪、沙尘暴、风暴等方面的研究，也大量在低速风洞中进行实验。

在不可压流的范围内,雷诺数是最主要的相似准则。风洞设计必须保证实验达到一定的雷诺数指标。提高雷诺数的途径有增大风洞尺寸、提高气流密度、降低黏性系数(通过降低温度来实现)等,但最常用的方法是增大风洞尺寸。从模型设计、加工和保证相似来看,要求模型的尺寸足够大,因此风洞必须足够大。例如,模型的安定面、操纵面必须有一定尺寸,才能保证几何相似,才能保证在这些局部面上的雷诺数能达到自准区。

2.3.1 低速风洞的原理和分类

低速风洞中驱动气流的动力设备绝大多数为一级轴流式风扇。就低速风洞试验段尺寸(一般指试验段当量直径)来说,有几十毫米的微型低速风洞,有 1~1.5 m 的主要用于教学的小型低速风洞,有 2~4 m 的中型低速风洞,有 8 m 以上的大型低速风洞。大型风洞中有一种可将真实飞机或全尺寸模型放入试验段进行实验的风洞,称为全尺寸风洞,前文图 2.2 所示即为全尺寸风洞。

低速风洞的基本形式有直流式和回流式两种,按照试验段的结构不同又有闭口式和开口式之别。闭口式风洞试验段气流的边界是固壁,开口式气流的边界是自由边界。如图 2.3 和图 2.4 所示分别为直流式和回流式低速风洞结构示意图。世界上大多数生产型低速风洞是回流式的,它与直流式风洞的差别在于多了回流管道,主要是使风洞中的气流

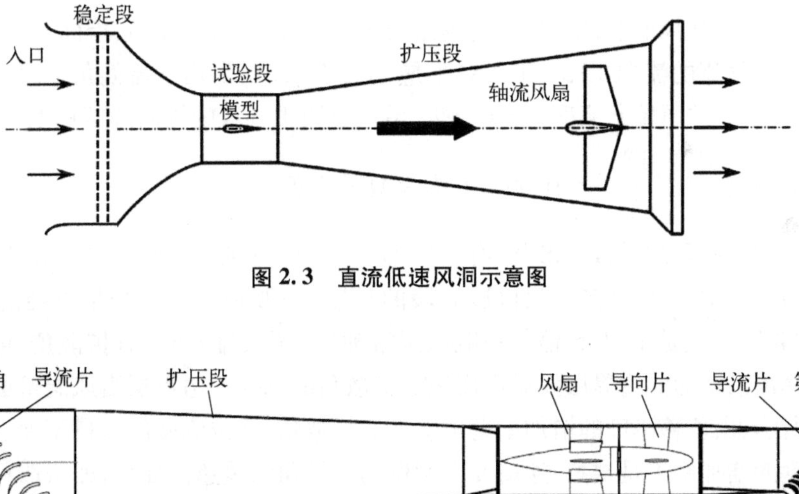

图 2.3 直流低速风洞示意图

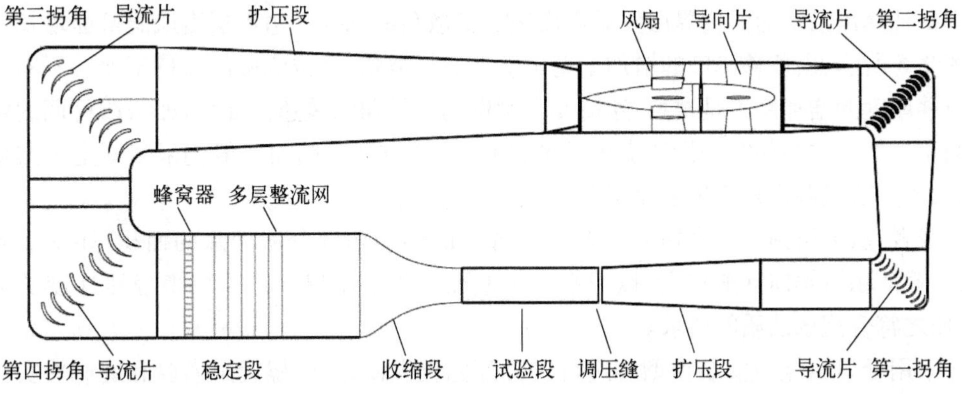

图 2.4 回流低速风洞示意图

基本上不受外界大气干扰(不受阵风的影响,气流均匀),温度可得到控制、减少噪声污染,并可提高能量利用效率。

回流低速风洞主要结构包括稳定段、收缩段、试验段、扩压段、导流片、动力段等。低速风洞动力段用于驱动气流运动。稳定段是一段横截面不变的足够长的管道,其特点是横截面面积足够大,气流速度较低。在稳定段内一般都装有整流装置,使来自上游的紊乱的不均匀的气流稳定下来,使旋涡衰减。试验段为风洞中模拟原型流场进行空气动力实验的地方,是风洞的重要部件。扩压段是沿气流方向扩张的管道,又称扩散段,其功用在于使气流减速,使动能转变为压力能,以减少风洞中气流的能量损失。

2.3.2 低速风洞的主要部件

结合回流低速风洞的主要部件,介绍各部分的功能作用和设计要求。

1. 试验段

风洞试验是基于相对运动原理进行的。当模型固定不动时,要求风洞气流的各参数在时间和空间的各点上,都是均匀的,并且还必须满足相似准则要求。试验段气流应稳定,速度的大小、方向在空间的分布应均匀,原始湍流度、噪声强度、静压梯度等应低。试验段气流这些特性的好坏,总称为流场品质。

通常,当一个风洞建成后,需要在试验段的各个切面上逐点测定气流的流动品质。GJB 1179—91《高速风洞和低速风洞流场品质规范》规定了流场品质指标。例如,规定试验段模型区内气流的流向 $|\Delta\alpha|$ 和 $|\Delta\beta|$ 应不大于 0.5°,平均气流偏角绝对值应不大于 0.2°;模型区中心的原始紊流度 $\varepsilon < 0.2\%$;沿试验段中心线的轴向静压梯度,在模型区长度范围内应满足 $L \cdot \left|\dfrac{\mathrm{d}C_p}{\mathrm{d}x}\right| \leqslant 0.005$, L 为模型区长度。

低速风洞试验段的横截面形状,有长方形、正方形、圆形、椭圆形和八角形等,现有风洞采用长方形带切角者居多。闭口试验段的长度,一般是截面积当量直径的 1.5~2.5 倍,开口试验段一般是 1~1.5 倍。一般风洞沿轴向(顺来流方向)有扩散角,可根据边界层理论计算出沿壁面的边界层发展进而确定扩散角的选择。边界层沿风洞壁面增长情况如图 2.5 所示,由位移厚度的增加率定出壁面的扩散角,使位流截面保持不变。不同风速下位移厚度的增加率不是常数,这就要求洞壁的扩散角随风速而变化,即采取可调的壁面扩散角。但这样会使结构设计变得困难,使用也不方便。因而一般仍采用固定扩散角的方案,大多数风洞都是将试验段洞壁每边扩散 0.5°。

或者,从上游到下游沿轴向逐渐减小各截面的切角部分所切除的面积,如图 2.6 所示,使截面积沿轴向逐渐扩大,以减小由于壁面边界层增厚而产生的负静压梯度的绝对值,使之符合流场品质的要求。

采用开口试验段安装模型和进行实验都比较方便,进行螺旋桨实验和旋成体实验的修正量比较小,如图 2.7 为一型开口回流风洞。但开口试验段的能量损失比闭口试验段大,由于射流边界上的扰动大,故流场品质也比闭口试验段差。

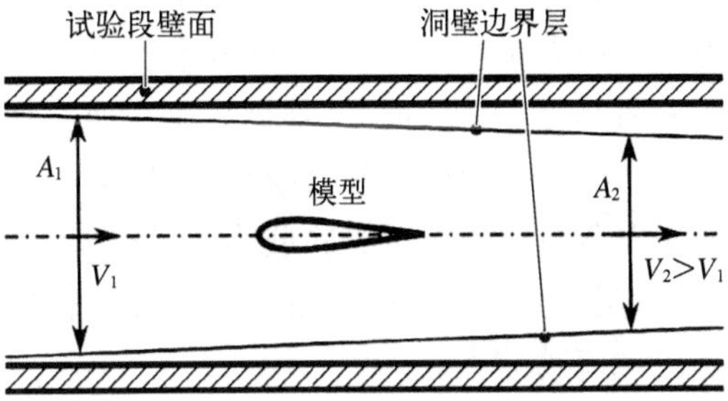

图 2.5 风洞洞壁边界层增长示意图

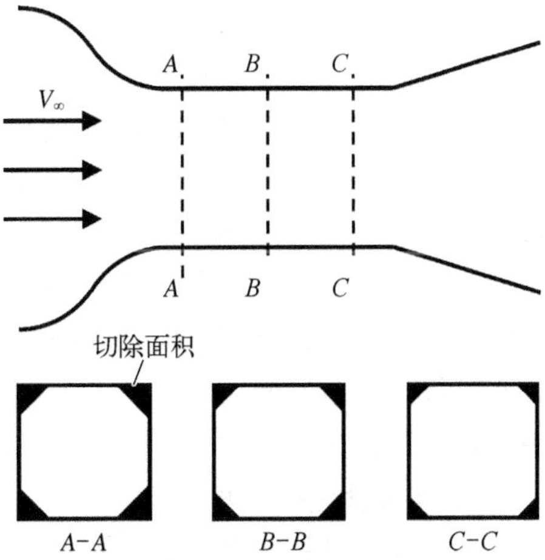

图 2.6 试验段向下游切角逐渐减小

图 2.7 德国 DLR 开口回流风洞(白色箭头为气流方向)

2. 调压缝(孔)

闭口回流低速风洞试验段的后方,一般都有调压缝(通气缝)或调压孔(通气孔),如图 2.8 所示。调压缝的作用是保持试验段中的静压与风洞外环境大气的压强基本相等。如果不设调压缝或调压孔,则试验段静压(风洞管道中的最低压力)将低于环境压力,如果试验段的门窗以及模型支杆通过处密封不好,则外界空气将会漏进试验段而破坏流场均匀性,而且将直接影响模型周围的流场。

有了调压缝(孔),气流在此处的静压与环境大气压强相等,试验段的静压也就与环境大气压强基本相等了,从而使试验段壁面的密封装置大大简化。调压缝或调压孔的大小与试验段内的动压以及风洞其他部分的气密情况有关,经常采用的数值是开孔面积等于试验段截面积的15%~20%,而缝的宽度约为试验段直径的5%。

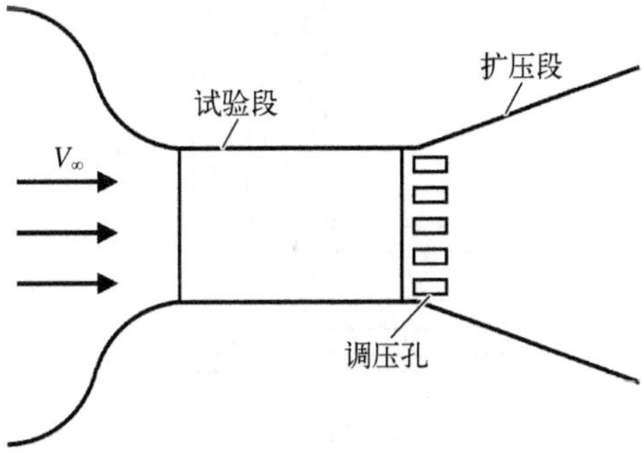

图 2.8 闭口回流式风洞调压孔示意图

3. 扩压段

扩压段是一段沿气流方向扩张的管道,又称扩散段或扩压器,图 2.8 调压孔下游即为扩压段。气流在管道中的能量损失,与流速的三次方成正比。流速低,则损失小。扩压段使来自试验段的气流迅速减速,可使整个风洞的能量损失减小。但是,扩压段本身也会引起气流的能量损失,具体包括摩擦损失和扩压损失两部分。扩压损失,是指气流在逆压梯度作用下发生分离而造成的损失。扩压段扩张角取大一些,摩擦损失可减小,扩压损失会增大。反之,扩张角减小,摩擦损失会增大,扩压损失会减小。大量实验证明,三维圆形截面扩压段扩张角的最佳值是 5°~6°。如果在某种情况下必须采用大扩散角(如风洞长度有限制),则必须采用曲线壁或边界层控制,以防出现流动分离。

4. 拐角段和导流片

回流式风洞中,气流回流一周要折转 360°。如果用平缓弯曲的管道使气流逐渐折转,可使气流的能量损失小一些,然而这是不实际的,因为这样一来风洞占据的空间大,建设投资增大。因此,通过设置拐角来实现气流的回流是可行的。气流在四个拐角的全部损失可以占风洞总损失的 40%~60%。气流经过拐角时很容易发生分离,出现很多旋涡,因而使流动不均匀或发生脉动,其中尤以第一和第二拐角的能量损失为剧(图 2.4,从试验段向下游依次为第一、二、三、四拐角)。在拐角处须设置拐角导流片,目的是防止分离和改善流动。

气流进入拐角时,如图 2.9(a)所示,流线发生弯曲(气流拐弯),出现离心力,沿着离开曲率中心的方向流速降低,压强增大。因此,在拐角内侧流速增加压强降低,相当于收缩效果,而在外侧流速降低压强升高,出现扩压效果。这样就形成了拐角外侧的压强高于内侧的压强。气流流过拐角(转弯)后,拐角内侧有扩压效果,外侧有收缩效果。扩压效果引起气流在内、外侧壁上发生分离而形成许多小尺度涡。这种作用,随着内外侧间距离增大而增强。

同时,弯管段内气流由于惯性而流向外壁的运动更加剧了从内壁的分离。由于从内壁分离所形成的涡流区在长宽方向的扩展,使得主流截面显著缩小。另外,由于离心力的出现以及在管壁上具有边界层,在弯管中将产生横向流动。

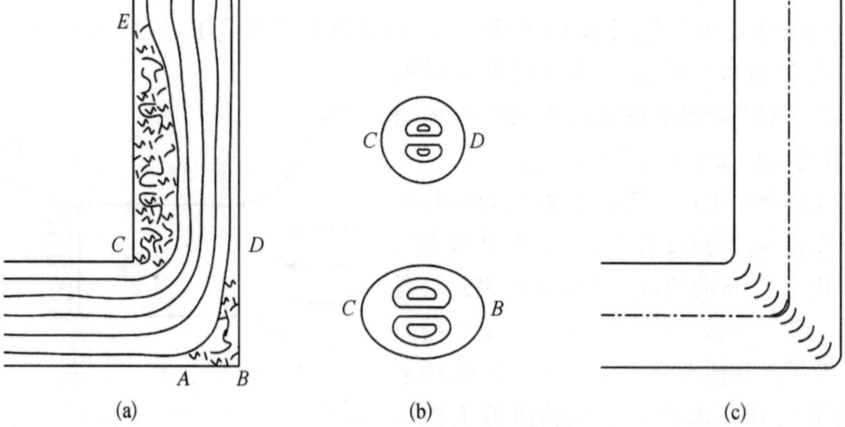

图 2.9 拐角流动和拐角导流片

与上述的图2.9(a)所示的简单的拐角不同,在拐角处设置导流片,如图2.9(c),导流片的存在相当于将一个大的拐角分割成为若干个小拐角。对于每个小的拐角,内外侧间距离较小,因而气流分离和旋涡都减弱下来。导流片的作用就在于,减小气流流经拐角时所产生的分离,减小二次流旋涡的强度,从而减小气流的能量损失,使气流流过拐角后的流场性能得到改善。第二拐角后的流场性能得到改善会提高风扇的效率,第四拐角后的流场性能得到改善会提升试验段流场品质。

导流片横截面的形状,有如图2.10(a)所示的圆弧形、有(b)图对应的圆弧加直线形和(c)图对应的翼剖面形等。在第一拐角处,流速较高,为了减少导流片本身所引起的气流能量损失,导流片应布置得适当稀疏一些。在第三拐角和第四拐角处的流速较低,导流片布置得适当密一些,引起的能量损失不大。第四拐角的导流片的后缘宜设计成可调节形式,用来调节气流的偏角,有利于提高试验段流场品质。

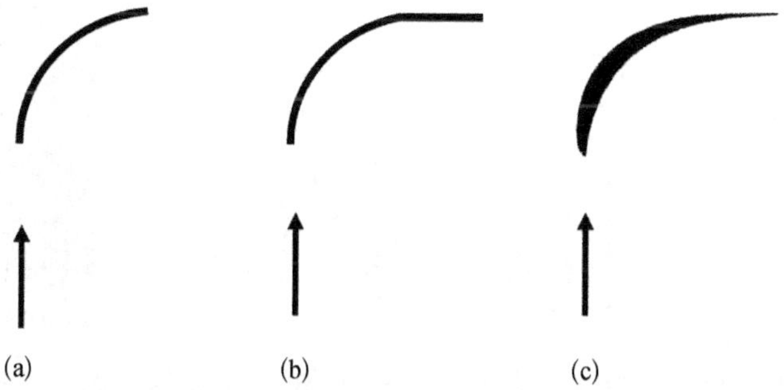

图2.10 不同类型拐角导流片(箭头表示气流方向)

每排导流片的数量一般为10~20个,导流片之间的相互位置应保持一下关系:设导流片弦长为C,间距为D_1,则D_1/C的值常取0.3~0.6,具体值与导流片形状有关[10]。图2.11所示为某大型风洞拐角导流片照片。

图2.11 大型风洞拐角导流片照片

5. 稳定段

稳定段气流速度较低,在稳定段内一般都装有整流装置,如蜂窝器和整流网等。稳定段的功能在于,使来自上游的紊乱的不均匀的气流稳定下来,使旋涡衰减,使速度大小和方向的分布更为均匀。设计良好的稳定段、蜂窝器、整流网系统,可使气流的紊流度、流动方向和速度分布均匀性得到明显改善。

蜂窝器由许多方形、圆形或六角形的等截面小管道并列组成,形状如同蜂窝,故名蜂窝器,如图 2.12 所示。蜂窝器的作用在于导顺气流,使其平行于风洞轴线,把气流中的大尺度旋涡分割成小旋涡,有利于加快旋涡的衰减。同时,蜂窝管道对气流的摩擦还有利于改善气流的速度分布。影响蜂窝器性能的主要参数是蜂窝长度 L 和口径 M。长度 L 越大,整流效果越好,但损失增加。M 值越小,蜂窝器对降低紊流度的效果越显著。一般的参数范围为,$L/M=5\sim10$,$M=5\sim30$ cm。

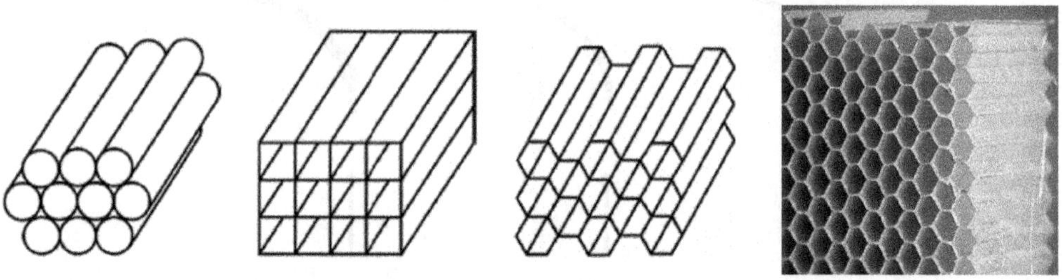

图 2.12　不同结构形状的蜂窝器示意图和六边形蜂窝器实物照片

图 2.13　整流网照片

整流网是网眼小、网线直径也小的金属网,可有一层或数层,如图 2.13 所示。整流网可将大尺度的旋涡分割为小尺度的旋涡,而小尺度旋涡可在整流网后面的稳定段的足够距离内衰减下来,从而使气流的紊流度特别是轴向紊流度明显减小。此外,气流通过整流装置的能量损失与来流速度的大小有关,如果在横截面内来流速度分布不均匀,通过整流装置时速度大的气流损失大,速度小的气流损失小,故整流网又可使气流速度分布趋于均匀。

整流网的层数以及网的粗细都取决于对试验段的紊流度要求。现有风洞的情况是,网的层数为 1~11 层,最常用的是 2~3 层;网的粗细为 18~60 目/英寸*,最常用的是 24~30 目/英寸。网的金属丝直径应尽量细小,以减小其本身对气流的扰动和降低阻力。考虑到安装要求及每层网后应有一段距离衰减旋涡,相邻两层网之间应相距 20~30 cm。

* 1 英寸(in)= 2.54 厘米(cm)。

6. 收缩段

在低速风洞中,收缩段位于稳定段与试验段之间,是一段平滑过渡的曲线形管道,如图 2.14 所示,截面积沿流向逐渐减小。收缩段的作用是加速气流,使其达到实验所需要的速度。收缩段的性能主要决定于两个因素,一是收缩比,即收缩段进口面积与出口面积之此;二是收缩曲线。若收缩段进口截面的面积为 A_1,出口截面的面积为 A_2,则称 $n = A_1/A_2$ 为收缩比。收缩段应满足以下要求:

(1) 气流沿收缩段流动时,洞壁上不出现分离。一般来说,气流在加速过程中是不易分离的,只要壁面收缩不太剧烈,分离是可避免的;

(2) 收缩段出口的气流要求均匀,平直而且稳定;

(3) 收缩段不宜过长,收缩段过长,会使风洞建设投资增加,而且能量损失也增大。

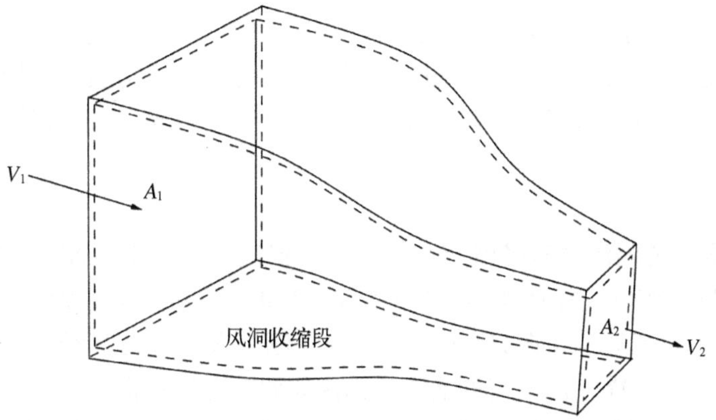

图 2.14 风洞收缩段示意图

较大的收缩比 n 可使稳定段的速度相对降低,使稳定段、蜂窝器和整流网在提高流场品质方面效果相对好一些,而引起的气流能量损失也相对小些。实验证明,收缩段出口与进口的气流脉动速度均方根值近于相等,按一维流计,则出口气流紊流度是进口的 $1/n$。还可以证明,出口横截面内速度的不均匀度 $\Delta v/v$,是进口的 $1/n^2$。由上可知,大的收缩比有助于得到较好的试验段流场品质。但同时还要考虑到,收缩比增大后洞体的截面积和长度都增大,风洞的造价提高。早期风洞的收缩比大致在 4~5,新建的风洞收缩比增大到 7~10。低紊流度风洞的收缩比可达到 20 以上。

在保证收缩段性能的前提下,统计国内外风洞收缩段的长度,通常多为 $L/D = 0.5 \sim 1.0$, D 为收缩段入口当量直径。对于较小的收缩比的风洞,收缩段的长径比取 $L/D = 0.70 \sim 0.75$ 可以得到令人满意的结果;对于较大一些的收缩比 $n=12\sim13$ 的风洞,收缩段的长径比一般取 $L/D = 0.75 \sim 0.95$;对于大尺寸风洞,当收缩比 $n=13\sim20$ 时,收缩段长径比一般为 $L/D = 0.85 \sim 1.3$,从工艺、现场制作及投资角度考虑,选择适当长些的收缩段是有利的。

收缩曲线对试验段气流速度分布的均匀程度有较大的影响,应用位流理论并结合经验方法设计,可得到满意的收缩曲线。设计收缩曲线的具体方法很多,如双三次曲线或五次曲线。本书只介绍一种比较简单的方法—维托辛斯基方法(维氏公式),如图 2.15 所示。我国在 20 世纪 60 年代设计的低速风洞,有许多是采用维氏公式来设计收缩段曲线。

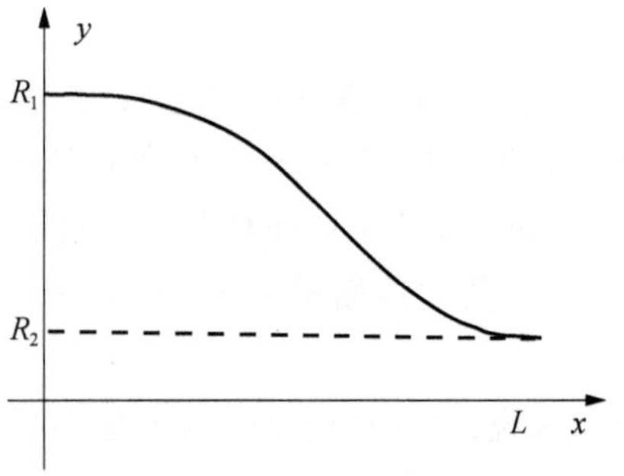

图 2.15 采用维氏公式设计风洞收缩段曲线

运行表明,这种收缩曲线可获得良好的试验段气流品质。其计算公式为

$$y=\frac{R_2}{\sqrt{1-\left[1-\left(\frac{R_2}{R_1}\right)^2\right]\frac{\left(1-\frac{x^2}{L^2}\right)^2}{\left(1+\frac{x^2}{3L^2}\right)^3}}} \qquad (2.1)$$

式中,R_1 和 R_2 分别为收缩段入口和出口的半高度。

7. 防护网

防护网又称为安全网,主要是用来捕捉在风洞运转中脱落的模型、模型部件及遗漏在风洞内的工具等,以此来保护风扇。对回流式风洞而言,防护网通常设置在第一拐角前;对直流式风洞而言,则通常设置在风扇段前。在设计防护网时,应尽量使其损失小。防护网通常是一层较大网格尺寸的高强度金属网。

8. 动力段

气流在风洞管道内流动时必然有能量损失。损失来自几个方面,一是气流与固体边界包括洞壁、拐角导流片、蜂窝器、实验模型等的摩擦;二是物体表面的气流分离,引起旋涡、紊流等。对于直流风洞情况,经过扩压段的气流排入大气,其动能全部损失。若试验段开口,射流也将损失能量。气流的能量全部由风洞动力装置提供。

动力段一般由下列各部分组成(图 2.16):动力段外壳(圆截面管道);风扇;驱动风扇的电动机;整流罩;预旋片(位于风扇上游,整流罩与外壳之间);止旋片或反扭片(位于风扇下游,整流罩与外壳之间)。电动机可安装于整流罩之内,也有的安装于洞外,通过长轴驱动风扇。

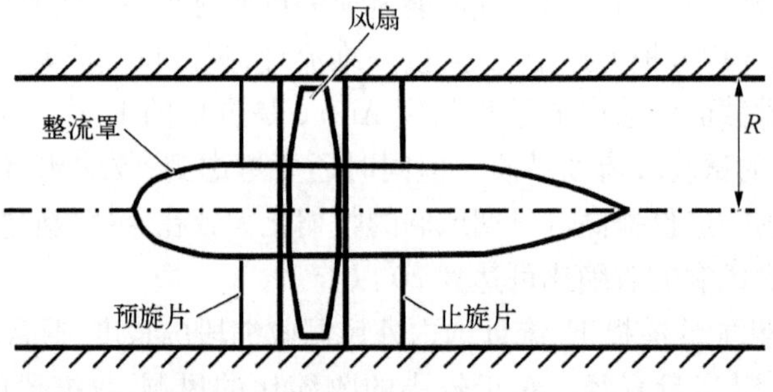

图 2.16 轴流风机系统结构示意图(气流方向:从左向右)

由于风洞的风扇在管道内运行,故也称为轴流式风机(管道风机)。风机前后管道的截面不变,则气流通过风机的轴向速度不变,风机叶片对气流做功转变为压力升高。气流在风洞中所消耗的能量,表现为压力降。当通过风机的气流增压与洞内压力损失平衡时,风洞便能维持稳定运转。

风扇电动机输出的机械能转变为气流的压力能,同时不可避免地增加了气流的旋转动能。预旋片用来改善风扇的工作状态,提高风扇的效率。止旋片可将风扇后气流的旋转动能转变为气流的压力能。预旋片和止旋片都兼作整流罩的支座。

驱动风扇的电动机一般采用直流式电动机或调频式电动机,以便调速。叶片是风洞风机的重要部件,其优异的结构力学性能对整个风机系统稳定运行起到关键作用。风机提供风能须保持一定转速,运转时叶片所受载荷主要包括离心力和气动力两部分,其中离心力为主要载荷。在转速确定前提下,叶片所受离心力与叶片质量成正比,在满足叶片强度要求条件下,选用轻质材料生产叶片可以避免离心力过大,现今大型风洞风扇叶片主要采用碳纤维复合增强材料或者玻璃钢。

早期的常规低速风洞,其动力段的位置有的位于第一拐角前,有的位于第一和第二拐角之间,而大多数风洞的动力段则位于第二拐角之后。当代国内外设计的常规低速风洞,动力段多位于第二拐角之后。风扇段位于第二拐角之后主要是因为气流在达到动力段前就已经经过了相当长的一段等截面流动,进入风扇时的气流已是相当均匀的。而且,在这一位置的气流速度也是比较高的。动力段处于较高的气流速度下,一方面,风扇的效率相对较高,另一方面,在这样的流速下,相对试验段截面来讲,动力段的直径也不会过大,因此可以降低动力段的造价。风扇段截面积与试验段截面积之比,通常在2∶1~3∶1。

9. 冷却器

在连续回流式低速风洞中,空气被电动机带动的风扇所驱动,在风洞回路中循环流动。风扇输入的能量补充回路气流运转时所耗损的能量,耗损的能量转化成热能,造成洞内温度不断上升。如某个大型风洞,连续工作10 min,温升可达20℃。温度过高会使模型结构破坏,测试仪器精度变差,实验雷诺数变化。为保证风洞正常运转,必须配备冷却器以保持试验段温度恒定。国军标(GJB 1179—91)要求"在常用动压下,气流温升每小时不超过15℃,最高温度不超过45℃"。

目前风洞回路中的冷却器有多种形式:有在风洞第三扩散段与外界换气来达到冷却气流的目的;有在风洞的大截面处设置冷却器,冷却器采用翅片管作为冷却单元;第三拐角和第四拐角导流片如果制成空心的,内通以冷却水而兼作冷却器之用,也可防止风洞中气流温度上升得过高。

2.3.3 低速风洞能量比

1. 风洞能量损失

在低速风洞能量损失计算中,主要的计算参数是损失系数。国内关于损失系数的计算常采用两种方法,即通过管段的总压损失来计算损失系数和通过"静压差"即管段的静压损失来计算损失系数。通过分析认为,这两种方法关于损失系数的定义是不同的,但它们都代表了能量损失,在计算低速(不可压)风洞能量损失(功率)时,实质上是一样的。气流在风洞中所消耗的能量,表现为压力降,图2.17给出了风洞各段的静压和总压变化,由此可以定性说明每一段的压力损失。

对于风洞的第 i 段,令进口截面为第1截面(相应参数下标为1)、出口截面为第2截面,则应用伯努利方程并考虑到能量损失:

$$p_1 + \frac{1}{2}\rho v_1^2 = p_2 + \frac{1}{2}\rho v_2^2 + \Delta p_i \tag{2.2}$$

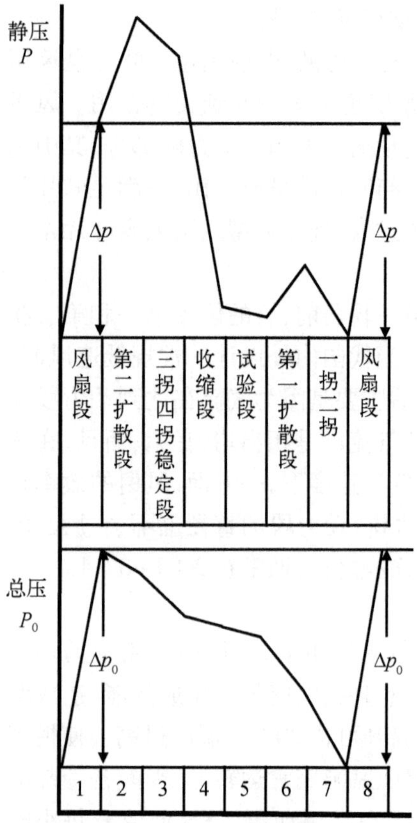

图 2.17 回流式风洞各段的静压和总压变化

进一步地可以得

$$\Delta p_i = p_{01} - p_{02} = p_1 + \frac{1}{2}\rho v_1^2 - p_2 - \frac{1}{2}\rho v_2^2 \tag{2.3}$$

式中 Δp_i 称为局部压强损失，是气流通过第 i 段管道时单位体积气流在单位时间内的总压损失，可写为

$$\Delta p_i = k_i \frac{1}{2}\rho v_i^2 \tag{2.4}$$

式中，k_i 是局部压强损失系数；v_i 一般取为这段管道的进口截面的气流速度。为便于计算和相互比较，通常用试验段的气流速度 v_0 代替式中的 v_i，得

$$\Delta p_i = k_{0i} \frac{1}{2}\rho v_0^2 \tag{2.5}$$

式中，k_{0i} 是第 i 段管道的等值压强损失系数。由此可知：

$$k_{0i} = \frac{\Delta p_i}{\frac{1}{2}\rho v_0^2} = k_i\left(\frac{v_i}{v_0}\right)^2 = k_i\left(\frac{A_0}{A_i}\right)^2 \tag{2.6}$$

气流通过第 i 段管道单位时间内的能量损失为

$$\Delta E_i = \Delta p_i \rho A_i v_i = k_{0i} \frac{1}{2}\rho v_0^3 A_0 \tag{2.7}$$

整个风洞单位时间内气流总的能量损失为

$$E = \sum \Delta E_i = \frac{1}{2}\rho v_0^3 A_0 \sum k_{0i} \tag{2.8}$$

式中，$\frac{1}{2}\rho v_0^3 A_0$ 是单位时间内通过试验段的气流动能；$\sum k_{0i}$ 是风洞所有各段的等值压强损失系数的总和，为无量纲量。

开口风洞的试验段损失是比较严重的，几乎占风洞总损失的一半，其损失系数可以达到闭口试验段的 10 倍。在风洞的其他各部件中，扩压段的损失比较大，在闭口情况可以占风洞全部损失的四分之一以上。四个拐角中，第一、二拐角因为当地流速较高，损失比较大；三、四拐角的损失就比较小。整流网损失也可能占相当的比例。一座年久失修的风洞，内壁剥落、整流网积灰、密封失效等，都会使能量损失增大。

2. 能量比

在相同的试验段流动条件(气流速度、流量等)下,气流经过风洞回路的损失越小,则需要风扇补充的能量就越低。动力装置不可能把它消耗的能量全部转给气流,其中一部分必将损耗。而驱动风扇转动的电机,也有一个效率问题。风扇和电机的效率越高,消耗的电能也将越低。因而存在一个风洞效率问题,而度量风洞效率的参数就是能量比。对于一座稳定运行的空风洞(没有安装模型的风洞)来说,单位时间内通过试验段的气流动能与单位时间内输入到风洞的能量之比,称为能量比。能量比是衡量低速风洞经济性的一个指标,能量比高则经济性好。输入到风洞的能量有三种不同的取法,能量比也有三种不同的具体规定。

(1) 单位时间内通过试验段的气流动能,与风扇单位时间内输到气流的能量之比,能量比可写为

$$\chi_1=\frac{\frac{1}{2}\rho v_0^3A_0}{E}=\frac{\frac{1}{2}\rho v_0^3A_0}{\frac{1}{2}\rho v_0^3A_0\sum k_{0i}}=\frac{1}{\sum k_{0i}} \tag{2.9}$$

(2) 单位时间内通过试验段的气流动能,与电动机输到风扇的功率之比,能量比可写为

$$\chi_2=\frac{\frac{1}{2}\rho v_0^3A_0}{E/\eta_f}=\eta_f\chi_1=\frac{\eta_f}{\sum k_{0i}} \tag{2.10}$$

式中, η_f 为风扇的效率。

(3) 单位时间内通过试验段的气流动能,与外电网输到风洞电动机的功率之比,能量比可写为

$$\chi_3=\frac{\frac{1}{2}\rho v_0^3A_0}{UI} \tag{2.11}$$

式中,U 和 I 分别为电网输入到动力装置的电压和电流。

测量风洞能量比的基本方法是测量各段的损失系数 k_{0i},由式(2.9)求得χ_1。由式(2.11)可知,χ_3 比较容易测量。也可以通过测量风扇前后气流的静压提升来确定风扇输到气流的能量,进而确定χ_1。当风洞尚在设计阶段时,确定了风洞各段的气动外形后,可根据设计参数和一些经验公式估算各段的等值压强损失系数 k_{0i},结合电机效率、风扇效率等估算出所需的功率。

风洞稳定运行时,输入到气流的能量仅仅补偿气流的能量损失,而气流的动能由本身的压力能转换而来,故风洞的能量比可能大于1。大多数闭口低速风洞的能量比为3~7,大多数开口低速风洞的能量比为1.2~4.5。风洞的能量比高,意味着为了得到同样的单

位时间内通过试验段的动能，所需用的功率低。为了提高风洞的能量比，应尽量减小气流的分离损失和摩擦损失，这就要求风洞的设计要合理，施工要精细，风洞的内壁要光滑等。

2.3.4 典型低速风洞

1. DNW LLF 风洞

DNW LLF(large low-speed facility)风洞由德国和荷兰 1980 年共同投资建造，是欧洲最大的低湍流度低速风洞，主要用于固定翼飞机、直升机等的空气动力学及航空声学试验，也是世界上为数不多的具备航空声学试验研究能力的大型风洞之一，如图 2.18 所示。其驱动系统轴流风机外径尺寸为 12.35 m，驱动电机功率 12.65 MW，可控的转速范围为 12.5~225 r/min。

图 2.18　DNW LLF 大型气动声学低速风洞及其动力段照片(图片来源：德荷联合风洞官网)

LLF 风洞有三个可互换的试验段，试验段截面尺寸分别为 9.5 m×9.5 m、8 m×6 m、6 m×6 m，对应的试验段最大风速为 62 m/s、116 m/s 和 152 m/s；还有一个开口试验段，尺寸为 8 m×6 m，最大风速 80 m/s，不同尺寸收缩段照片见图 2.19。这四个试验段可更换使

图 2.19　DNW LLF 风洞不同尺寸收缩段照片

用，在一项试验完成后可快速切换到另一项试验。利用这座大型低速风洞，空客公司完成了 A320、A380 等客机的空气动力和声学试验，如图 2. 20 所示为在风洞中开展实验的照片。

图 2. 20　LLF 风洞开展实验照片（左图：A380 飞机实验；右图：起落架气动声学实验）

2. NASA 埃姆斯研究中心全尺寸风洞

迄今世界上最大的低速风洞位于美国埃姆斯研究中心，其试验段尺寸为 12 m×24 m，图 2. 2 和图 2. 21 分别给出了照片和结构示意图。这座风洞建成后又增加了一个 24 m×36 m 的新试验段，可以放下绝大部分飞行器的 1 : 1 模型。风洞由 6 台电机和风扇组成动力段，风扇电机功率也由原来 25 MW 提高到 100 MW，图 2. 22 所示为动力段照片。使用小尺寸试验段时，风洞为回流式；使用 24 m×36 m 试验段时，风洞为直流式，空气由入口段吸入，经过整流装置和大收缩段后到达试验段，气体直接由图 2. 21 所示的最左侧排出。图 2. 23 为 F18 战斗机全尺寸模型在风洞中进行试验。

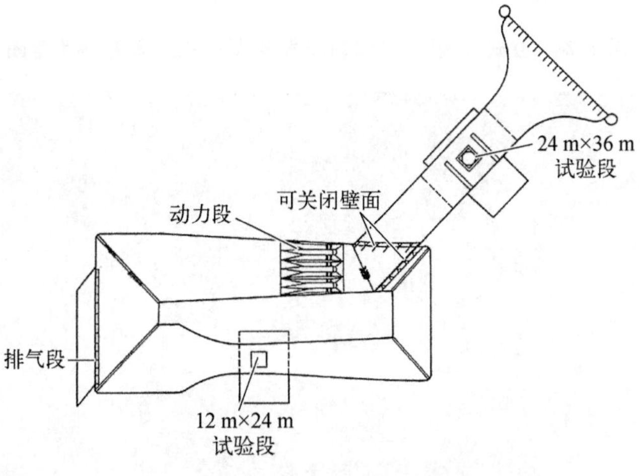

图 2. 21　埃姆斯研究中心全尺寸低速风洞示意图

图 2.22　全尺寸风洞动力段照片

图 2.23　F18 战斗机在全尺寸风洞进行大攻角试验

3. 中国空气动力研究与发展中心立式风洞

中国空气动力研究与发展中心直径 5 m 大型立式风洞的建设填补了我国立式风洞的空白，于 2005 年建成并投入使用，气流方向沿竖直方向，如图 2.24 和图 2.25 所示。风洞总高 54.66 m，地下 15 m，试验段直径 5 m，自由射流试验段长度 7.5 m，试验段风速范围

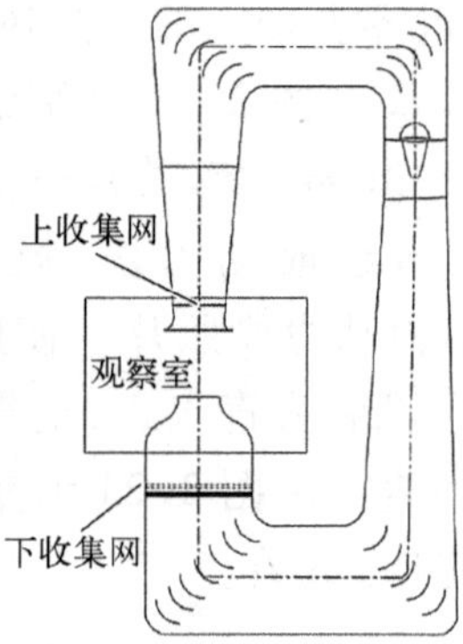

图 2.24　立式风洞照片（试验段气流从下往上）和结构示意图

图 2.25　立式风洞试验段照片（图片来源：中国空气动力研究与发展中心官网）

5~50 m/s,轴流风机驱动功率为 1 800 kW。风洞承担的主要试验包括飞行器尾旋性能评估及改出特性研究、直升机垂直起降性能研究、返回舱及舱伞组合体性能研究、风洞跳伞训练等[11]。

4. 中国空气动力研究与发展中心 FL-13 低速风洞

FL-13 风洞是一座大型闭口、直流低速风洞,是一座串联双试验段风洞,1978 年建成并投入使用,风洞总长 327 m。第一收缩段采用二维收缩,收缩比为 2.52;第二收缩段采用三维收缩,收缩比为 3.99,总收缩比为 10。第一试验段尺寸为 12 m(宽)×16 m(高)×25 m(长),常用风速范围为 5~21 m/s。第二试验段尺寸为 8 m(宽)×6 m(高)×15 m(长),常用风速范围 20~85 m/s。

风洞的动力系统是由三台呈品字形排列的直流电机驱动直径 7 m 的轴流风扇组成(图 2.26),其额定功率为 3×2 600 kW。自建成以来,在航空、航天、水中兵器和工业空气动力学等领域开展了大量试验研究工作,如图 2.27 所示。

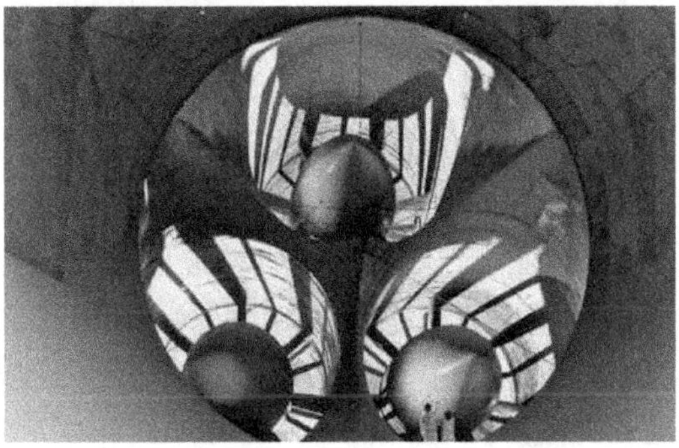

图 2.26 FL-13 大型风洞风机系统照片

图 2.27 在 FL-13 低速风洞开展飞机和列车试验

FL-13 风洞建成时为国内最大的低速风洞,在当时的工业条件下在崇山峻岭之中建设如此大型的科研设备实属不易。科研人员和建设者克服重重困难,使我国的风洞试验能力迈上了新台阶。

2.4 超声速风洞

超声速风洞是指试验段气流马赫数范围为 1.4~5.0 的风洞。一般认为试验段尺寸小于 0.6 m 的属小型超声速风洞,试验段尺寸为 1 m 左右的属中型超声速风洞。在整体设计和结构上,超声速风洞相比于低速风洞,需要承受的压力载荷更大。试验段之前往往压力可达到数个大气压(即总压一般为数个大气压),而试验段之后洞体内部的压力则接近真空。

2.4.1 超声速风洞的原理和分类

对于定常、无黏、绝热、无添质的变截面管道流动，如果流动又是连续的，没有激波这样的间断现象，则流动就是等熵流动。给定管道截面积的变化规律和某个初始截面的气流参数可以确定各位置气流参数。

根据气体动力学相关知识，截面积与速度之间存在以下关系：

$$\frac{\mathrm{d}V}{V}=\frac{1}{Ma^2-1}\frac{\mathrm{d}A}{A} \tag{2.12}$$

式中，A 为某一截面的面积。

它表明了变截面管道流动中，速度随管道面积的变化规律在超声速和亚声速情况截然相反：亚声速时随管道收缩速度增大，管道扩张则速度减小，与不可压流在定性上相同；而超声速时随管道收缩速度减小，管道扩张则速度增大。要想产生超声速气流，需要收缩扩张型管道，管道的截面形状在亚声速段应是收缩的，超声速段应是扩张的，而以声速处的截面积最小。

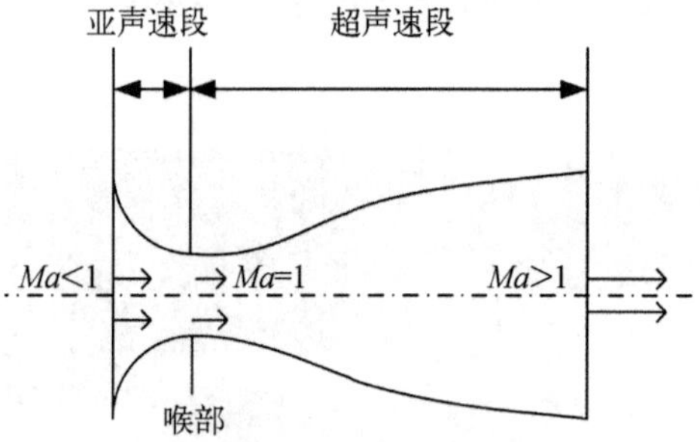

图 2.28 拉瓦尔喷管示意图

当然要产生超声速气流，上下游还必须有足够的压力差，但管道先收缩后扩张这一点是必要条件。否则，上下游压力差再大也不可能在管道出口产生超声速气流。1889 年，瑞典的蒸汽轮机设计师拉瓦尔(Laval)首先利用这种先收缩后扩张的管道获得了超声速气流，因而具有这种形状的管道称为拉瓦尔喷管，如图 2.28。

进一步地可以推导得到马赫数与面积比之间的关系式：

$$\left(\frac{A_e}{A^*}\right)^2=\frac{1}{Ma^2}\left[\frac{2}{\gamma+1}\left(1+\frac{\gamma-1}{2}Ma^2\right)\right]^{\frac{\gamma+1}{\gamma-1}} \tag{2.13}$$

式中，A_e 和 A^* 分别为喷管出口和喉部的截面积；γ 为气体的比热比。

它指出：管道内任意截面处的马赫数是当地截面积与喉部(临界截面)面积之比的函数。根据等熵关系式可以确定喷管出口的温度、压力等参数。

$$\frac{p_0}{p_e}=\left(1+\frac{\gamma-1}{2}Ma^2\right)^{\frac{\gamma}{\gamma-1}} \tag{2.14}$$

$$\frac{T_0}{T_e}=1+\frac{\gamma-1}{2}Ma^2 \tag{2.15}$$

式中，p_0 和 p_e 分别为气流的总压和喷管出口静压；T_0、T_e 分别为总温和出口静温。

要获得超声速气流必须满足两个基本条件：要有收缩扩张型喷管，要改变实验马赫数就要改变喉部截面与喷管出口截面之间的面积比;喷管入口压力与喷管出口的压力之比要足够大,且随实验马赫数增大而增大。若马赫数超过 5,则需要用加热器提高气流的总温,以防止空气在喷管中膨胀加速发生冷凝,这属于高超声速风洞的范畴。

超声速风洞分为连续式和暂冲式两大类。暂冲式风洞一次只能工作较短的时间,一般在 30 s 至数分钟的范围内。由于工作时间长短不同,两者的附属设备也有很大的差别。连续式超声速风洞,可像一般低速风洞那样连续地工作,实验条件易于控制,实验时间不受限制,但动力设备要相当地大,一般由多级轴流压气机驱动。图 2.29 是连续式超声速风洞结构示意图,图 2.30 所示为美国阿诺德工程发展中心(Arnold Engineering Development Center,AEDC)16S 连续式超声速风洞照片。

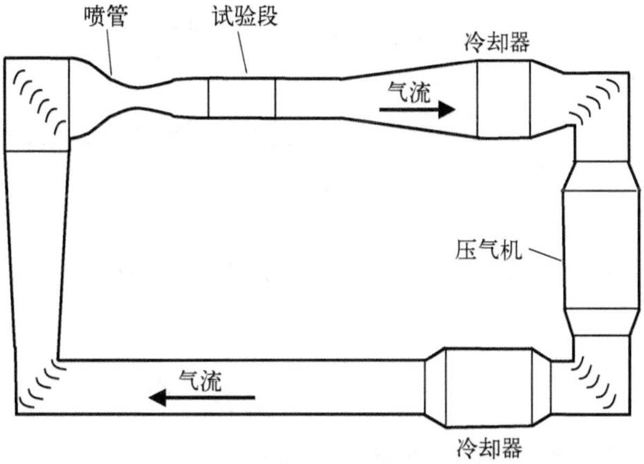

图 2.29　连续式超声速风洞结构示意图

图 2.30　美国 AEDC 16S 连续式超声速风洞照片

16S 风洞建于 1960 年,是美国空军第一个能在高速飞行环境下开展喷气发动机、火箭发动机性能测试的大型试验设备。风洞试验段截面尺寸为 4.8 m×4.8 m,马赫数范围 1.5~4.75。

由于连续式超声速风洞高昂的建造成本和系统的高度复杂性,目前大部分超声速风洞为暂冲式。根据暂冲式超声速洞提供压力比的方式不同,又可分为:吹气式、吸气式、引射式、吹吸式和吹引式等。吹气式最为多见,参见图 2.31;吸气式见图 2.32。通过在超声速风洞下游安装引射器,将主流气体排出的一类风洞称为引射式风洞,如图 2.33 所示。引射器是一种输送流体的装置,它依靠高压流体流经喷嘴后所形成的高速气流,引射另一种低压流体,并在装置中进行能量交换与物质掺混,达到输送目的。我国目前的大型超声速风洞以暂冲吹气式和引射式为主。

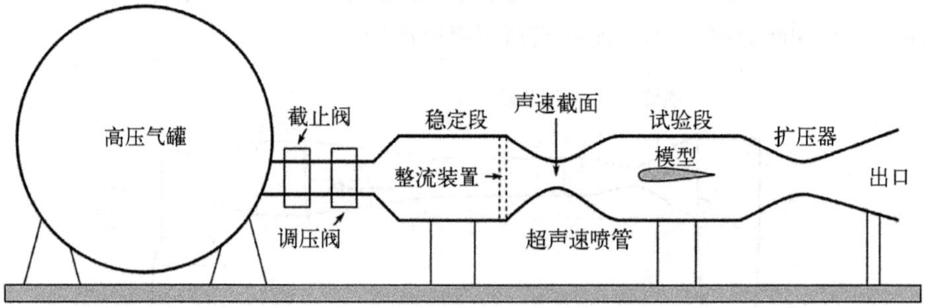

图 2.31　吹气式超声速风洞结构示意图

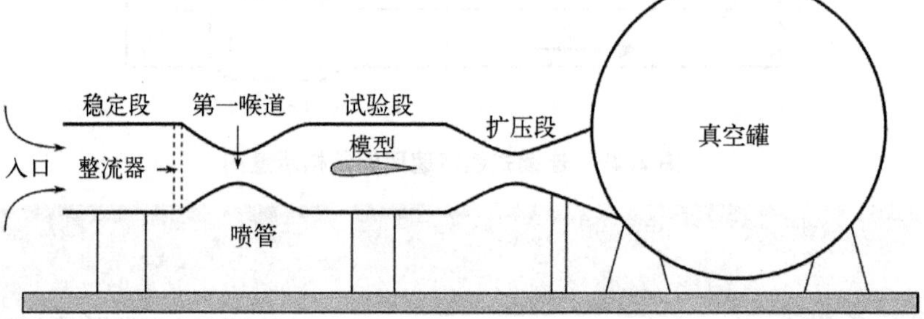

图 2.32　吸气式超声速风洞结构示意图

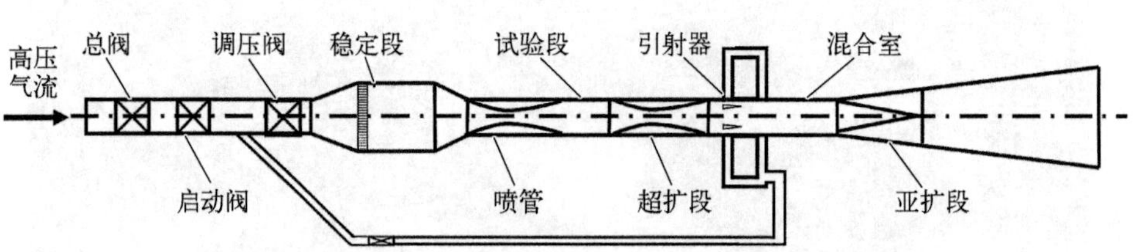

图 2.33　引射式超声速风洞结构示意图

2.4.2　超声速风洞的主要部件

现以图 2.31 所示的吹气式超声速风洞为例,按照气流流向的顺序,阐述超声速风洞各组成部分的功用和工作原理。

1. 气源系统

气源系统的功用是向风洞提供实验所需的满足一定要求的空气。所谓满足一定要求,主要是指:具有足够高的压强和足够大的流量,具有适当的温度,含水量和含尘量要足够低,并要保证风洞有一定的工作时间。

气源系统由三部分组成:空气压缩机、空气净化设备和储气罐。常用的空气压缩机有活塞式和离心式两种。储气罐是承受一定压强的压力容器,一般为球形或罐形。净化设备主要包括除水器和除尘器。

去除空气中所含的水分,对于超声速风洞来说,是十分重要的。超声速风洞一般没有空气加热器,空气膨胀加速到超声速时,温度会下降到相当低,使空气中的水汽凝结成水滴甚至冰晶,而水汽凝结后放出的热量又会使局部马赫数下降,压强密度、温度升高,这种现象称为凝结突跃。凝结突跃破坏了试验段流场的均匀性,一般要求进入风洞的空气的相对含水量小于0.5‰,这时水汽凝结对实验才不至于有显著的影响。

2. 阀门

吹气式超声速风洞中一般有三种阀门:截止阀、快速阀和调压阀。

截止阀,又称总阀。其特点是气密性较好,但较笨重,开启与关闭的速度慢。截止阀在风洞中供长时间切断气源之用。

快速阀,可以快速地开启或关闭,一般只需要几秒钟,甚至更快,可节约气源,增加风洞工作时间。快速阀的气密性一般较差,不宜供长时间切断气源之用。

调压阀的功用是在储气瓶内压强不断下降的情况下保持风洞稳定段气流总压为某恒定值,并且这个恒定值可根据需要人为调节。风洞开始工作前,调压阀已开启到一定位置,快速阀开启后,来自储气罐的高压气流受到调压阀的作用而降低到所需要的运行总压。

3. 稳定段

超声速风洞的稳定段又称为前室,其功用、构造与低速风洞稳定段基本相同,并同样安装有蜂窝器、整流网等。稳定段是风洞中直径较大的地方,稳定段上游供气高压管道往往直径较小以降低投资,稳定段与管道通过大角度扩散段连接。

4. 喷管

喷管,又称收缩—扩张型喷管。其功用是产生超声速气流,并且喷管是决定超声速风洞流场品质优劣的最重要的部件。在不考虑气体介质比热比变化情况下,超声速气流的马赫数大小决定于喷管出口截面积 A_e 与喉道截面积 A^* 之比。要获得不同的马赫数,就要更换喷管或者通过某种方法改变喷管面积比。

要在一定的试验段内获得不同的马赫数,应改变喷管面积比和型线,常见途径包括:固壁喷管、柔壁喷管和滑块喷管。

固壁喷管,又称硬块喷管,一般是全金属材质。型线固定不变,上下一对固壁喷管置于喷管段外壳中,如图2.34所示,只有一个实验马赫数,要改变马赫数则必须更换喷管。固壁喷管结构简单,曲线壁的理论外形在加工中易于保证,但在实验中不能连续改变马赫数,装拆不方便。对于

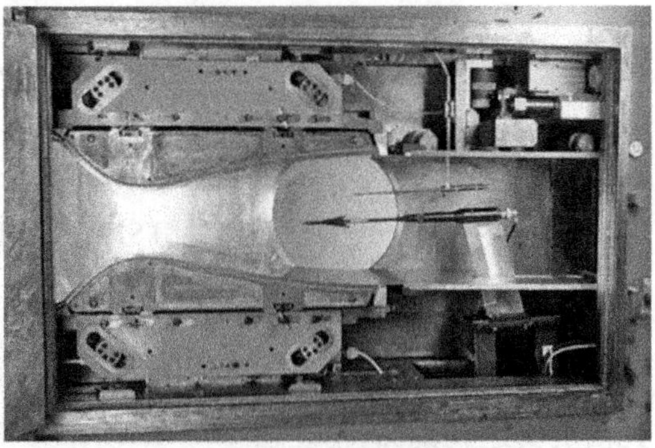

图2.34 固壁喷管照片

实验马赫数范围比较宽的超声速风洞来说,需要许多套喷管块。由于厂房面积和投资的限制,只能制作有限套数的喷管块,因此,各喷管块之间的设计马赫数间隔就比较大,往往不能满足型号试验马赫数的需要。

柔壁喷管,其曲线壁由多支点的弹性板构成,每一个支点均铰接在一个作动筒上,适当改变作动筒的行程,便可得到所需要的曲线壁外形,如图 2. 35 所示。柔壁喷管可连续改变实验马赫数,调节方便。柔壁喷管的结构设计必须保证弹性板的曲面与喷管的理论气动型面吻合,并且应使在风洞运行时弹性板在气动载荷的作用下其弹性曲面的斜率变化最小,以保证在试验段内得到特定马赫数的均匀流场。

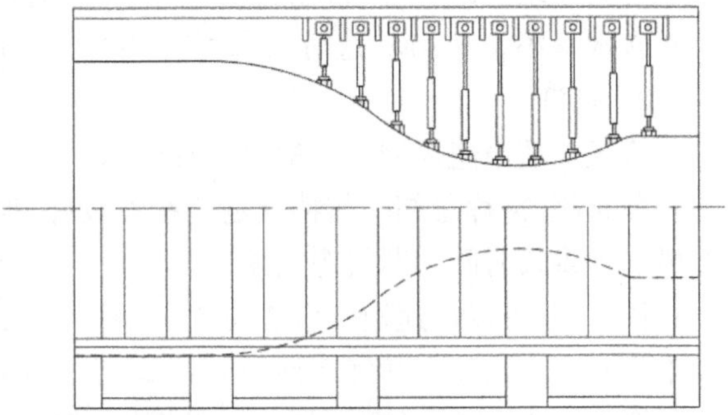

图 2. 35　柔壁喷管照片和结构示意图

滑块喷管,喷管某一侧或两侧可沿轴线滑动,进而改变喷管出口与喉部截面积比值,从而改变马赫数。如图 2. 36 所示为法国莫当研究中心 S2MA 超声速风洞单边滑块式喷管结构示意图,该喷管可实现 1. 5~3. 1 范围内的马赫数调节。喷管下壁面滑块可向上游或者下游移动,当滑块向上游方向移动时,喉部尺寸缩小马赫数提高。

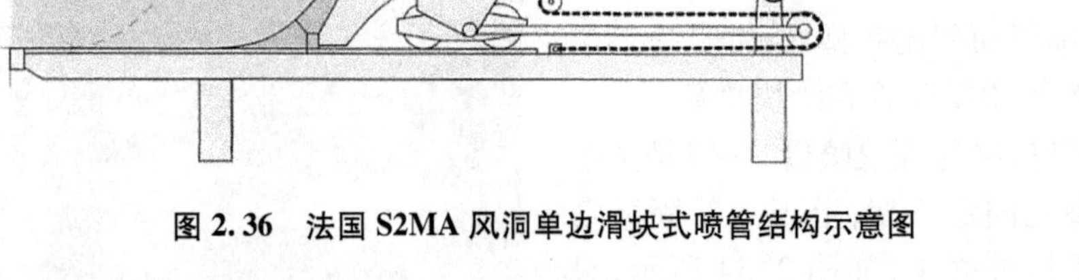

图 2. 36　法国 S2MA 风洞单边滑块式喷管结构示意图

喷管设计的主要问题是解决气动性能、使用性和工艺性三者之间的矛盾。为了在喷管出口处得到合乎实验要求的均匀气流,对喷管壁的曲线加工有非常严格的要求。例如,光洁度要达到镜面;精度在 150~200 mm 的长度上不能有大于 0. 1 mm 的误差;接头平整无突起,无漏气等。

5. 试验段

超声速风洞试验段的功用与低速风洞相同。超声速风洞试验段一般都是闭口的，横截面形状多采用正方形或宽大于高的长方形。若收缩段和喷管段的设计制造是良好的，可认为气流从稳定段到试验段为等熵流。已知稳定段气流总参数如总压 p_0、总温 T_0，可按等熵关系式计算出试验段的气流参数，如静压、静温。

在超声速风洞中，模型长度受模型头部扰动波在洞壁上的反射所限制。在实验时，模型头部产生的扰动传播到洞壁上又反射回来，见图 2.37。为了避免反射波对模型的干扰，模型长度必须小于菱形区长度 l_1。

$$l_1 = h\sqrt{Ma^2 - 1} \tag{2.16}$$

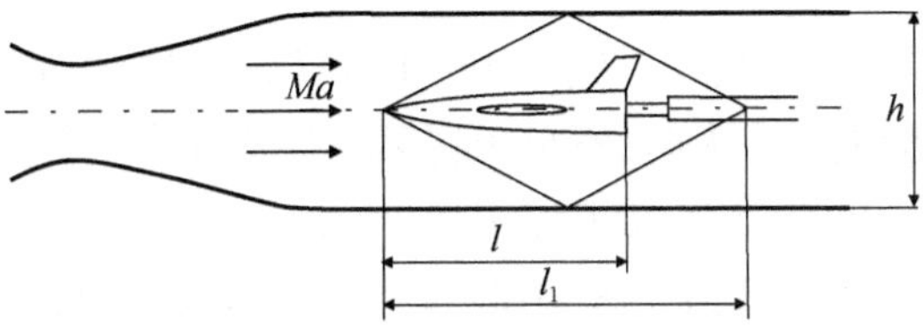

图 2.37 超声速风洞试验区示意图

当模型有攻角时，这样的试验区尺寸会更小；并且反射波可以通过尾迹低速区以及边界等影响模型。所以一般模型的长度 l 的上限为

$$l \leqslant 0.7l_1 = 0.7h\sqrt{Ma^2 - 1} \tag{2.17}$$

6. 扩压段

超声速风洞的扩压段由截面积收缩的超声速扩压段和扩张的亚声速扩压段两段组成，如图 2.38 所示。两段在试验段下游组成了新的收缩—扩张管道，最小截面积位置称为第二喉道，相应地，一般称试验段上游的风洞喷管的喉道为第一喉道。

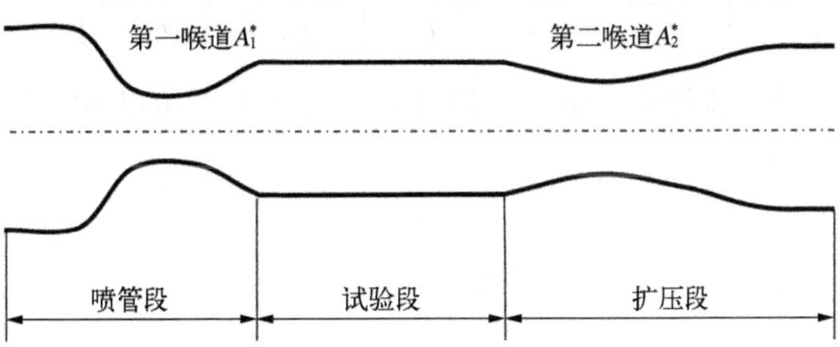

图 2.38 超声速风洞扩压段示意图

没有第二喉部的扩压段，扩压段入口的正激波损失是十分重的，因为波前气流马赫数与试验段相等。如果使气流先经过一个收缩的超声速扩压段，使气流的马赫数降低到接近 1 的低超声速，然后再经过正激波到亚声速，损失即可大大减小，扩压效率可以提高。

不可调的超声速扩压段的第二喉道截面积 A_2^* 是按风洞启动的要求设计的,风洞启动完成后正式工作时第二喉道不再调节(A_2^* 保持不变)。大多超声速风洞使用这种不可调的扩压段。超声速风洞启动过程中,压强比逐渐增大。当压强比达到一定值时,在喷管喉道达到声速。随着压强比进一步提高,喷管喉道后面出现超声速区,并在喷管扩张段产生正激波。随着压强比继续提高,超声速区逐渐扩大,正激波在喷管中逐步向试验段推进,波前马赫数逐渐增大,激波强度也随之增大。当激波到达试验段进口时,只要压强比和第二喉道截面积都足够大,正激波就会立即被"吞入"到超声速扩压段的管道中去。

所谓压强比足够大,是指压强比要高于风洞启动所需的最低压强比。如果只计激波损失,当正激波到达试验段出口时,波前气流马赫数达到最大值,即实验马赫数。这时能量损失最大,要求的压强比也最大,故风洞启动所需的最低压强比是正激波的总压比,即正激波总压恢复系数。

总压恢复系数随实验马赫数 Ma 不同而变化,所谓第二喉道截面积足够大,是指正激波位于试验段出口、能量损失最大时,不至于在第二喉道处发生壅塞。如果只计正激波损失,当正激波位于试验段出口瞬时,波后总压为 p_{02},设第二喉道截面积为允许的最小值 A_{2m}^*。此时刚好使第二喉道处达到声速,由质量流量相等关系,即通过第一喉道的质量流量 $\dot{m}_1$ 和第二喉道的质量流量 $\dot{m}_2$ 相等。

$$\dot{m}_1 = \rho_1^* v_1^* A_1^* = \left(\frac{2}{\gamma+1}\right)^{\frac{\gamma+1}{2(\gamma-1)}} \left(\frac{\gamma}{R}\right)^{\frac{1}{2}} \frac{p_{01}}{\sqrt{T_{01}}} A_1^* \tag{2.18}$$

$$\dot{m}_2 = \rho_2^* v_2^* A_2^* = \left(\frac{2}{\gamma+1}\right)^{\frac{\gamma+1}{2(\gamma-1)}} \left(\frac{\gamma}{R}\right)^{\frac{1}{2}} \frac{p_{02}}{\sqrt{T_{02}}} A_2^* \tag{2.19}$$

设风洞的设计马赫数为 Ma,那么当正激波位于试验段时,激波前后的总压关系式如下:

$$\frac{P_{01}}{P_{02}} = \left[\frac{2\gamma Ma^2 - (\gamma - 1)}{(\gamma + 1)}\right]^{\frac{1}{\gamma-1}} \left[\frac{(\gamma - 1) Ma^2 + 2}{(\gamma + 1) Ma^2}\right]^{\frac{\gamma}{\gamma-1}} \tag{2.20}$$

那么根据前后质量流量 $\dot{m}_1 = \dot{m}_2$,又激波前后 $T_{01} = T_{02}$,可以确定第二喉道的最小截面积:

$$A_{2m}^* = \frac{P_{01}}{P_{02}} A_1^* \tag{2.21}$$

事实上,由于边界层等的影响,要求风洞启动时的第二喉道面积要大于 A_{2m}^*,具体的数值由实验调试确定,并且这个值还与风洞的马赫数有关。

为什么正激波会被"吞入"到扩张形管道中去呢?这是因为正激波不可能在收缩型的超声速扩压段中稳定下来,一旦进入扩压段只会立即到达后段(扩张管道)中才能稳定下来。试验段中建立起稳定的超声速气流,风洞启动过程也就完成了。"吞入"这个词够生动,但不够不确切。风洞启动时应使第二喉道截面积足够大,保证风洞不至于发生壅塞。同时,风洞启动时应使风洞压强比高于启动所需的最低压强比,以保证克服激波位于试验段出口时的能量损失,并使激波进入超声速扩压段,而完成启动过程。

启动过程完成后,正激波位于扩压段的扩张形管道中的某一位置。这时,如果将风洞压强比(风洞工作时的压强比)适当降低,正激波则会向前移到第二喉道后面的十分靠近第二喉道的某一位置。此位置的截面积小于试验段的截面积,波前马赫数低于试验段马赫数,能量损失小。因此,风洞工作状态所需的最低压强比,小于风洞启动过程中所需的最低压强比。

如果通过一系列斜激波使试验段气流减速到低超声速,然后再经过正激波变成亚声速流,其总损失将低于气流直接经正激波减速的情况。因此,也可把第二喉道做成一个等截面管道,如图 2.39 所示。这样在喉部附近实际是多道斜激波构成的激波串。为了保持扩压段气流的稳定,应使最后一道正激波位于亚声速扩压段入口处下游不远的地方。如果出现压力脉动或其他扰动,该激波可在那个位置前后振荡,不至于因受到扰动而被推回到第二喉部前的不稳定位置上,从而破坏整个试验段的超声速流动。

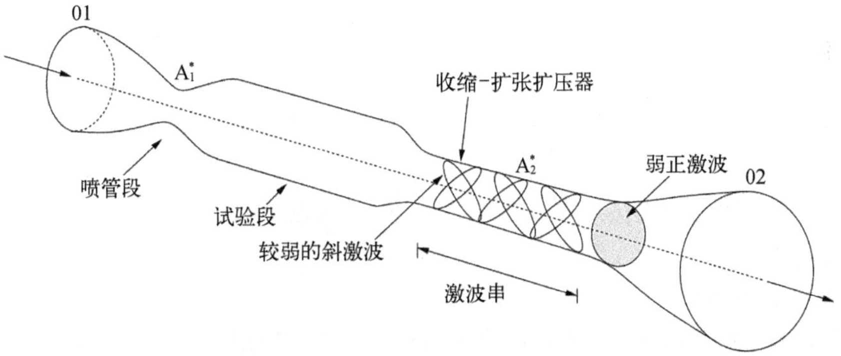

图 2.39 第二喉道附近流动示意图

2.4.3 喷管设计

在超声速风洞中,喷管是保证试验段获得设计马赫数的均匀气流的重要部件,其作用是使气流等熵加速膨胀。为了保证喷管出口的超声速气流平直均匀,从喉道到出口的喷管曲线要按照特征线方法精心设计。在收缩段气流从低亚声速均匀加速至声速,气流从喷管喉部开始均匀加速膨胀,在喷管出口达到所要求的马赫数。

超声速/高超声速喷管可分为轴对称、二维、三维和非对称等形状。轴对称喷管的横截面是圆形的,其壁面均为型面,喷管内流动是轴对称的;二维喷管有两个平行的平面壁,另两个壁面则是二维型面,喷管内的流动基本上是二维的;三维喷管的横截面是圆形或方形,其壁面均是型面,喷管内的流场是三维的。二维喷管的膨胀在一个平面上进行,因而简化了空气动力学计算。当试验马赫数较高时,为了防止气体的液化,必须提高气流的总温,此时对于二维喷管来讲,比较难维持喷管喉道的稳定性,而且,二维喷管膨胀效率较低,比轴对称喷管在相同的设计状态下长很多。再者,二维喷管出口的流场品质较差。因此,高超声速喷管大多数采用轴对称的形式。

1. 亚声速收缩段设计

收缩段是喷管的重要组成部分,它不仅使来自稳定段的气流均匀加速,而且能提高试验段的气流品质,即改善流场的均匀性、稳定性、降低湍流度。喷管收缩段型面有多种常规设计方法,实际应用表明,只要壁面的收缩不太剧烈,气流在收缩段内加速过程中是不易产生分离的。收缩段的性能主要取决于收缩比 $n = D/D_t$(其中 D 为收缩段入口当量直径,D_t 为喉部的直径)和收缩曲线。

收缩段的长度 L 通常不宜过长,这主要是从设备的造价来考虑的;收缩段的长度也不能过短,以免气流出现不均匀甚至发生分离。在保证收缩段性能的前提下,收缩段长度通常取 $L = (0.5 \sim 1)D$。

根据超声速喷管设计的要求,到达喉部的流动应尽可能均匀。根据国内外喷管型面的研究经验,常用的收缩段型面可采用维氏曲线、双三次曲线等进行设计。

维氏曲线可以参考本书 2.3 节低速风洞收缩段设计的部分内容。双三次曲线可用下式表示:

$$\frac{D_i - D_t}{D - D_t} = \begin{cases} 1 - \dfrac{1}{x_m^2}(x/L)^3, & (x/L) \leqslant x_m \\ \dfrac{1}{(1 - x_m)^2}[1 - (x/L)]^3, & (x/L) > x_m \end{cases} \tag{2.22}$$

式中,x_m 为两曲线前后连接点,L 为收缩段长度,一般取 $x_m/L = 0.52$;D_i 为轴向距离为 x 处的截面直径。

2. 喷管喉部参数

喷管喉部为跨声速区域,对于采用特征线方法设计扩张段型面,首先是要确定喉部膨胀段型线和一条 $Ma>1$ 的起始线。从数学的角度来看,跨声速流动控制方程既有椭圆型方程的性质,又有双曲型方程的性质,椭圆型微分方程对应的物理问题中,任意一点的扰动都是可以传遍全场的,因此传统的应用于超声速流动的特征线方法是无能为力的。为了解决喷管流动中的跨声速问题,研究人员从全速势方程出发提出了各种近似解法,其中 Sauer 和 Hall 的方法应用最为广泛[12],Sauer 方法在喷管喉部曲率半径较大时和 Hall 方法精度基本一致,Hall 方法相对复杂,但在喉部曲率半径较小时精度更高。风洞喷管的主要目标是为试验提供均匀的来流条件,喷管喉部曲率半径不可过小,图 2.40 给出了喷管喉部形状示意图。

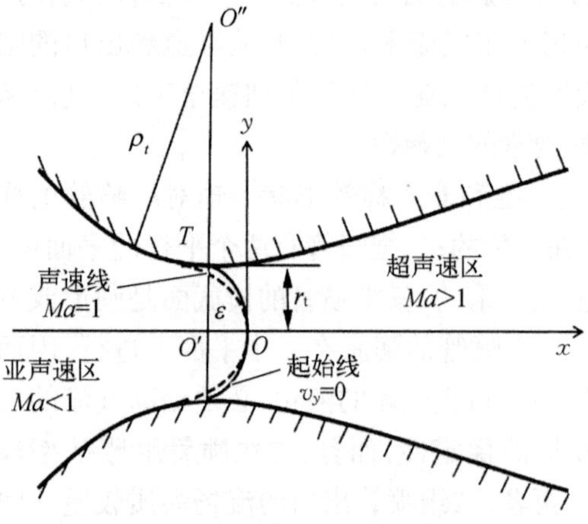

图 2.40 喷管喉部几何形状示意图

Sauer 方法推导过程较为复杂,但最终给出的声速线方程和初值线方程都较为简单。式(2.23)和式(2.24)分别为声速线方程和初值线方程。由此就可获得喉部的一条 $Ma>1$ 的起始线,用于后续采用特征线方法计算扩张段型面。

$$x = -\frac{(\gamma + 1)\alpha}{4L}y^2 \tag{2.23}$$

$$x = -\frac{(\gamma + 1)\alpha}{8L}y^2 \tag{2.24}$$

$$\alpha = \left[\frac{2}{(\gamma + 1) r_t \rho_t}\right]^{1/2} L \tag{2.25}$$

$$L = r_t + \rho_t \tag{2.26}$$

其中，ρ_t 和 r_t 分别为喷管喉部的曲率半径和半高度，在计算时可根据经验人为给定这两个参数。

有了喉部膨胀段型线和 $Ma>1$ 的起始线以后，第一步是要算出起始线决定的区域的流动参数，直至算出该区的边界特征线 D，如图 2.41 所示。第二步是算出由特征线 TD 和喉部膨胀段型线(其长度待定)所共同决定的区域。初始段沿 x 轴的马赫数分布就是根据这个流场来确定的。

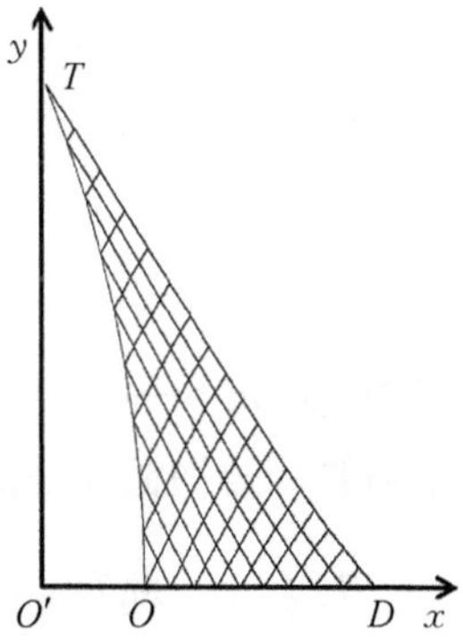

图 2.41 由 Sauer 跨声速解得到的跨声速区

3. 喷管扩张段设计

喷管扩张曲线可分为前、后两段。前段又称初始段，后段又称消波段，如图 2.42 所示。喉部 A 点处管壁斜率为零，喷管壁曲线以 ABC 表示，β 为其倾斜角，即 $\tan\beta = \mathrm{d}y/\mathrm{d}x$。曲线斜率从喉部开始逐渐增大，到 B 点达到最大值，对应倾斜角 β_B 为最大膨胀角，β_B 的大小主要决定于试验段马赫数和所使用的设计方法。

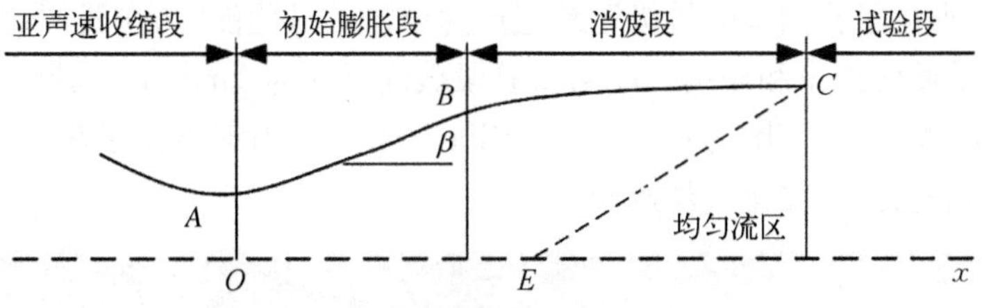

图 2.42 超声速喷管型面示意图[12]

AB 段为喷管的初始膨胀段，从喉部截面起喷管曲线逐渐向外扩张，在这一段内的气流向外膨胀而加速，气流方向沿壁面 AB 曲线逐渐向外偏转，气流中产生一系列的膨胀波直到转折点 B；BC 段为消波段，消波段内的气流继续膨胀，但主要是向内膨胀，BC 曲线的斜率逐渐减小，在 C 点斜率为零，流动沿 BC 曲线产生一系列的压缩波，以抵消前段的膨胀波产生的反射波。当气流达到 EC 线时，气流完成了膨胀加速，达到所要求的马赫数，最后在出口形成平直均匀的超声速气流。

目前扩张段一般是根据特征线理论并结合质量守恒设计的，先根据无黏流的方程开展设计。常用的方法有经验公式或工程简化方法，如圆弧加直线方法、Foelsch 方法、Cresci 方法等[12,13]。Sivells 方法通过设置轴向马赫数分布而得到具有连续曲率的壁面型线，是国外目前主要的喷管设计方法。

4. 喷管型面边界层修正

由于空气黏性的作用，喷管内实际流场与位流流场不同。空气黏性对喷管流场的影响表现如下。

(1) 喷管壁附近气流形成边界层。边界层厚度沿喷管壁的分布改变了喷管无黏设计的截面积分布，相应的马赫数分布也发生了变化。

(2) 喷管内波系与喷管壁上的边界层发生相互干扰。这种干扰不但对边界层内的流动有影响，而且改变了喷管壁上波系的发生和反射。因此，不能实现无黏设计中完全消除膨胀波反射的要求。

所以，喷管设计时必须把无黏型面坐标进行边界层修正，以得到喷管型面的物理坐标。喷管壁面边界层厚度引起的喷管等效横截面积的变化，可用位移厚度 δ^* 的分布来估计，δ^* 的定义为

$$\delta^* = \int_0^{\delta} \left(1 - \frac{\rho u}{\rho_e u_e}\right) \mathrm{d}y \tag{2.27}$$

式中，ρ_e、u_e 分别为边界层外边界处流体的当地密度与当地轴向速度。为了消除 δ^* 对喉道喷管等效横截面积的影响，应当把无黏喷管型面壁沿壁面法向方向外移一个 δ^* 值。

2.4.4 典型超声速风洞

1. FL-28 超声速风洞

FL-28 风洞是一座暂冲、引射、增压型超声速风洞，于 2010 年建成并投入运行，如图 2.43 所示，是我国目前试验段尺寸最大、模拟能力最强的超声速风洞。该风洞与 2.4 m 跨声速风洞一道，形成了我国 2 m 量级亚跨超声速风洞的试验能力，在我国超声速飞行器研制中具有十分重要的地位和作用。风洞试验段截面尺寸为 2 m×2 m，马赫数为 1.5~4.25，采用二元柔壁喷管，总压范围为 0.05~1.2 MPa。FL-28 引射器位于超声速扩段下游，其入口与过渡段相连，出口接排气消声器。

图 2.43　FL-28 超声速风洞照片

2. 日本 JAXA 1 m 超声速风洞

该风洞位于东京调布航天中心,建成于1961年,1999年进行了升级改造,为典型的暂冲下吹式风洞,如图2.44所示。风洞喷管为柔壁喷管,试验段尺寸1 m(宽)×1 m(高)×1.8 m(长),可实现马赫数1.4~4。风洞由两个高压球罐供气,运行时间小于40秒,风洞运行总压范围为0.15~1.27 MPa。

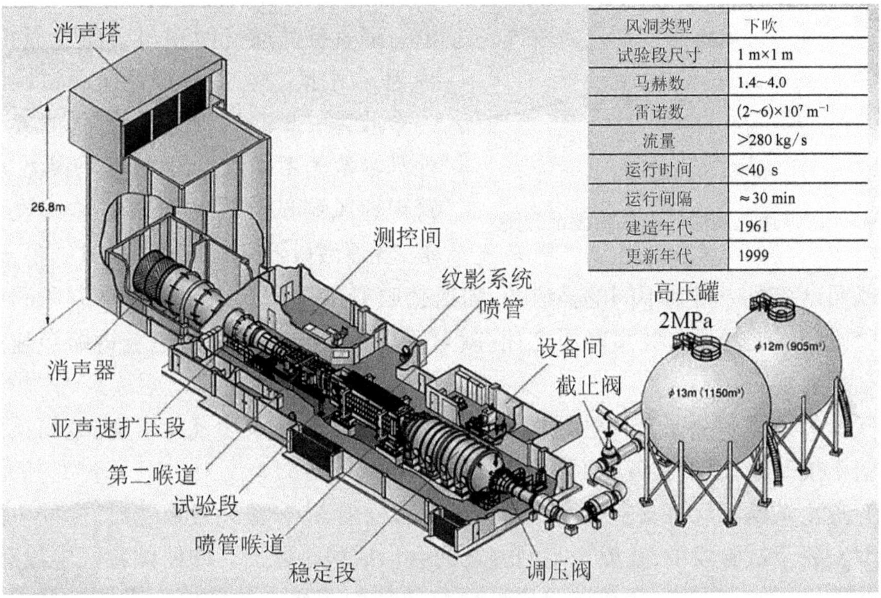

风洞类型	下吹
试验段尺寸	1 m×1 m
马赫数	1.4~4.0
雷诺数	$(2\sim6)\times10^7\ m^{-1}$
流量	>280 kg/s
运行时间	<40 s
运行间隔	≈30 min
建造年代	1961
更新年代	1999

图2.44 日本 JAXA 1 m 超声速风洞结构示意图

2.5 跨声速风洞

跨声速风洞指试验段气流马赫数范围为0.8~1.4的风洞。从外轮廓上看,这类风洞有的类似于低速风洞,也有的类似于间歇式超声速风洞。跨声速风洞有一突出特点,即试验段采用通气壁。在跨声速范围内,影响模型气动特性的主要相似准则为马赫数和雷诺数。

2.5.1 跨声速风洞的原理和分类

在低、亚、跨和超声速各类风洞中,跨声速风洞是最晚出现的。在跨声速实验的发展史上,曾遇到过许多困难问题。跨声速风洞必须解决试验段马赫数接近1时所出现的各种问题,技术比较复杂。这些困难问题,其一是试验段气流的壅塞,其二是壁面反射波的干扰,其三是亚声速时的洞壁干扰。一直到20世纪40年代末,发明了通气壁之后,跨声速风洞才进入实用阶段。

跨声速风洞试验段气流的马赫数下限之所以为0.8,是因为试验段洞壁(非通气壁)发生壅塞的马赫数一般为0.8左右,要使马赫数超过0.8,需要采取措施解决壅塞问题。当马赫数超过 1.4 时,采用一般的超声速喷管和实壁试验段即可。

与一般超声速风洞相比,跨声速风洞不同之处主要有三个方面。第一,超声速风洞试验段的壁面是实壁,跨声速风洞试验段的壁面是通气壁(开孔或开槽的洞壁),四壁为通气壁或上下两壁为通气壁,通气壁的外面是一个空腔,这个空腔称为驻室,如图 2.45 所示,试验段的部分空气通过通气壁流入驻室。通气壁的通气面积与壁面总面积之比,称为开闭比。第二,超声速风洞试验段前有一个收缩—扩张喷管,风洞工作时喷管喉道处马赫数为 1,在喷管出口处马赫数大于 1;跨声速风洞试验段的前面是单纯收缩的管道,管道出口处马赫数最高为 1。第三,要在超声速风洞试验段中得到不同的马赫数,需改变喷管的面积比。而在跨声速风洞中只要改变试验段入口处静压与驻室静压之比,就可用同一个单纯收缩管道获得跨声速范围内的不同马赫数。

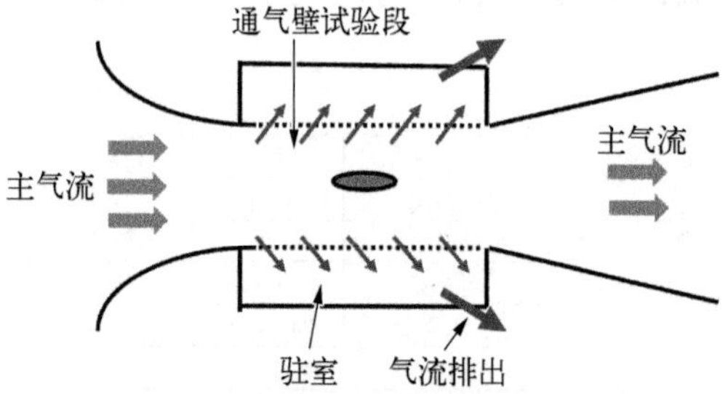

图 2.45　跨声速风洞通气壁试验段示意图

通气壁的出现解决了跨声速风洞研制过程中面临的试验段气流壅塞、壁面反射波干扰和洞壁干扰问题,以下从各方面详细阐述。

(1) 防止试验段气流发生壅塞。在实壁试验段内,当来流接近声速时,会发生壅塞现象。模型安装于试验段中,在模型与洞壁之间会形成最小截面。即使试验段中没有模型,由于洞壁边界层的存在,也会在试验段形成有效截面积最小的截面。当来流马赫数接近 0.8 时,在最小截面上马赫数就达到 1。尽管来流还处于亚声速范围,但由于最小截面流量的限制,无论怎样提高风洞的压强比,也不能使试验段马赫数进一步提高。也就是说,在实壁的试验段中得不到跨声速气流。

试验段采用通气壁,并适当抽除驻室内的空气,模型前方的一部分空气流入驻室,因受最小截面限制而无法通过的那部分流量通过驻室排走。这样,最小截面前的气流马赫数就能超过 0.8,从而在试验段中建立起跨声速气流。只要保持驻室内的压强适当的低,使之等于一定马赫数和总压对应的静压值,那么,气流进入试验段后就会有一部分空气穿过通气壁进入驻室。穿过通气壁的流动一直到试验段的压强与驻室内的压强相等时为止。最后得到符合风洞工作要求的均匀的跨声速气流。

可通过气体动力学简单添质管流方程组进一步理解通气壁的作用。作为广义一维定常流基本方程组的特殊情况,对于量热完全气体,可从动量方程、连续方程、能量方程和气体状态方程推导得到以下添质管流微分形式的基本方程组。

$$\frac{\mathrm{d}\dot{m}}{\dot{m}} - \frac{\mathrm{d}\rho}{\rho} - \frac{\mathrm{d}V}{V} = 0 \tag{2.28}$$

$$\frac{\mathrm{d}p}{p} + \gamma Ma^2\left(\frac{\mathrm{d}V}{V} + \frac{\mathrm{d}\dot{m}}{\dot{m}}\right) = 0 \tag{2.29}$$

$$\frac{\mathrm{d}T}{T}+(\gamma-1)Ma^2\frac{\mathrm{d}V}{V}=0 \tag{2.30}$$

$$\frac{\mathrm{d}p}{p}-\frac{\mathrm{d}\rho}{\rho}-\frac{\mathrm{d}T}{T}=0 \tag{2.31}$$

其中，$\mathrm{d}\dot{m}$ 表示单位时间进入主流的质量，进入为正、排出为负。进一步地，可以得到速度与添质之间的关系。

$$\frac{\mathrm{d}V}{V}=\frac{1+\gamma Ma^2}{1-Ma^2}\frac{\mathrm{d}\dot{m}}{\dot{m}} \tag{2.32}$$

由此可知，当气流沿试验段向下游流去时，利用通气壁不断地减小通过试验段的气流流量（$\mathrm{d}\dot{m}<0$），可起到与几何喷管类似的作用。在风洞工作过程中，可采用泵抽式和引射式来抽除驻室内的空气。

（2）减小或消除洞壁反射波的干扰。在超声速风洞中，模型头部必然出现激波，激波在试验段洞壁发生反射，若反射波打回到模型上，或距离模型相当近的亚声速尾流中，必然引起对模型流场的干扰，也可称为超声速洞壁干扰。模型激波及其反射波组成一个菱形区。只有模型处在这个菱形区之内，反射波才不会影响模型。马赫数越大，试验段菱形区也就越大。当试验段马赫数接近 1 或稍大于 1 时，从模型上产生的波角很大的激波与实壁相遇后形成的反射激波打回到模型上，如图 2.46 所示。

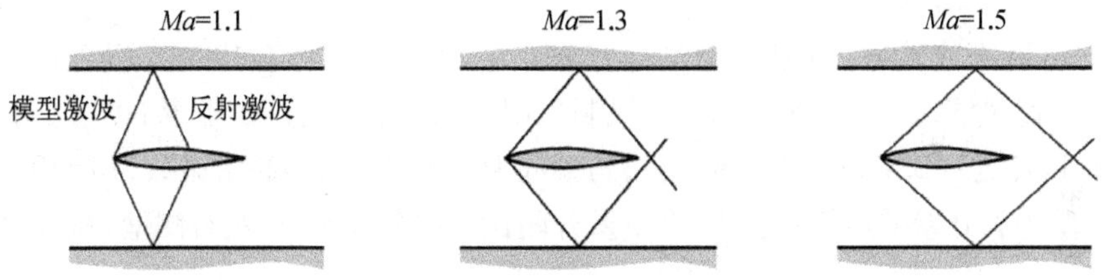

图 2.46　固壁条件下不同来流马赫数激波反射情况

采用通气壁之后，通气壁上既有实壁又有“空气壁”，模型产生的激波一部分遇到实壁而产生反射激波，另一部分遇到“空气壁”而产生反射膨胀波。这些相互间隔的反射激波和反射膨胀波，在离洞壁一定距离处相遇而互相抵消。只要通气壁设置合适，就可以将洞壁反射波的干扰降到最低限度。特别是开孔壁，当开孔的几何参数选择合适时，在相当大的马赫数范围内，可达到近于“无反射”的程度。

（3）减小或消除亚声速时的洞壁干扰。在跨声速风洞中亚声速时的洞壁干扰相当严重，如图 2.47 所示。闭口试验段和开口试验段的洞壁干扰具有恰好相反的效果。因此，采用通气壁，只要通气壁的开闭比选择恰当，就可以减小甚至近于消除洞壁干扰。

跨声速风洞动力消耗很大，在马赫数接近 1 时，单位面积的流量是最大的。为了获得一定的雷诺数，试验段尺寸必须足够大。在流动中气流损失也比较大，而且，驻室气体抽除也需要附加功率。所有这些都使得风洞的驱动功率增大。一些暂冲式风洞设计成亚、跨、超三种速度范围都能运行，成为“三声速风洞”。

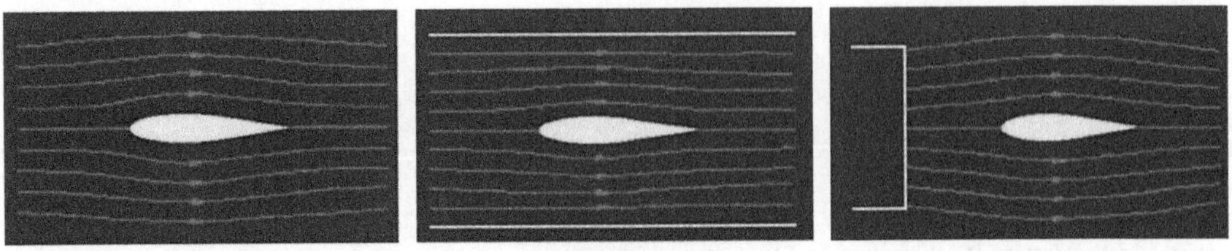

(a) 自由流　　(b) 闭口试验段　　(c) 开口试验段

图 2.47　自由流、闭口试验段和开口试验段流线图

不同的问题所要求的通气壁开闭比不相同，不同马赫数、不同模型和不同的模型姿态所要求的开闭比也不相同。通过综合考虑，可将通气壁设计成可变开闭比的形式，由实验状态确定最佳开闭比。如果是固定开闭比的通气壁，开槽壁的开闭比一般取 10%左右，开孔壁约为 20%（直孔壁）和 6%（斜孔壁）。斜孔壁在减小和消除洞壁干扰方面优于直孔壁。一般说来，开孔壁在减小或消除壁面反射波干扰方面优于开槽壁，而在减小或消除洞壁干扰方面不如开槽壁。目前国内风洞基本上是采用开孔壁试验段。

试验段驻室作为经跨声速试验段通气壁流出的气体质量流迁移通道，对试验段流场起到稳定与调节的作用。通常，跨声速试验段驻室的容积约为试验段容积的 6~8 倍，有些风洞因在驻室内部安装构件的需要，驻室容积更大。

2.5.2　典型跨声速风洞

1. FL－26 跨声速风洞

FL－26 跨声速风洞位于我国空气动力学研究与发展中心，于 1999 年投入运行，是一座大型亚跨声速风洞，如图 2.48 所示。该风洞采用引射驱动，为半回流、暂冲式风洞。试验段尺寸为 2.4 m（宽）×2.4 m（高）×7m（长），马赫数为 0.3~1.15，最高雷诺数为 7×10^7/m。风洞采用了四壁为斜孔壁的通气壁技术，上下壁开闭比可以分段调节，左右侧壁为固定开闭比。

图 2.48　FL－26 跨声速风洞洞体和通气壁试验段（图片来源：空气动力研究与发展中心官网）

该风洞既可完成全模、半模和部件的常规测力、测压试验，也可进行抖振、颤振等特种试验。

2. 低温跨声速风洞

20 世纪 70 年代出现了一种新型风洞—低温风洞，通过降低介质的温度来提升风洞试验雷诺数。

空气黏性随温度 T 的变化关系有多种近似式,最常用的是萨瑟兰(Sutherland)公式:

$$\frac{\mu}{\mu_0} \approx \left(\frac{T}{T_0}\right)^{1.5}\left(\frac{T_0+C}{T+C}\right) \tag{2.33}$$

式中,μ_0 是 $T=T_0=288.15\ \text{K}$ 时的值,C 为萨瑟兰常数,等于 110.4 K。更简单的,也可以采用幂次公式计算。

$$\frac{\mu}{\mu_0} \approx \left(\frac{T}{T_0}\right)^{n} \tag{2.34}$$

指数 n 在不同温度范围取不同的值。例如,$90\ \text{K}<T<300\ \text{K}$ 时,$n=\frac{8}{9}$;$400\ \text{K}<T<500\ \text{K}$ 时,$n=\frac{3}{4}$。

式(2.35)~式(2.37)给出了雷诺数、动压和驱动功率随着总温变化的关系,图 2.49 给出了曲线图。温度降低,使黏性系数 μ 和声速减小,密度 ρ 增大,雷诺数 Re 提高。随着温度降低,虽然密度增加了,但由于声速减小,相同马赫数下的风速降低了,因而动压可基本上保持不变。风洞的驱动功率还会略有下降,避免了一般增压风洞中由于提高雷诺数而带来的模型载荷过大和驱动功率过大的问题。

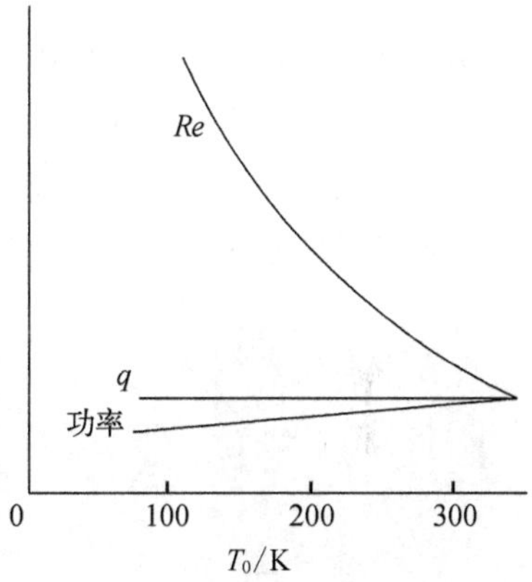

图 2.49 雷诺数、动压和驱动功率与总温的关系

$$Re=\frac{\rho \cdot V \cdot l}{\mu} \propto \frac{p_0 \cdot l}{\mu}\sqrt{\frac{m \cdot \gamma}{T_0}} \propto \frac{1}{T_0^{1.4}} \tag{2.35}$$

$$q=\frac{1}{2}\rho \cdot V^2=\frac{1}{2}\gamma P \cdot Ma^2 \propto \gamma P_0 \tag{2.36}$$

$$power=\eta q V A_e \propto T_0^{0.5} \tag{2.37}$$

式中,η 为风扇效率。

20 世纪 70 年代初,NASA 兰利研究中心开始低温风洞的研究,并设计了先导设备。1975 年决定建设国家跨声速试验设备(National Transonic Facility,NTF),于 1983 年建成。后德国、荷兰、法国、英国联合投资兴建了欧洲跨声速风洞(European Transonic Wind Tunnel,ETW),于 1993 年建成。以下主要介绍 ETW 风洞的基本情况。

ETW 是一座由轴流压缩机驱动、单回路、连续式、低温增压风洞,工作介质为低温氮气。风洞马赫数为 0.15~1.35,试验段尺寸为 2.4 m(宽)×2.0 m(高)×9 m(长),图 2.50 所示为 ETW 风洞照片和结构示意图。该风洞可以独立控制试验段总温、总压以及风扇转速等参数,以便分别研究 Ma(压缩性)、Re(黏性)和气动弹性(动压)效应。试验段顶部和底部分别开 6 条槽。风洞液氮喷射装置可使风洞在总温 110 K 下运行,试验段总温范围为 110~313 K,总压调节范围为 115~450 kPa。

ETW 收缩比为 12,稳定段内安装 4 层阻尼网和蜂窝器。风洞液氮喷注装置位于第

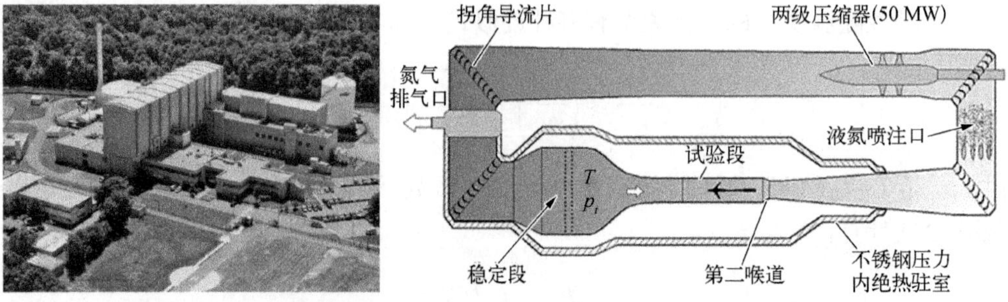

图 2.50　ETW 低温风洞照片和结构示意图(图片来源: ETW 官网)

一、第二拐角中间,由四个“耙”组成,每个“耙”上布置喷嘴,如图 2.51 左图所示。ETW 配有半模试验段和全模试验段。半模试验段,模型安装在风洞顶板,两侧壁开槽;全模试验段,模型一般采用尾撑,上下壁面各开 6 条槽,如图 2.51 右图所示。ETW 的高雷诺数试验能力能够满足绝大部分飞行器研制的需求,如图 2.52 所示。

图 2.51　ETW 风洞液氮喷注装置(左图)和槽壁试验段(右图)

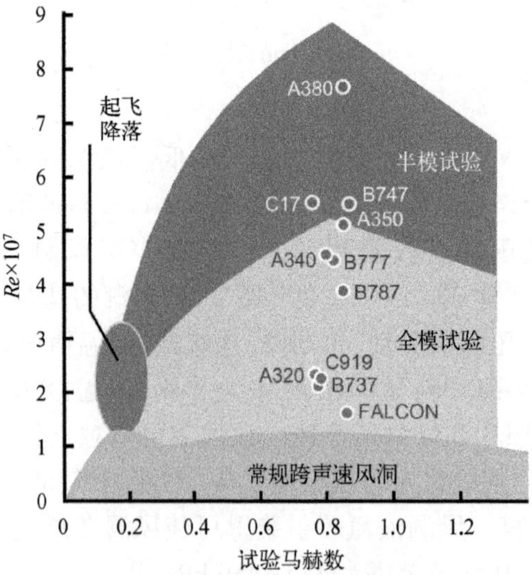

图 2.52　ETW 风洞雷诺数模拟能力

2.6 高超声速风洞

马赫数5以上的高超声速空气动力学成为一个重要研究方向始于20世纪四五十年代,早期的高超声速技术主要应用于导弹、火箭(钝头、细长体)或载人航天飞行的钝头体返回舱等。人类成功地实现了在高超声速飞行,包括"阿波罗"计划的马赫35再入,航天飞机以飞行马赫数30左右从飞行高度约150 km开始再入大气层返回地面。高超声速技术的下一个"飞越"主要是高超声速吸气推进技术,它将应用于空间进入与空间作战、巡航导弹等。现阶段,高超声速飞行器复杂的气动力/热力学、气动物理学等问题主要靠地面试验的手段获得。

在高超声速连续流区,飞行马赫数虽然不高(5~12.5),但飞行雷诺数较高,气流总温、总焓很高,存在真实气体效应。飞行器在高超声速连续流区飞行时,机体前方弓形激波的压缩和高超声速流在边界层内受黏性阻滞,都会产生高温。温度高于600 K以后,随着温度进一步升高,气体分子会出现振动、离解、电离等现象,从而改变了空气的性质,比热比不再保持为常数而随温度变化,完全气体状态方程不再适用,等熵关系式失效。

在高超声速连续流区,空气动力试验模拟的主要参数是马赫数和焓值。一般的高超声速风洞能够模拟高马赫数(5~14),不能模拟高焓,这类风洞气流加热的目的是防止气体冷凝,而不是为了模拟真实飞行器的驻点温度。实际高超声速飞行器的气动加热问题是很严重的,例如在40 km高空,飞行器以 $Ma=10$ 飞行时,飞行器表面温度可达到3 000 K。一般高超声速风洞可研究飞行器的气动力问题,而不能用于气动加热问题研究,后者必须在能模拟驻点温度的高超高焓实验设备中解决。马赫数能达到5以上且能模拟飞行时气流所达到的高焓值的风洞,称为超高速风洞。

高超声速设备可分为两大类:风洞和弹道靶/火箭橇。其中风洞主要是基于相对运动的原理,即模型通过支撑机构固定于试验段;弹道靶和火箭橇则是相反,模型通过一定方式高速运动,而气体静止。本节主要介绍高超声速风洞设备,弹道靶和火箭橇将在第三章介绍。

2.6.1 高超声速风洞的原理和分类

为防止急速膨胀的气流在高超声速喷管内发生冷凝,必须对气体进行加热。高超声速风洞常用的加热方式包括燃烧加热、激波加热、电弧加热、压缩加热、蓄热加热和电阻加热等。风洞可根据试验气流持续时间的长短进一步细分为两类,其中短时的主要基于激波管,长时的则有推进风洞、电弧风洞和常规高超声速风洞等,如图2.53所示。

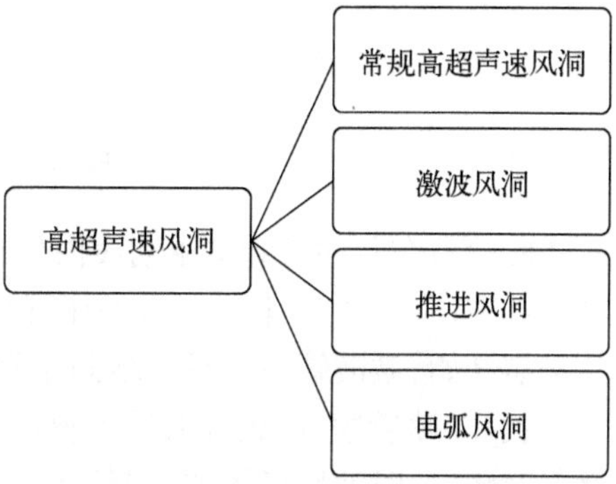

图2.53 高超声速风洞的分类

高超声速喷管的作用及设计原理与超声速风洞是类似的,但高超声速风洞的气流是高温高压的，而且喷管面积比变得很大，因而出现一些特殊问题，主要有：计算中是否要考虑真实气体效应；喷管喉部的散热问题及热变形问题；高超声速喷管边界层修正。

1. 常规高超声速风洞

常规高超声速风洞与吹吸式超声速风洞结构上接近，它的特点是在稳定段的上游设置加热器，图 2.54 所示为常规高超声速风洞示意图。主要结构部件包括高压气罐、加热器、稳定段、喷管、试验段、扩压器和真空罐，以及相应的阀门管路。其中高压罐和真空罐用于提供喷管启动必要的压力比，加热器用于提升气流的焓值。

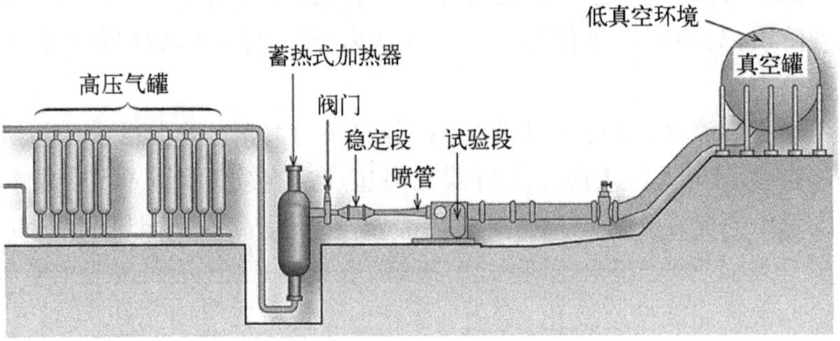

图 2.54　采用蓄热式加热器的常规高超声速风洞示意图

2. 激波风洞

激波风洞是利用非定常运动激波压缩加热气体，再利用等熵膨胀方法产生高超声速气流的风洞，图 2.55 给出了激波风洞结构示意图。激波风洞是在激波管的基础上发展起来的。激波管是产生激波并利用激波压缩实验气体进行实验的设备。它是一个两端封闭的管道，用膜片将管道隔成两段，分别称为驱动段（高压段）和被驱动段（低压段），通常低压段的长度约为高压段的 9 倍。这些设备可以在做得很大的同时实现飞行参数模拟，允许对大尺度模型进行测试。激波风洞非常适合马赫数 8 以上的超高速飞行器的气动力、热测试。

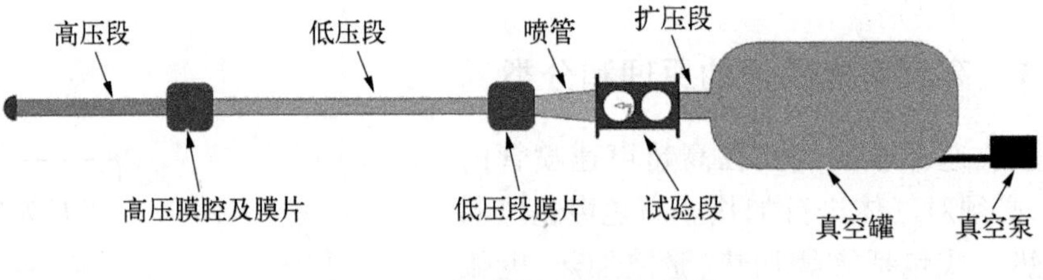

图 2.55　激波风洞结构示意图

实验前在驱动段和被驱动段内分别充满足实验要求的压强高的驱动气体和压强低的被驱动气体（实验气体），两室的压强比达到一定的值。实验时先使激波膜片破裂，从膜片破裂开始，激波管内出现一维非定常流动过程，如图 2.56 所示。被驱动段末端安装第二道膜片（喷管膜片，也称低压段膜片），当入射激波到达该膜片时，立刻向上游发出一道反射激波，同时波后气体被压缩从而产生高温、高压的气体。

为了保证膜片破裂的准确性，一般在驱动段和被驱动段之间安装两个膜片，两个膜片

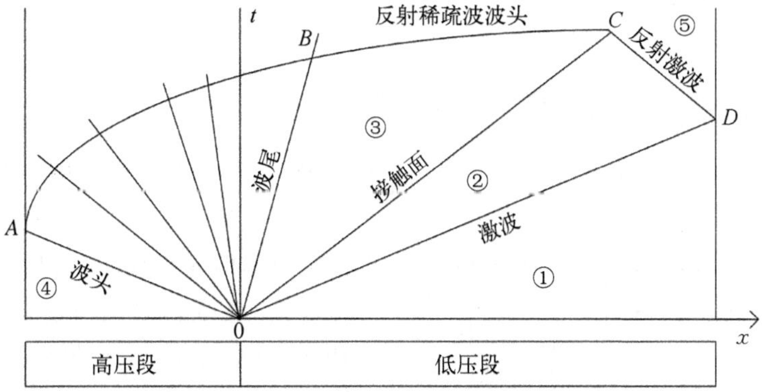

图 2.56 激波管试验中各区的气体状态关系

之间构成膜腔。膜腔中充入气体的压力介于驱动段和被驱动段之间,膜腔突然泄压时,两张膜片在瞬间破裂。

膜片破裂后,驱动段高压气体冲入被驱动段,两种气体之间形成接触面,接触面右方的被驱动气体受到强烈压缩,形成以超声速向右运动的正激波。在此右行激波右方为未扰动区(①区),在此右行激波左方是正激波扫过的、以一定速度随正激波向右运动的原被驱动段气体(②区)。经激波压缩后,原被驱动段气体的压强、温度均明显提高。与此同时,左行的膨胀波在原驱动段的气体中传播。当正激波到达右端遇到喷管膜片时,产生左行的反射激波,即图 2.56 所示的⑤区。与此同时,使喷管膜片破裂。试验段与真空罐连通,在相当高的风洞压强比作用下受到激波再次压缩加热后的被驱动段气体通过喷管加速至所需要的试验状态。

限于激波的运动时间和储气管道长度,有效试验时间被限制在毫秒级。如果恰当控制有关参数,左行的反射激波遇到接触面后不再反射,接触面的右行速度变慢,即满足接触面缝合,则可使试验时间延长一个数量级。当接触面到达激波管右端时,风洞工作结束。

从提高风洞运行参数水平看,获得高的⑤区参数非常重要,而提高⑤区气体总温总压归结为提高激波马赫数 Ma_s。式(2.38)给出了 Ma_s、比热比、声速之间的关系,由此可知提升 Ma_s 主要途径是增加 a_4/a_1。驱动段气体分子量越小、温度越高,内能越大,驱动能力越强。可采用氢气、氦气等小分子量气体驱动,并可对驱动段气体进行加热提升驱动能力。单纯的提高驱动段和被驱动段的压比,对于提高激波马赫数作用有限。

$$\frac{p_4}{p_1}=\left[1-\frac{\gamma_4-1}{\gamma_1+1}\cdot\frac{a_1}{a_4}\left(Ma_s-\frac{1}{Ma_s}\right)\right]^{-\frac{2\gamma_4}{\gamma_4-1}}\cdot\left[1+\frac{2\gamma_1}{\gamma_1+1}(Ma_s^{\ 2}-1)\right] \tag{2.38}$$

式中,p_4 为驱动段气体压强(Pa);p_1 为被驱动段气体压强(Pa);γ_4 为驱动段气体比热比;γ_1 为被驱动段气体比热比;a_4 为驱动段气体声速(m/s);a_1 为被驱动段气体声速(m/s);Ma_s 为激波马赫数。

激波风洞可以获得高达$(10^5\sim10^8)$/m 的雷诺数,因此这类风洞提供的流场比常规高超声速风洞更接近飞行条件,其主要缺点是试验时间短,因此无法模拟传热等物理现象。

2.6.2 高超声速风洞蓄热式加热器

风洞加热器就是用于对风洞流体介质进行加热以提高来流总温的设备。加热器分为连续式加热器和蓄热式加热器两类,前者结构相对简单但耗费功率大,后者比较经济,但结构复杂、温度随时间有变化。加热方式有电加热、燃气加热及燃油加热等,如图2.57所示为加热器的分类。

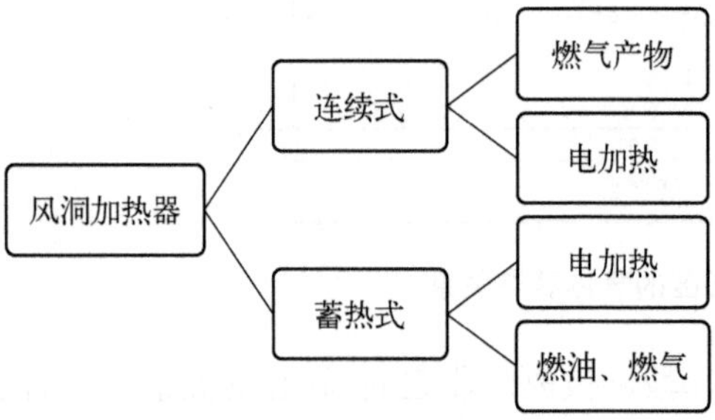

图 2.57 风洞加热器分类

蓄热加热方式首先通过电加热或燃烧预热蓄热体到高温,然后空气流经高温蓄热体并被加热到高焓状态。试验时间通常为几秒到几十秒,属于暂冲式运行。蓄热加热方式的优点是对电加热元件或燃烧器加热功率要求低,可小功率、长时间加热蓄热体到高温,并能获得几乎无污染的试验气体(可能有蓄热体粉尘);缺点是预热蓄热体时间长。由于电加热方式具有功率控制相对容易、结构设计更为简单、不对环境造成污染等优点,更多的风洞加热器选用电加热。

严格地讲,蓄热式加热器应称为蓄热式换热器,是通过内部蓄热材料储存能量,再将热量传递到另一种流体。加热器中蓄热体起到热交换的作用,蓄热体在工作过程中周期性地通过燃气(或者通过电加热)和风洞工作介质,总是处于周期性的吸热和放热状态。其工作周期由加热期和冷却期组成,工作原理如图2.58所示。在加热期,流过蓄热体的高温燃烧产物将热量传递给蓄热材料(或者由电热材料将热能传递给蓄热体);在冷却期,常温空气以相反的方向流过蓄热体并获得热量。

图 2.58 蓄热体工作原理

蓄热体的设计与制造是建造这类风洞的关键。蓄热材料要求有:热容大、热导率高、膨胀系数小、抗热震性能优;韧性好,高温强度高;耐腐蚀、抗高温氧化等特点。蓄热式加热器按蓄热元件(材料)不同分为三种,分别是金属板片式、卵石床式和空心砖式等。表2.1给出了各类型加热器的适用温度范围。

金属板片式蓄热体结构简单,常见的材质如Cr25Ni20,气流流经换热后不会对气流产生污染,不足的是受限于金属蓄热材料的高温性能,蓄热体温度一般不超过1 150 K。

表 2.1　各类型加热器的适用温度范围

加热器类型	元件的最高温度(K)	加热器的工作范围
金属板片蓄热式加热器	<1 150	$Ma = 5 \sim 8$
氧化铝卵石床蓄热式加热器	<1 600	$Ma = 5 \sim 12$
氧化锆空心砖蓄热式加热器	<2 000	$Ma = 5 \sim 14$

卵石床式、空心砖式最高加热温度可达 2 000 K 左右，常用材料为氧化铝和氧化锆陶瓷。卵石床加热器如图 2.59 所示。

空心砖加热器，其陶瓷砖块通常采用垂直堆砌布置在加热器内，形成一系列特定孔径和孔间距的竖直圆柱形通孔从蓄热体的底端连到顶端，试验空气将从这些通孔流过而与蓄热材料发生对流换热。图 2.60 为典型空心砖块蓄热体结构和传热示意图。

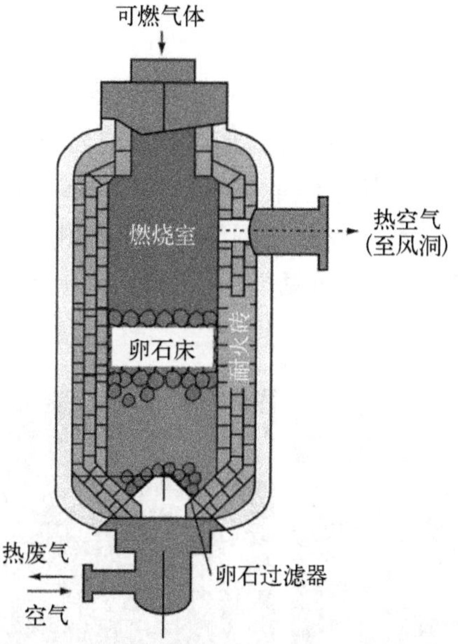

图 2.59　卵石床加热器结构示意图

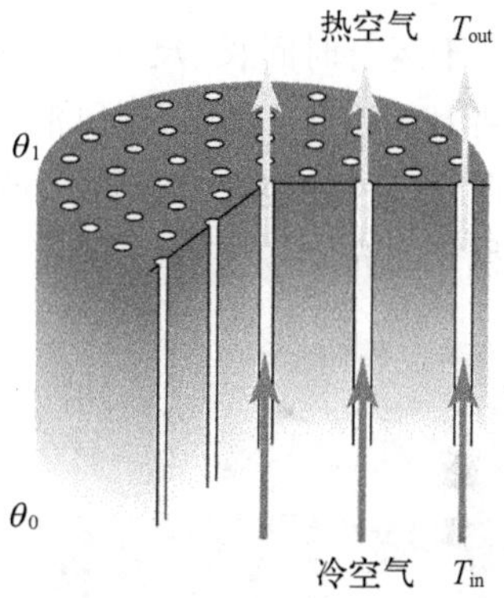

图 2.60　空心砖蓄热体结构和传热示意图

电加热蓄热式加热器的重要部件是电热材料，电热材料指利用电流热效应以加热工质的材料。电热材料性能要求包括，具备一定的力学性能、较高的电阻率、较小的电阻温度系数，良好的抗氧化及耐腐蚀性、耐高温以及良好的加工性能。工程上将电热材料分为三大类别，分别是电热合金、高熔点金属、非金属材料，如图 2.61 所示。风洞加热器中的电热元件通常在空气(氧化性气氛)中工作，选用的电

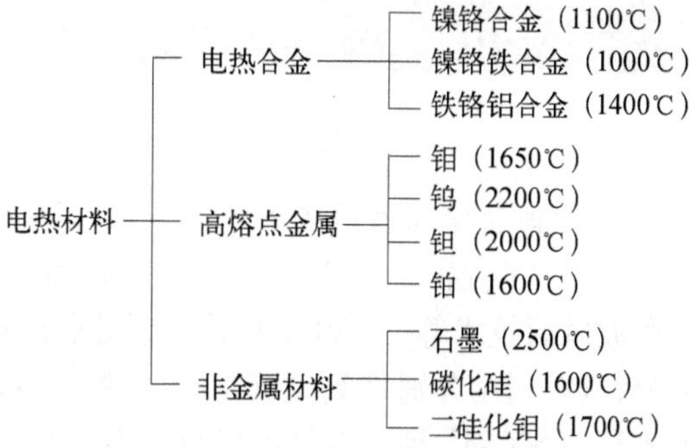

图 2.61　电热材料分类

热材料首先应具有优异的抗高温氧化性能。常用电热合金主要包括 Ni - Cr 系和 Fe - Cr - Al 系两类，适用于制备在 950 ~ 1 400℃ 温度范围内工作的电加热元件。目前风洞加热器常用的加热材料有 Cr20Ni80 等。

常用的适用于氧化性气氛的非金属电热材料主要有碳化硅、二硅化钼等。碳化硅电热元件，俗称硅碳棒，是以高纯度的 SiC 为主要原料经 2 200℃ 高温再结晶制成的非金属发热体，正常连续使用寿命一般在 2 000 小时以上，具有表面负荷大、升温快、热效率高、化学稳定性好、寿命长、高温变形小、安装维修方便等优点。二硅化钼电热元件，俗称硅钼棒，是一种以二硅化钼为主要成分制成的耐高温、抗氧化的电阻发热元件。在高温氧化性气氛下使用时，如同其他硅基耐高温材料一样，$MoSi_2$ 表面会迅速生成一层致密的石英玻璃膜，能够保护硅钼棒内层不再被进一步氧化。在氧化性气氛下硅钼棒的最高使用温度约为 1 700℃。

2.6.3 典型高超声速风洞

1. AEDC 9 号风洞

AEDC 9 号风洞是一座暂冲吹吸式风洞[14]，建于 1970 年，运行时间最长可达 15 s 左右，试验段直径 1.5 m，是美国重要的高超声速研究设备(图 2.62、图 2.63)。该风洞突出的特点在于运行时间长、尺寸大、总温高、总压高。其总温最高可以达到 1 871 K，总压最高可达到 186 MPa。目前，该风洞配备了多套喷管，马赫数范围为 7 ~ 16.5，相应的运行参数和喷管出口尺寸也会有不同。该风洞工作气体为纯净氮气，其主要用来模拟飞行器的热环境和气动光学效应。

图 2.62 AEDC 9 号高超声速风洞喷管和试验段

2. 中国科学院力学研究所 JF - 12 复现风洞

JF - 12 复现风洞采用反向爆轰驱动方法[15]，集成了大功率爆轰驱动技术、长实验时间激波风洞技术等，于 2012 年建成，如图 2.64 所示。风洞总长度为 265 m，包括 6 个主要部分，从右到左分别是 E 型真空罐、试验段、喷管、被驱动段，驱动段和卸爆段。其中，真空罐容积为 600 m^3，型面喷管出口直径为 2.5 m 长度为 15 m。被驱动段长度为 89 m，内径为 720 mm；驱动段长度为 99 m，内径为 400 mm。驱动段和被驱段间通过过渡段和夹膜机连

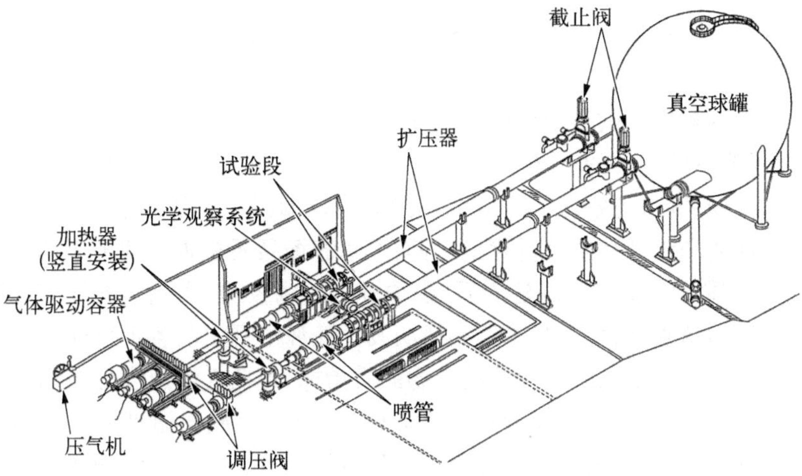

图 2.63　AEDC 9 号高超声速风洞结构示意图

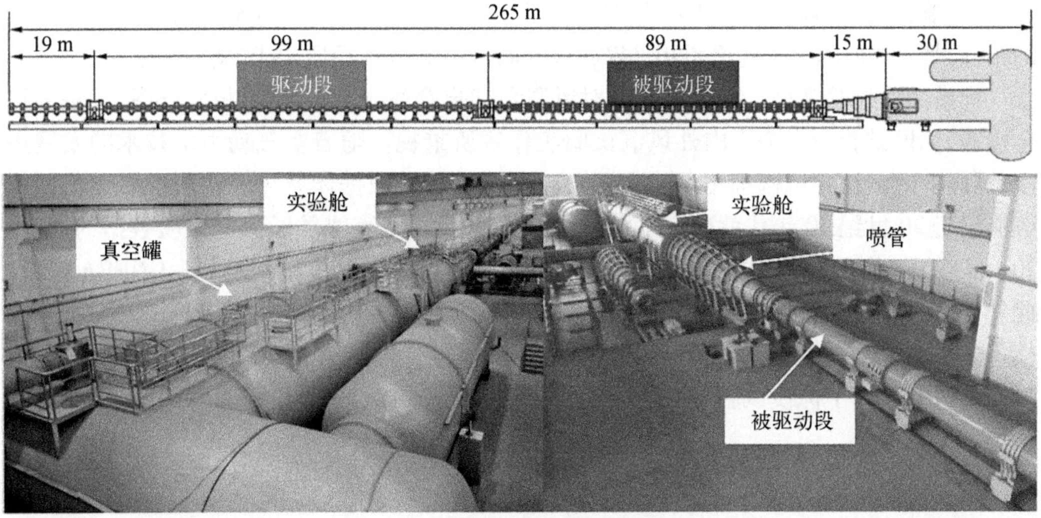

图 2.64　JF－12 复现风洞概况图

接,主膜片在驱动段一侧采用反向爆轰驱动模式,即爆轰是在驱动段的右端点火,然后往左传播。卸爆段位于设备的最左端,长度为 19 m,直径为 400 mm,实验前抽真空,用于降低爆轰波的反射压力,避免爆轰波对设备产生破坏。它所达到的主要性能指标如下:

实验气流总温: 1 600~3 000 K;

实验气流总压: 2~12 MPa;

马赫数范围: 5~9;

风洞喷管出口直径: 1.5 m、2.5 m;

有效试验时间: >100 ms。

2.7 风洞流场校测和标模试验

流场品质是影响风洞试验数据精度和准度的重要因素。为了满足各种不同的试验要求，一方面要建造不同种类的流场品质较好的风洞，另一方面也要重视改造已建成的在用风洞提高风洞流场品质，还要深入研究流场品质对试验结果的影响和修正方法。流场校测就是对风洞性能和流场品质进行测量，进而了解流场品质是否达到规定的要求，以保证风洞试验数据的质量。每座风洞建成后，必须进行流场校测，实测出新风洞的性能、流场品质和试验数据的精确度，检验是否达到风洞设计任务书规定的各项指标。

风洞品质最重要的是风洞试验段的流场品质指标，包括气流速度分布均匀度、平均气流方向偏离风洞轴线的大小、沿风洞轴线方向的压力梯度、截面温度分布的均匀度、气流的湍流度和噪声级等，这些指标必须符合一定的标准，并定期进行检查测定。1991 年颁布了 GJB 1179—91《高速风洞和低速风洞流场品质规范》，适用于以航空航天飞行器试验为主要任务的通用风洞（常规风洞），具有广泛的代表性，其他类型的风洞可以借鉴。随着航空、航天飞行器的发展，2011 年对该标准进行了修订，增加了高速风洞流场压力梯度的指标[11]。类似的标准还有 GJB 3477—98《激波风洞流场品质要求》等。

标模又称校验模型。标模试验是对风洞和试验设备的性能、试验技术、试验方法的综合检验，标模试验历来为国内外风洞试验工作者所重视。随着空气动力学技术的发展进步，国际上诸多试验机构都相继建立了自己的标模试验数据体系。北约航空研究与发展咨询组于 20 世纪 50 年代就确定了一套测力试验标准模型，来检验风洞试验数据的准度。20 世纪 70 年代末，法国航空航天研究院确定了一套高亚声速运输机标模—ONERA 标模，此外还有德国航空航天研究院的 DLR－F4、DLR－F6 系列运输机标模，NASA 的 CRM 标模等。我国也于 1974 年确定了高、低速风洞标模系列，并拟定了统一的试验大纲，在国内生产型风洞进行了标模试验。

思 考 题

1. 试描述超声速风洞扩压段和低速风洞扩压段的功用和原理。有何异同？
2. 无空气加热器的吹气式和吸气式超声速风洞，在稳定工作时气流的质量流量和实验雷诺数，何者是变化的？何者是不变化的？为什么？
3. 吹气式超声速风洞，实验马赫数为 2.5 和 3.0 时，哪一种马赫数下风洞工作时间可长一些？（设其他实验条件均相同，试验段尺寸、总温、总压均相同）
4. 超声速风洞改变试验段马赫数的主要途径包括哪些？各自有何优缺点？
5. 跨声速风洞通气壁、驻室的构造是怎样的？如何调节试验段马赫数？
6. 超声速风洞为何要求扩压段第二喉道面积大于喷管喉道面积？

第3章
特种空气动力试验设备

学习要点：

（1）电弧风洞的原理和结构；

（2）燃烧加热风洞的原理和结构；

（3）弹道靶和火箭橇的原理和结构。

空气动力试验设备种类丰富，包括各型风洞，也有一些用于开展特种试验的设备，如主要用于超燃冲压发动机试验的推进风洞（燃气风洞），以及结冰风洞、边界层风洞、声学风洞等。还有如发动机高空试验台、火箭橇和弹道靶等已经与风洞原理有根本性区别的设备，本章主要介绍电弧风洞、燃气风洞、火箭橇和弹道靶设备。

3.1 电弧风洞

电弧风洞试验被称为“驾驭闪电的艺术”，就是人工制造出一段能够稳定运行的电弧，将气流瞬间加热，以模拟飞行器面临的高温环境。电弧风洞具有高焓、高热流、长时间、高空模拟能力，是进行高超声速飞行器热防护与热结构试验考核的重要地面试验设备之一。

电弧加热模拟实验是在20世纪50年代末随着远程导弹和人造卫星再入大气层的研究发展起来的。到20世纪70年代，电弧加热器发展为以直流、长弧、大功率加热器为主，电弧功率达到100 MW量级（电压几万伏，电流上千安），弧室气压达3×10^7Pa。气压较低时，空气焓值可达25 MJ/kg。图3.1为电弧风洞总体组成示意图，主要包括电弧加热器系统、高压气源系统、试验段系统、冷却系统和真空系统等。图3.2为20兆瓦级电弧风洞，属暂冲式高超声速风洞，采用电弧等离子体加热，主要用于高超声速飞行器材料及局部热结构考核试验与研究。

电弧风洞一般是高压—真空式风洞，其总体布局和常规高超声速风洞类似，其特点是加热试验介质的设备为电弧加热器，且风洞部件一般都有水冷结构。电弧风洞工作原理是：高压气体储存在高压容器内，经压力调节系统进入电弧加热器，利用电

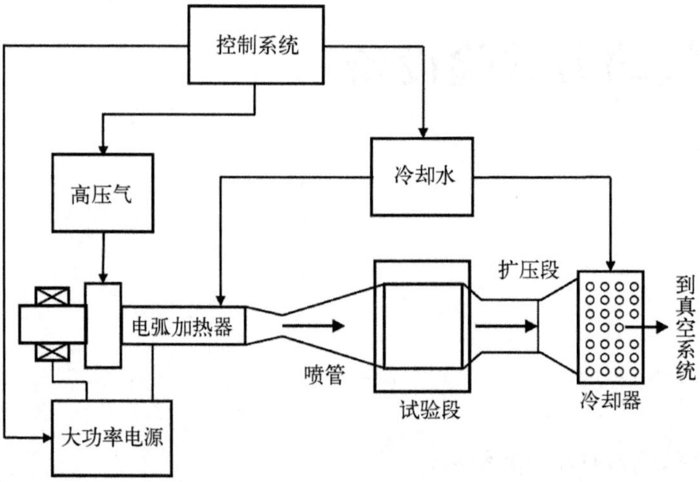

图 3.1　电弧风洞总体组成示意图

图 3.2　空气动力研究与发展中心电弧风洞

弧加热器对高压空气进行加热。大功率电源系统产生直流高压,将加热器中的空气电离击穿,形成电弧,电弧燃烧把空气加热到高温状态。高温、高压气体进入混合稳压室,以调节气流总温和消除气流脉动,之后经过喷管膨胀加速,在试验段形成高温、高速流场,在一定范围内可以模拟各类高超声速飞行器的气动加热环境,进行气动热地面模拟试验。

试验后的气流因速度和温度仍然很高,不能直接排入大气,故需经过扩压段提高压力并降低气流速度,流过扩压段后的低速高温气流再进入冷却器冷却,最后流经管道和阀门进入真空罐,再由真空泵抽出排入大气。

电弧风洞是迄今几乎唯一可以持续产生接近真实飞行状态的气流温度和压力的实验设备。除用于气动加热试验外,它还可用于高温气体动力学的其他研究,如高速飞行时等离子体现象的模拟实验。

电弧加热方式的优点是试验气体的模拟总焓高，并且电弧风洞可提供其他加热方式难以达到的长达几十分钟的试验时间；缺点是驻室内试验气体参数通常随时间变化，并且难以克服试验气体的离解、电极污染及温度不均匀性等问题，特别是试验气体中含可观的 NO_x，影响试验数据的可信性。另外，气流品质主要和稳定电弧的方式有关，因此很难对气流品质做出评价。

3.2　燃烧加热风洞

在马赫数为 4~7 的试验范围内，燃烧加热风洞是当前超燃冲压发动机研究的主力。燃烧加热风洞采用燃烧模式获得高的来流总温（总焓），燃烧加热器将空气、氧气和燃料（氢或碳氢燃料等）混合燃烧的高温产物作为试验气体，模拟飞行条件的总温、总压、马赫数和氧摩尔分数等，如图 3.3 所示。这类型风洞能模拟高总温（高焓）状态，是进行烧蚀试验的重要设备之一。火箭发动机在用于烧蚀试验时，是一种现成的燃烧加热风洞。最早的地面烧蚀试验是在现成的火箭发动机和小型燃烧加热风洞上进行的，其试验目的主要是材料筛选。

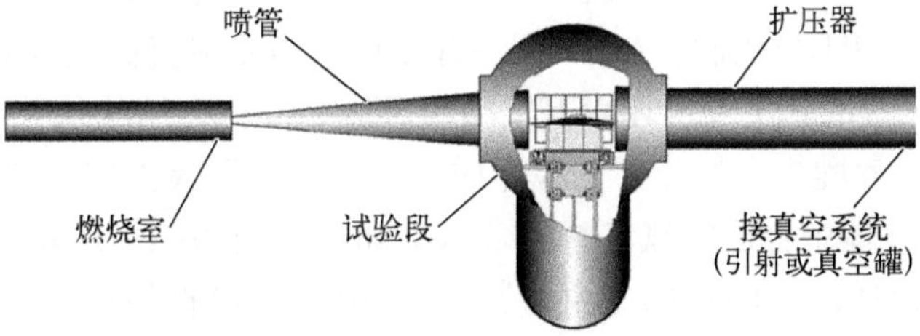

图 3.3　燃烧加热风洞结构示意图

从 20 世纪 50 年代末开始，对于高超声速飞行器头部、颈部、身部和其他某些部分出现的各种复杂烧蚀现象研究，不仅要求实验气流具有足够的温度、压力、速度，还特别要求实验设备有足够大的尺度。电弧加热器由于受功率限制，难以完全满足这一要求。从 20 世纪 60 年代后期开始，燃烧加热风洞以其易于达到大功率的特点得到了广泛的应用和发展。它们与电弧加热器设备互相配合，成为目前进行飞行器热防护实验研究的两种主要设备。

燃烧加热风洞主要由气体供应系统、燃烧加热器、喷管、试验段、扩压器、真空管道、真空罐（引射器）、冷却系统、控制系统和其他辅助设备等组成。燃烧加热方式具有建设和运行成本相对较低、形式灵活、易调节试验状态等优点，并适用于大尺度风洞。这种类型的设备可运行较长的时间，限制主要是设备材料的耐高温性、高压气罐储气能力及燃料供应能力。

燃烧室是把燃料和氧化剂通过喷射混合进行燃烧，从而产生高温高压气体的场所。它的末端通常为喷管的入口收缩段，并与喷管连为一体，燃烧室的主要参数是压力、氧化剂流量、燃料压力和流量等，大小是根据试验所要求的流场参数而定。通过调节阀调节上游压力，使氧气和燃料以稳定的压力和流量加注到加热器燃烧室，并混合燃烧产生高温燃气，然后再混入常温空气进行降温，最终获得满足使用要求的试验气体；试验气体通过型面喷管膨胀加速进入试验段，形成满足试验要求的高超声速流场。冷却水系统和喷水冷却系统，则分别对燃烧加热器和试验后的排放气体进行循环冷却和喷水冷却。

在超燃冲压发动机风洞试验中，要求复现气流中的化学组分（至少复现氧气），而在空气动力学试验中可以不需要氧气参与。随着高超声速技术的飞速发展，作为燃烧型风洞的核心部件之一的燃烧加热器结构越来越复杂，精度要求也越来越高。燃料流量的精确控制是保证燃烧加热器稳定可靠工作并提供准确试验气体的首要工作，确保来流氧气比例与空气一致。

燃烧加热风洞的主要缺点是气流成分不同于空气，随着模拟温度的提高，燃烧产物含量增长。如果模拟马赫数为5（高超声速马赫数范围的下限）的总焓，则需将空气加热至1 300 K。假设采用氢气作为加热空气的燃料，则将会产生多达含量（摩尔分数）13%的水。这些燃烧产物在实际飞行条件中并不存在，将会给发动机试验过程中的化学反应带来相当大的影响。此外，相对复杂的系统组成和操作运行，也妨碍了这些高性能设备的广泛应用。

燃烧加热风洞的典型代表是美国 AEDC 的气动与推进试验设备（aerodynamic and propulsion test unit, APTU）风洞。APTU 是一座下吹式自由射流试验设备，可用于弹头、高超声速冲压发动机等的真实温度环境下气动力、推进和材料/结构试验。APTU 采用高压空气、液氧、丁烷三者燃烧产物作为试验介质。燃烧加热器提供加热，在加热器的上游添加液氧，保证试验气体中合适的氧气摩尔含量。加热器内的燃烧产物经过喷管膨胀到试验段，尾气引射到空气。APTU 的主要参数如下，喷管出口直径：1 067 mm；总温：667～2 611 K；马赫数：3～7.2。图 3.4 和图 3.5 给出了设备系统的示意图和照片，图 3.6 给出了试验段和开展冲压发动机试验的照片。

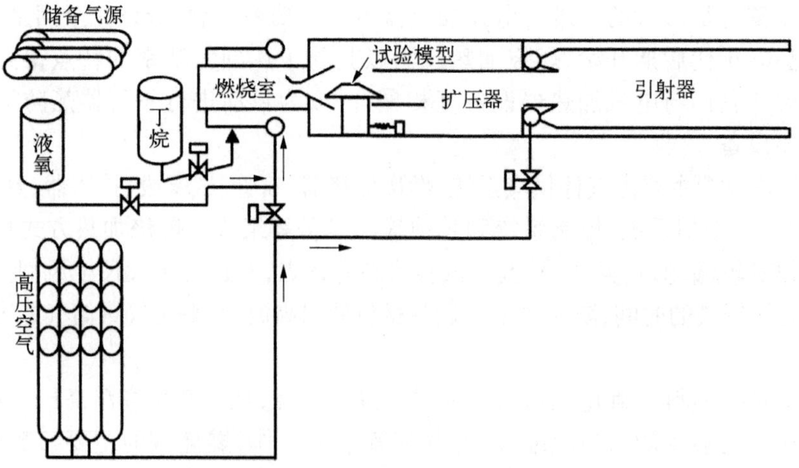

图 3.4 APTU 结构示意图

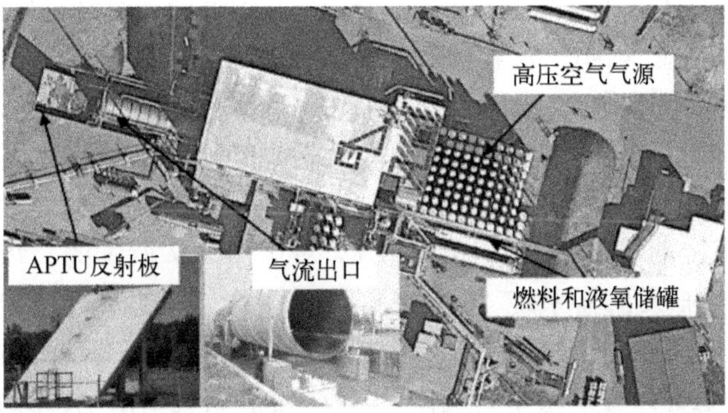

图 3.5　APTU 照片(图片来源：美国阿诺德工程发展中心官网)

图 3.6　APTU 试验段和开展冲压发动机试验照片(图片来源：美国阿诺德工程发展中心官网)

3.3　弹 道 靶

弹道靶是一种实现实验模型在静止气体中高速自由飞行的空气动力学地面试验设备,如图 3.7 所示为二级轻气炮形式的弹道靶示意图。弹道靶通常是由模型发射器(炮)、弹道靶室(试验段)和附属设备等组成,模型发射器的作用是将模型“完整无损”地加速到高速,并准确地发射到靶室中去。靶室是一密封系统,可加压,开展高雷诺数实验;也可抽真空以模拟一定高度下的地球大气环境;还可控制靶室内的气体成分,以模拟其他星球的环境。

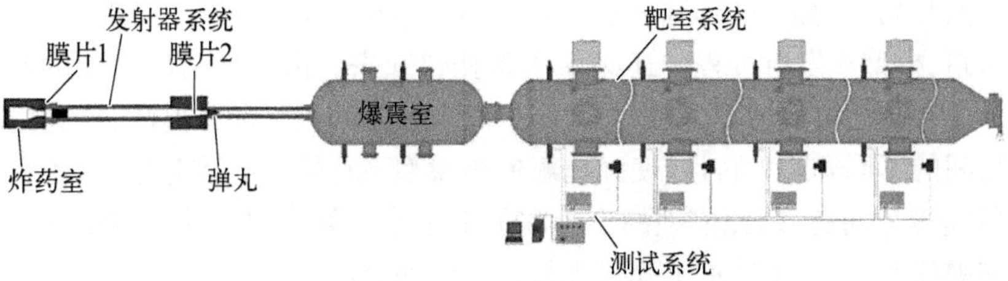

图 3.7　弹道靶结构示意图(二级轻气炮)

模型由发射器加速到所需的速度后进入靶室，在惯性力和气动力作用下飞行，沿模型飞行方向设置测试系统，如阴影仪和计时系统等，以测定模型飞经各测量站的周围流场、姿态和所对应的时间等参数。

目前，发射器的种类各种各样，基本原理就是将炸药的化学能转化成弹丸（模型）的动能。二级轻气炮（图 3.7）是以火药炮为第一级，由火药气体推动活塞而压缩轻气（氢或氦）；再由高压轻气推动模型加速（即第二级）。对于图 3.7 所示的二级轻气炮形式的弹道靶，其主要组成包括发射器系统、爆震室和靶室系统。由式（3.1）所知，模型发射速度与发射管气体的分子量成反比关系，分子量越小模型能够获得的速度越大。因此在膜片 1 和膜片 2 之间管道充入分子量小的气体，膜片 1 之后放置重活塞，炸药爆炸后高压使得膜片 1 破裂，高温高压的气体推动活塞运动，并不断压缩管道内的气体，在压力达到一定数值后膜片 2 破裂，气体推动弹丸（模型）以很高的加速度迅速向下游靶室运动，在运动过程中不断加速。至此，发射过程结束，在靶室系统内研究弹丸运动或者撞击过程。当发射管中的介质为氢气时，发射完成后，氢气将在爆震室中燃烧。

$$V \sim \left(\frac{1}{M}\right)^{\frac{1}{2\gamma}} \tag{3.1}$$

弹道靶试验与常规风洞试验相比有其固有的特点，常规风洞试验是根据相对运动原理，模型固定不动，将试验气流加速到高超声速；而弹道靶试验是试验气体静止，用发射器把模型加速到高超声速来进行试验，所以弹道靶试验更加真实，不存在流场品质好坏问题。并且没有支架干扰，它较常规风洞类设备能更真实地模拟高超声速飞行。因此弹道靶试验具有飞行环境真实、飞行环境可控、试验成本低等特点。

研究飞行器的高超声速气动特性，模型与真实飞行器必须几何相似，同时马赫数和雷诺数也要满足相似律。在弹道靶试验中，模型速度取决于发射器，雷诺数取决于试验段压力。两者独立变化，模拟范围十分广泛。如美国通用公司 DRL 实验室弹道靶，能够模拟高度 91.5 km，速度 10.07 km/s，覆盖洲际导弹的大部分飞行弹道。

弹道靶主要用于高超声速飞行器气动阻力和再入气动物理学（如再入飞行器周围等离子鞘、尾迹中的流动和光电特性）、高温气体辐射特性、电磁波特性、碰撞毁伤特性等方面的研究。由于弹道靶中没有像风洞中所固有的喷管噪声，近十年来它又是研究高超声速边界层转捩的有力工具。

弹道靶试验模型也和其他气动试验模型一样，必须与所模拟的飞行器几何相似；所不同的是，弹道靶模型要求在承受 $10^6 g$ 量级（甚至更高）的加速度下仍能保持完整无损；而且为避免模型与灼热的推进（炸药燃烧爆炸气体）气体直接接触和与发射管发生摩擦，同时也为了密封，模型在发射过程中还必须用弹托包起来。由此又引出了新的问题——模型与弹托分离及弹托瓣的捕捉，模型与弹托分离一般是采用气动分离法，即利用模型与不规则弹托瓣间的不同升阻力特性，使弹托瓣偏离模型飞行轨道。除此之外，还有模型质心及表面材料模拟等问题，因此模型的设计和加工是非常复杂困难的。如图 3.8 所示为弹道靶模型和弹托照片，右图展示了弹托飞行过程中的分离。

开展弹道靶试验主要采用的是阴影照相技术和外弹道测量技术，能获得模型的速度、

图3.8　弹道靶模型、弹托照片(左图)及弹托分离高速摄影照片(右图)

位置和姿态,并可进行流动显示。但是对压力、气动热等研究而言,仅有阴影照相一种测量方式是不够的。必须要注意的是,模型上安装测试设备需能够承受发射过程中的大过载,这在常规风洞试验中是不存在的。

空气动力研究与发展中心200米自由飞弹道靶,如图3.9所示,采用二级轻气炮将飞行器缩比模型发射至真实飞行速度,模型在环境气体、组分和压力可调的靶室内自由飞行,通过多站阴影照相、双目姿态测量或遥测等手段获得模型飞行参数的方式开展试验。该设备主要开展自由飞气动力、气动特性、材料抗粒子云侵蚀、超高速碰撞效果、气动物理现象等试验研究。

图3.9　空气动力研究与发展中心200米自由飞弹道靶

美国AEDC目前在运行弹道靶中,弹道靶G的试验能力最强,如图3.10和图3.11所示。弹道靶G建于1963年,后于1993年前后进行了大规模的升级改造,并具备了"软发射能力",即能够以较小的加速度将模型加速到需要达到的速度(峰值加速度约29 000g)。目前弹道靶G配备了三个不同直径的发射管,直径分别为84 mm、102 mm、203 mm,靶室的长度为283 m,直径3 m。弹道靶的最大发射速度由模型质量和装药量等参数共同决定。对于84 mm直径发射管,可将模型发射至最高7 km/s,203 mm直径发射管

图 3.10　美国 AEDC 弹道靶 G 设备照片

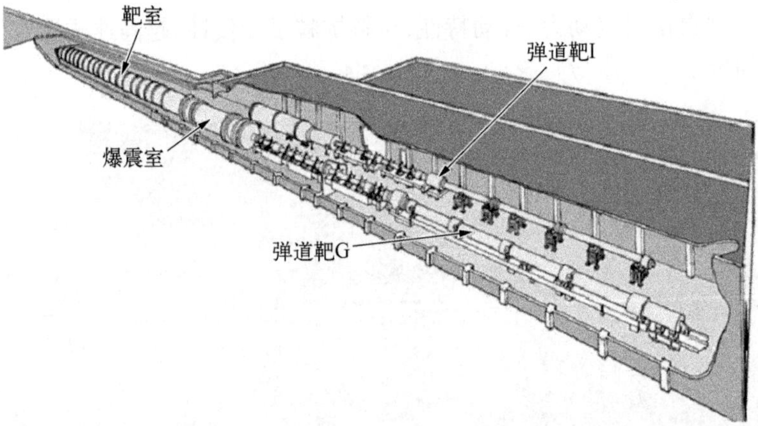

图 3.11　美国 AEDC 弹道靶布局示意图

可以达到约 5 km/s。靶室内的压力可维持在 30 Pa~170 kPa,以模拟不同高度的飞行环境。

弹道靶的局限性主要表现在：试验模型较小,模拟复杂外形细节的能力较差;由于模型本身以较高速度飞行并且加速度非常大,因而测量比较困难,模型飞行姿态也不易控制;此外,试验模型通常为一次性使用,不仅增加了重复试验的复杂性,也使试验成本大大提高,特别是对于那些需要精细加工的模型。

3.4　火箭橇

火箭橇试验是一种大型地面动态试验,以火箭发动机为动力,火箭橇体为载体承载被试模型,沿专用滑轨高速滑行,如图 3.12 所示,能够在地面模拟被试模型真实飞行的动态工况，考核其工作效能。火箭橇试验是介于实验室试验和飞行试验之间的地面试验，具有产生大过载、高速度、强振动和冲击等综合试验条件的能力。相对于其他试验途径，火箭橇具有能提供最为精确的飞行条件下的动态特性和多次重复使用等无法替代的优势，突破了被试模型尺寸、重量约束，便于观察试验及收集试验数据，刚好弥补了一般室内试验和室外试验的不足，是联系天地之间置信度最高的手段。

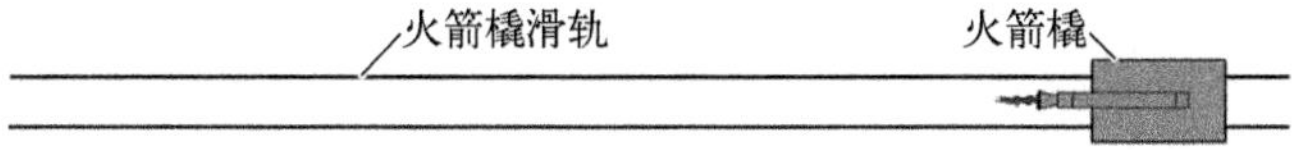

图 3.12　火箭橇原理示意图

同风洞试验相比，火箭橇的优点是：无洞壁干扰；可进行大尺寸的模型试验；试验的速度范围比较宽广等。火箭橇试验的局限性主要是试验时间较短，准备试验的时间较长，较难消除振动的影响，而且成本较高。火箭橇试验主要用来解决航空、航天、武器等领域科学试验研究中由于高速度、高加速度或高减速度带来的一系列技术问题，还可以承担飞行员弹射救生、降落、冲击碰撞毁伤等试验任务。

火箭橇试验起源于二战末期，早在 1944 年美国就开始进行火箭橇研究，并于 1950 年建成了世界上第一个火箭橇试验基地。1954 年在新墨西哥州霍洛曼(Holloman)空军基地建成了高速试验轨道—霍洛曼高速测试滑轨，如图 3. 13 所示。该轨道进行了延长，目前长度达到了 15. 48 km，成为世界上最长和火箭橇车运行速度最快的滑轨。该基地在 1968 年进行一次高雷诺数试验时，试验速度达到马赫数 6. 5。

图 3. 13　美国 Holloman 火箭橇滑轨和橇体

思　考　题

1. 结合第 2 章高超声速风洞相关内容，以及本章的电弧风洞，总结目前的主要气体加热方式。
2. 介绍火箭橇的基本原理，试分析进一步提高火箭橇试验速度面临的主要问题和可行方案。

第 4 章
气动力测量

学习要点：

(1) 气动力测量的意义，气动力天平在空气动力试验研究中的作用；

(2) 机械式天平的基本原理；

(3) 应变式天平的原理和结构，力和力矩的分解方法；

(4) 天平校准方法，坐标轴系转换。

测力试验是风洞试验中最重要、最基本的项目之一。在众多试验类型中，测力试验占有绝对重要的地位，尤其在新型飞行器研究过程中，自始至终伴随着对气动力特性的研究。一般情况下，空气动力的合力作用点和方向都是未知量，需在试验中用天平测定。风洞天平是测力试验中最重要的测量装置，用于测量作用在模型上的气动力载荷（力与力矩）。作用在模型上的气动合力可以在天平体轴系中分解成作用于某点上的并与坐标轴平行的三个相互垂直的力和绕三个坐标轴的力矩。天平作为测力试验中的核心传感器受到业界的高度重视，从而得到长足的发展[5]。

根据飞行器研制的不同要求，测力试验的种类很多，如全模实验、半模实验、铰链力矩实验、动导数实验、部件实验、外挂物干扰实验等。各种实验可能要用不同的风洞天平，以测量不同分量的、静态或动态的气动力载荷。测力试验对风洞天平的技术要求很多，其中最重要的是要求天平具有高的精度与准度。对于动态实验来说，还要求具有高的固有频率。

本章主要阐述天平的分类和工作原理，着重介绍应变天平力和力矩分解原理，以及天平校准的原理。

4.1 气动力天平原理和分类

风洞天平按工作原理可分为机械天平、应变天平、压电天平与磁悬挂天平等。机械天平是通过天平上的机械构件进行力的分解与传递，用机械平衡元件或力传感器来测量作用在模型上的气动力载荷的测力装置。应变天平是通过天平上的弹性元件应变，用应变计组成电桥来测量作用在模型上的气动力载荷的测力装置。压电天平是基于天平上的压电元件的压电效应开展测量。磁悬挂天平是利用磁力将模型悬挂在风洞试验段中,通过电流、位置测量来测量作用在模型上的气动力载荷。按所测分量的多少不同,气动力天平又可分为单分量天平、三分量天平、四分量天平、五分量天平和六分量天平等。

由于模型上空气动力的大小、方向和作用点是变化的、不确定的,因此,气动力天平必须先将作用于模型上的空气动力按一定的坐标轴系分解成几个分量,然后分别加以测量。在使用天平前,必须通过校准确定各分量的天平读数与所测分量大小的关系,得到天平校准公式。使用天平时,获得天平输出量,通过天平校准公式,求得所测分量的大小。

4.2 机械天平

机械天平是借助于静力学平衡原理测量气动力载荷各分量,主要用于低速风洞试验。机械天平在工作时变形微小,可近似为刚体。机械天平一般由四部分组成:模型支架,力和力矩的分解系统,力和力矩的传递系统,测量元件。

风洞测力试验时,机械天平可以在风轴系中分别测量作用在模型上的气动力载荷,即三个力(升力 L、阻力 D 与侧力 C)与三个力矩(俯仰力矩 M_z、偏航力矩 M_y 与滚转力矩 M_x)。根据静力学、运动学原理,要求天平系统具有与各个力和力矩分量相应的自由度,只有这样,才能将天平受到的气动力载荷按不同方向进行分解。当天平的每个分量保证提供与欲测量的分量相应的自由度时,天平各分量系统就能独立地传递力和力矩。

一般地,机械天平用力平台与力矩平台进行力与力矩的分解。力平台有三个在坐标轴方向上的位移自由度,提供三个力的测量;力矩平台相对力平台有三个绕坐标轴转动的自由度,提供力矩的测量。为了减小各分量之间的干扰,机械天平在结构上还要采取消扰措施。

通常,机械天平按结构形式可分为塔式天平与台式天平两大类。塔式天平是有塔形结构的机械天平,如图 4.1 所示,它由力矩平台、力平台、斜吊线、平移吊线、迎角机构、侧滑角机构、模型支撑系统与传力系统等主要部分组成。塔形结构由吊挂力矩平台的四根(或三根)斜置弹性拉杆(斜吊线)与力矩平台组成。斜吊线中心线的延长线汇交于一点(塔心),塔心为力与力矩的分解中心。

台式天平是将力平台与力矩平台分别用四根垂直弹性拉杆悬挂起来,并在力与力矩的传力系统中设置了消扰机构的机械天平,如图 4.2 所示。

机械天平有如下特点:

(1) 可较好地将作用在模型上的空气动力分解成各个分量,由每个测量元件进行独立测量,因此,有很高的测量精度;

(2) 通过调整,可使各个空气动力分量之间的相互干扰减到很小程度,因此,有很高的测量准度;

(3) 有较大的刚度,一般不需要对模型进行弹性角修正,所谓弹性角是指天平受到载荷之后发生弹性变形的角度;

(4) 受环境影响小,有较好的长期稳定性;

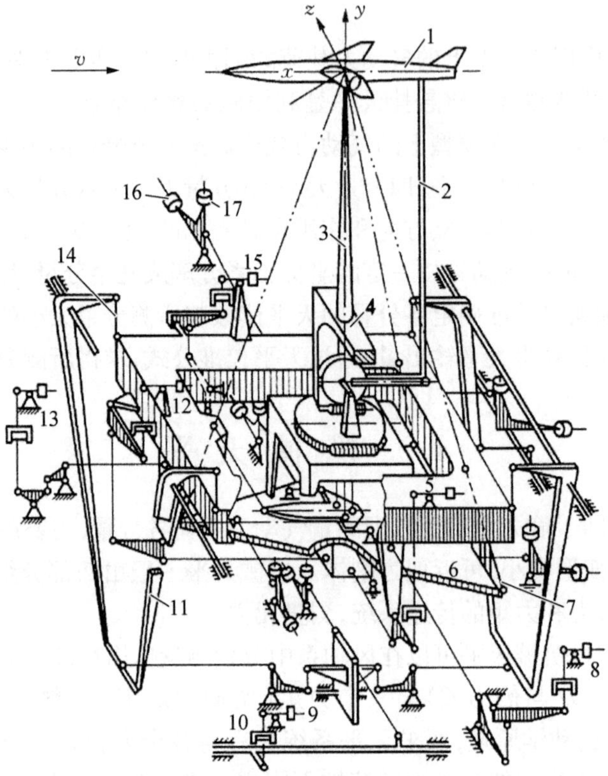

图 4.1　塔式机械天平

1—模型；2—尾支杆；3—腹支杆；4—支杆导轨；5—M_x 元件；6—力矩平台；7—力矩台斜吊线；8—F_z 元件；9—F_y 元件；10—应变测力环；11—升力摇臂；12—M_z，元件；13—F_x 元件；14—力平台垂直吊线；15—M_y 元件；16—平衡配重；17—灵敏度配重

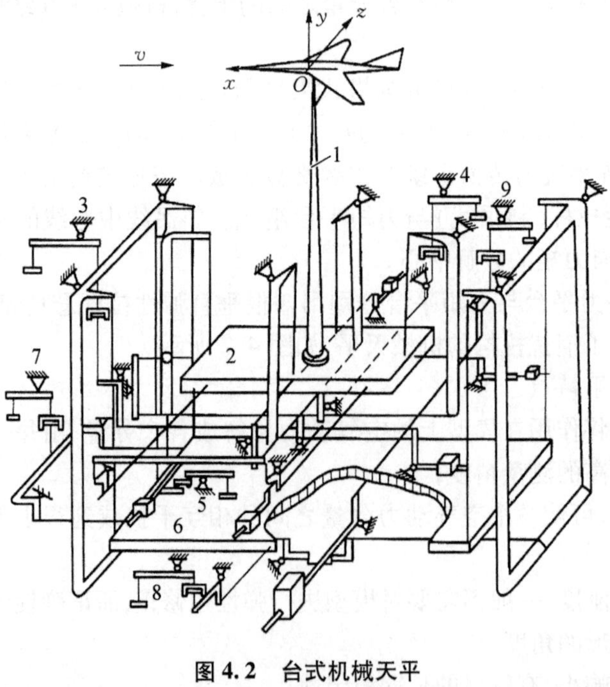

图 4.2　台式机械天平

1—支杆；2—力矩平台；3—M_z 元件；4—M_x 元件；5—M_y 元件；6—力平台；7—F_x 元件；8—F_z 元件；9—F_y 元件

从 20 世纪 50 年代开始，在低速风洞中逐渐采用应变天平[11]。但是，由于机械天平具有上述的一些优点，它仍然是一种重要的气动力测量装置。

4.3 应变天平

通过测量弹性元件的应变来测量模型上所受的气动力的天平称作应变天平。应变天平将力学量转换为电信号，使用了电测方法，具有响应快、测量速度快、可远距离遥测、体积小、维护方便、精度高、稳定性好等优点。目前，应变天平不仅在高速风洞中获得了广泛应用，而且在低速风洞中也被广泛应用，尤其在某些特种试验中机械天平已完全不能胜任[16]。

4.3.1 应变天平的原理

应变天平由弹性元件、应变计与测量电路（测量电桥）组成。风洞测力试验时，天平承受作用在模型上的气动力载荷，并且把它传递到支撑系统上。弹性元件在气动力载荷作用下发生变形，其应变与外力大小成正比。粘贴在弹性元件表面的应变计也同时产生变形，电阻值发生变化。这个电阻变化由应变计组成的电桥测量电路转换成电压变化，该电压变化值与应变天平所受到的气动力载荷值成正比。将电压信号通过 AD 转换后，输入到计算机上进行处理，即可得到作用在模型上的力和力矩。应变天平测力过程示意图如图 4.3 所示。

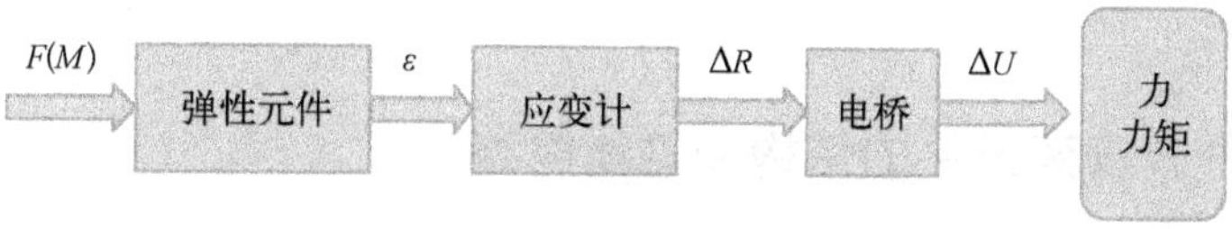

图 4.3　应变天平测力原理和过程

应变天平通过不同结构形式的测量元件，力求使它们在气动力载荷的作用下，只对各自欲测量分量的载荷敏感，产生相对明显的变形，而对其他分量的载荷不敏感，实现在结构上对力与力矩的机械分解或部分机械分解。另外，再通过应变计的粘贴位置与全桥测量电路的设置，使其他分量的载荷所产生的应变不改变特定电桥的平衡状态，实现力与力矩的电气分解。

通常，应变天平按结构形式进行分类，主要分为杆式应变天平（简称杆式天平）与盒式应变天平（简称盒式天平）两大类。

杆式天平是最常用的应变天平结构形式。杆式天平的整体外形一般为圆柱形，也有方柱形。杆式天平一端与模型连接，称为模型端；另一端与支杆连接，称为支杆端。在两端之间设置不同结构形式的测量元件，用于测量不同分量的载荷，如图 4.4 和图 4.5 所示。本书将主要介绍杆式天平相关内容。

盒式天平又称盒式浮框天平。盒式天平本体由浮动框与固定框两部分组成。浮动框与模型连接，固定框与支撑机构连接，两个框体之间用多个弹性连杆连接，如图 4.6 所示。

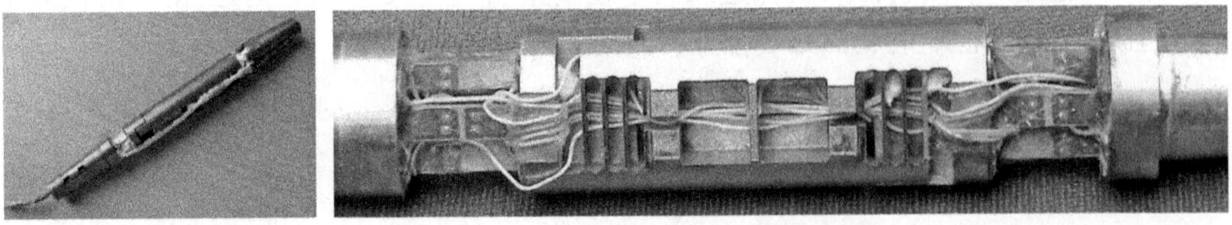

图 4.4　杆式应变天平实物照片

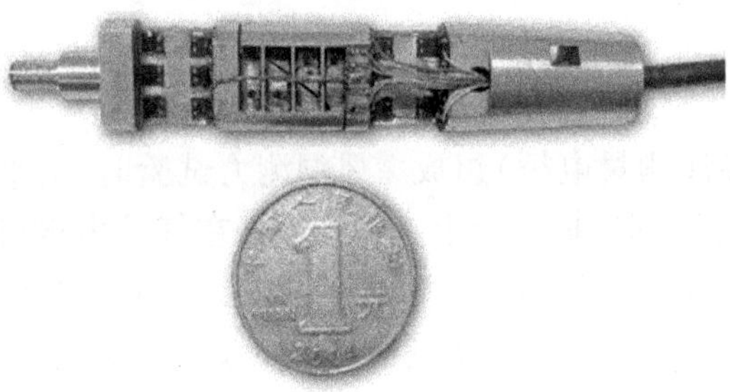

图 4.5　小型杆式应变天平

图 4.6　盒式应变天平实物照片

盒式天平刚度大,而且力与力矩的机械分解较彻底,因而干扰量小。但是,盒式天平体积较大。

4.3.2　杆式应变天平的结构和测量电路

应变天平主要通过弹性应变梁表面的应变来确定空气动力分量,结构包括弹性元件、电阻应变计、测量电路等几部分。

1. 电阻应变计和测量电桥

电阻应变计有金属应变计和半导体应变计两类,金属应变计又分为丝式、箔式和膜(片)式三种。应变天平通常采用丝式金属应变计,其由敏感栅、引线、基底、黏合剂和盖片等组成,如图 4.7 所示。实验表明,由金属丝绕成的电阻应变计的相对电阻变化 $\Delta R/R$ 与应变 ε 之间在很大范围内有较好的线性关系,即

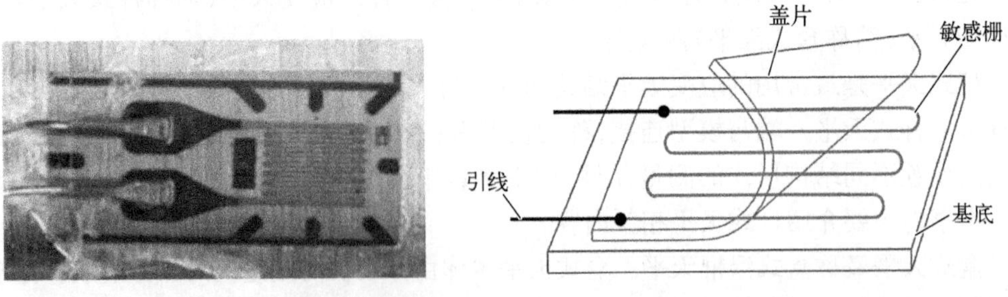

图 4.7　丝式金属应变计照片(左图)和结构示意图(右图)

$$\frac{\Delta R}{R} = K\varepsilon \tag{4.1}$$

式中,比例系数 K 称为电阻应变计的灵敏系数。

测量电路的作用是将应变计的微小电阻变化转换为电压变化。现以图 4.8 所示的电桥电路为例介绍测量电路的工作原理。电桥的四个桥臂上分别有电阻值为 R_1、R_2、R_3 和 R_4 的四个电阻,其中一个或几个都可以是电阻应变计。在电桥的对角接上供桥电压 U_0,则在电桥的另一对角之间会有输出电压 V。那么输出电压与电阻和供桥电压之间的关系为

$$V = \frac{R_1 R_3 - R_2 R_4}{(R_1 + R_2)(R_3 + R_4)} U_0 \tag{4.2}$$

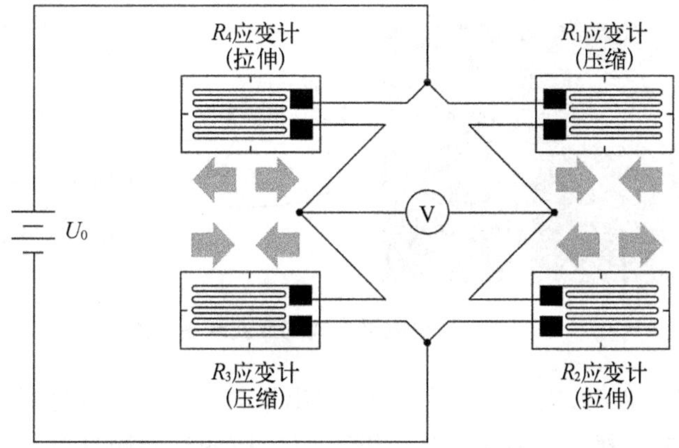

图 4.8 电桥测量电路

如果接入电桥的四个桥臂电阻都是应变计,并都具有相同的灵敏系数 K 值,将式(4.1)代入式(4.2)并忽略高阶项可得

$$V = \frac{1}{4} U_0 K(\varepsilon_1 - \varepsilon_2 + \varepsilon_3 - \varepsilon_4) \tag{4.3}$$

由此可知,提高电桥输出电压的措施之一是增加 U_0 值。但 U_0 值不能太大,太大了使电流过大,会产生热效应甚至烧坏应变计,一般 U_0 取为 5~6 V。另一措施是在电桥四桥臂上同时接入工作应变计,使电桥一组对边上的两应变计同时受拉,另一组对边上的两应变计同时受压,如图 4.8 所示,此为全桥接线法,这也是应变天平最常用的电桥接法。在应变天平的实际应用中,应变计一般都经过严格挑选,使同一电桥中各应变计具有相同的灵敏系数和初始电阻值,而且在确定粘贴应变计的位置时,都使应变计不论是受拉还是受压,其应变的绝对值尽量相同。

在应变天平测量电路的设计中,常利用电桥的对消原理,以减少各种干扰力引起的不必要的电压输出。由式(4.3)可知,干扰力产生的应变在全桥接线法中相互对消而不产生输出电压的条件是

$$\varepsilon_1 - \varepsilon_2 + \varepsilon_3 - \varepsilon_4 = 0 \tag{4.4}$$

那么在天平设计、应变计粘贴和组桥时就应当考虑，在干扰力作用时，电桥的输出为 0。

2. 天平力的解耦和组桥

设天平校准时力和力矩的加载参考点（天平校准中心）、模型上的飞机质心对应点，均位于 O 点，如图 4.9 所示。不计天平受载后的弹性变形，那么，作用于模型上的空气动力可按机体坐标轴系分解为各力和力矩分量。由于力本身具有三个要素，即大小、方向和作用点。对于天平测量气动力，需设定力的作用点在天平中心，其输出信号均是相对于天平中心。在校准的时候，加载的已知力和力矩均也是相对于天平中心，进而构建输出信号和力的定量关系。

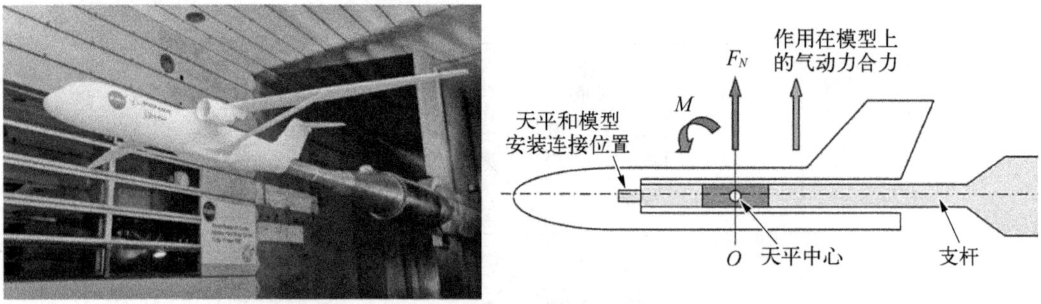

图 4.9　采用尾撑方式的应变天平测力

设计天平测量元件时，应使其反应灵敏，输出量与所测的分量之间具有良好的线性关系，不受其他分量的干扰。要做到这些，弹性元件、应变计和测量电路等都应满足一定的要求。如图 4.10 为典型杆式应变天平结构示意图。

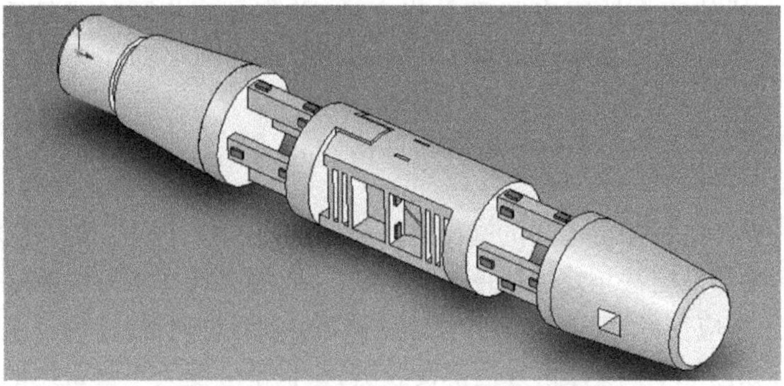

图 4.10　某型杆式应变天平结构示意图

(1) 弹性元件的材料一般为钢材，应变梁的应力承受范围应不超过材料的比例极限。通过局部的弱化和强化，使天平弹性元件各测量单元对所要测量的力的分量敏感，在有力作用时能够发生相对明显的应变。应变天平材料一般选用具有高强度的低碳合金钢，主要有优质铬锰硅合金钢、沉淀硬化不锈钢与马氏体时效钢等。

(2) 电阻应变计本身的性能应符合要求,各应变计应当经过严格筛选,同时要求电阻应变计应粘贴于应变梁表面上最大应变处。

(3) 由于六分量天平结构的复杂性,通过结构分解加上机械加工误差等,并不能保证天平各分量间完全解耦,必须设计合理的应变计组桥。各分量测量电路应对所测分量有最大的输出电压。而对其他分量(干扰分量),输出电压很小。

现以图4.11所示的应变天平 M_z 分量测量为例,介绍电桥组桥基本原理。在俯仰力矩 M_z 作用下,弹性梁产生单弯曲变形,应变计粘贴位置选在测量元件内侧,并组成俯仰力矩 M_z 测量电桥(图4.11右图),由应变计 R_{13}、R_{14}、R_{15}、R_{16} 构成全桥电路。当受到图示的力矩时,应变计阻值变化及输出信号见表4.1。在理想情况下,仅有 M_z 对应的电桥有输出信号,从而实现了天平 M_z 分量的消扰。

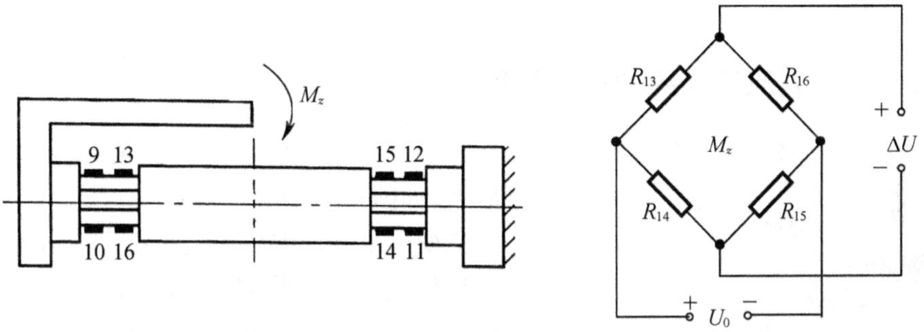

图4.11 M_z 力矩分量测量示意图

表4.1 俯仰力矩测量电桥各应变计阻值变化及输出信号

载 荷	桥臂电阻变化				电压变化 ΔU
	ΔR_{13}	ΔR_{14}	ΔR_{15}	ΔR_{16}	
M_z	−	+	−	+	$U_0 \cdot \Delta R/R$
Y_t	+	+	−	−	0
Z_t	0	0	0	0	0
M_y	0	0	0	0	0
M_x	0	0	0	0	0
X_t	0	0	0	0	0

法向力 Y_t 测量元件与 M_z 采用同一片应变梁,但是选择了不同的应变计组合,应变计粘贴位置选在测量元件外侧并组成法向力 Y_t 测量电桥,对应的应变计 R_9、R_{10}、R_{11}、R_{12} 组成图4.12所示电桥。受法向力 Y_t 作用时,天平产生S形变形,如图4.13所示,采用类似表4.1的分析方法可以发现,在除 Y_t 之外的载荷作用下,理想情况下,电桥输出信号均为0。

在将天平沿轴线旋转90°后,结合图4.10和图4.11,可以进行偏航力矩 M_y 和横向力 Z_t 的分析,同理可选择合适的应变计组成全桥电路,实现对这两个载荷的解耦和测量。

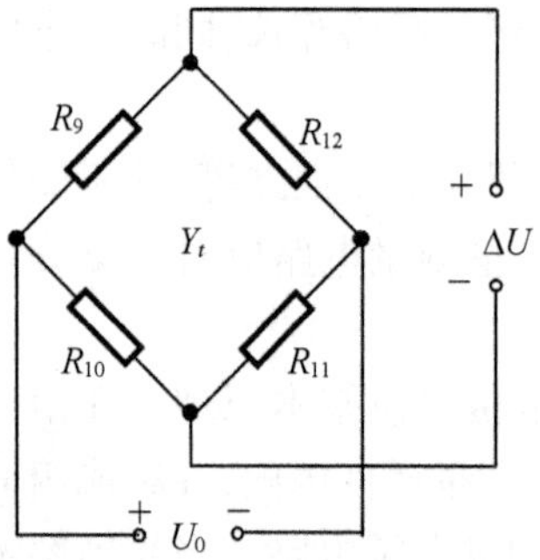

图 4.12　法向力 Y_t 测量电桥

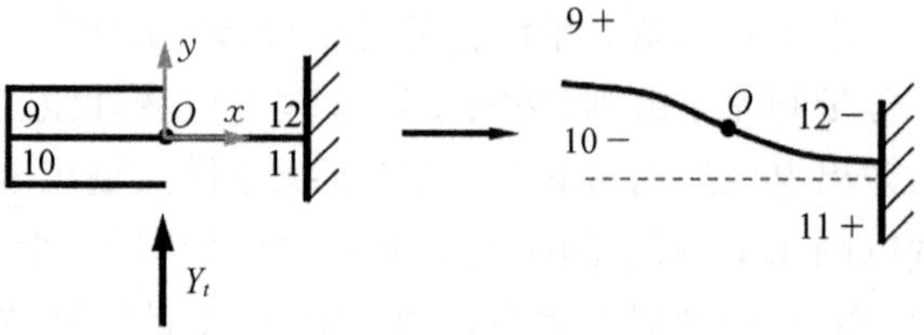

图 4.13　法向力 Y_b 作用下天平的变形情况和应变计电阻变化

轴向力 X_t 和滚转力矩 M_x 测量单元在本书中不再详细介绍，可参考贺德馨编著的《风洞天平》一书。

4.3.3　杆式应变天平的安装使用

风洞试验时，模型受到的气动力载荷通过天平与支杆传递到支架（角度机构）与地面基座上，如图 4.14 所示。

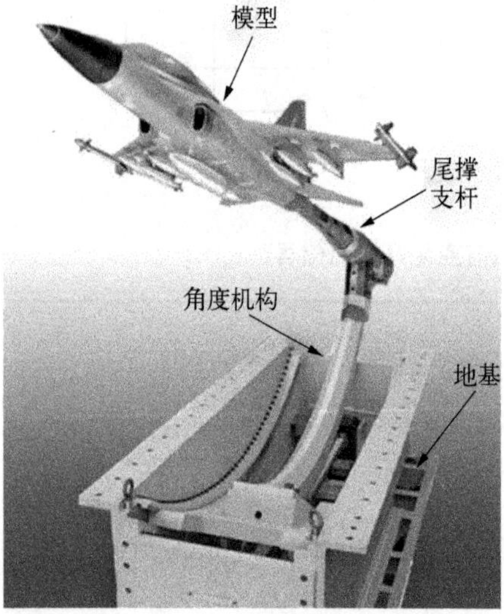

图 4.14　测力试验示意图

应变天平一端与模型连接，另一端与支杆连接。对杆式应变天平，模型与天平、天平与支杆之间通常采用锥面连接形式，以保证同轴性和安装便捷性。模型锥面的锥度及尺寸取决于使用天平的接头的锥度及尺寸（图 4.15）。

天平与模型、天平与支杆之间的连接将直接影响试验模型的姿态和气动力载荷的准确测量，对连接有如下要求：

（1）要准确定位，保证基准的一致性，即天平校准轴系与模型体轴系重合，如果因设计、加工等原因无法重合，必须进行模型修改或者相应数据修正；

（2）牢固可靠，在气动力载荷作用下不出现松动；

（3）安装、调整、定位与拆卸要方便，安装与拆卸时，要避免天平承受超出设计量程范围的载荷，保护天平不受损坏。

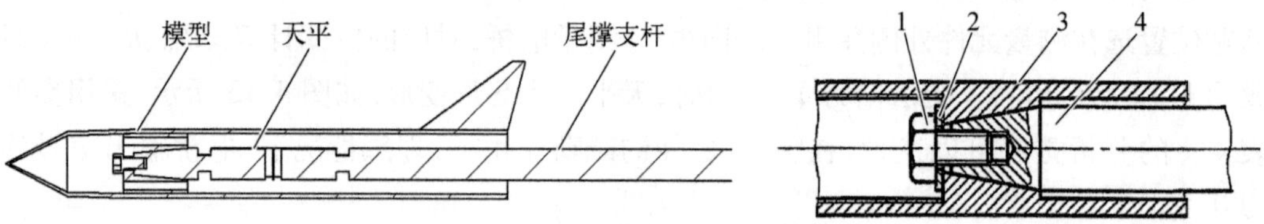

图 4.15　天平与模型的连接方式

1—螺钉；2—垫圈；3—模型；4—天平

4.4 天平校准

风洞天平对作用在飞行器模型上的空气动力载荷测量的准确度和可靠性不仅取决于它本身的性能,而且取决于对其校准的准确度和可靠性。计量技术和计量监督对确保风洞天平校准过程的量值传递准确可靠和校准结果的准确可靠至关重要。天平在完成设计、加工、应变计的粘贴和测量线路的连接等工作后,作为一种测力传感器,必须进行校准。天平校准就是模拟天平的实际工作状态(包括受载情况和工作环境)对天平进行标定,检查天平的质量,获取天平的校准公式,为天平的使用提供必要的技术数据。风洞天平校准包括静态校准(简称静校)与动态校准(简称动校)两部分,静校是在天平校准设备上进行,动校是在风洞中进行,本书主要介绍静校相关内容。

4.4.1 天平静校

静校是应变天平研制过程中的一个重要环节,是在天平校准设备上按已知的坐标轴系模拟天平在风洞试验时的受力状态,对天平精确地施加静态载荷,求得天平各分量的输出信号与校准载荷的关系,即天平校准公式。以便在风洞试验中,根据天平各分量的信号,求得作用在模型上的气动力载荷。另外,计算天平静校精度、准度与不确定度,给出天平弹性角修正公式,也是天平静校时的工作内容。

风洞天平静校设备由加载系统、调整系统、测量系统与控制系统等部分组成。加载系统包括校准台架、加载构件、传力件与力源等,用于将已知大小的力和力矩按照一定的坐标轴系加载到天平上。调整系统是在体轴系校准设备中用于调整天平加载状态的机构,使对天平施加载荷的方向始终与天平体轴系一致。如图 4.16 所示为应变天平加载系统示意图,不同的砝码托盘组合、加载位置可以施加不同的载荷,参考表 4.2。测量系统是用于天平校准时测量并记录天平的输出信号。

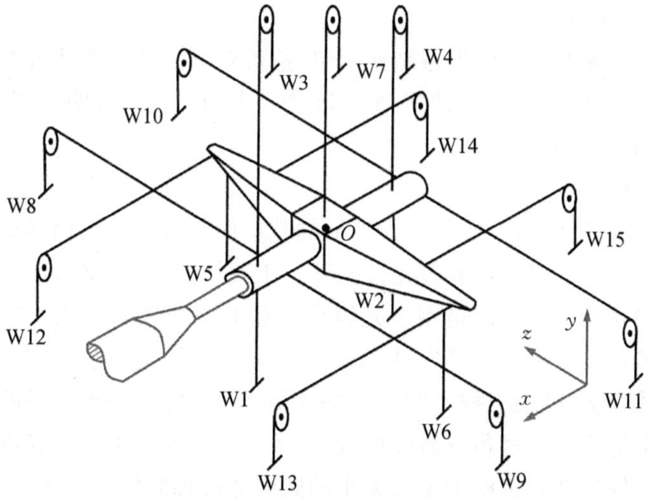

图 4.16 应变天平校准设备加载系统

表 4.2 天平校准施加载荷对应的分量

载　荷	对应砝码托盘	载　荷	对应砝码托盘
X_t	W12～W15	M_x	W5，W6
Y_t	W1～W7	M_y	W8～W15
Z_t	W8～W11	M_z	W1～W4

加载架上的 O 点，是天平静校时力和力矩加载的参考点，即天平的力和力矩参考点，称为天平校准中心。安装加载构件时，通常使天平校准中心与天平设计中心相重合。天平设计中心，是天平设计时所确定的力和力矩参考点。对于杆式应变天平来说，加载构件是筒状的钢架，安装时通常也使天平校准中心与天平设计中心相重合。

对于一台新设计或重新粘贴应变计的天平来说，通过静校，还可检定天平的设计与加工质量，调整天平的校准中心，确定补偿电路等。

1. 地轴系校准与体轴系校准

风洞天平校准设备按加载坐标轴系的不同，可分为体轴系校准设备与地轴系校准设备。施加载荷的方向与地轴系一致的风洞天平校准设备称为地轴系天平校准设备，施加载荷的方向始终与天平体轴系一致的天平校准设备称为体轴系天平校准设备。

地轴校：天平固定在校正设备上，天平不受载时，天平的轴系和基座轴系重合，故称之地轴系。校正时，按此轴系进行加载，故称之为地轴校。模型固定在天平上，天平不受载时，模型体轴系与地轴系重合。天平受载变形，模型体轴系与地轴系不重合。而风洞试验中，模型受力是按体轴系进行分解的，所以，校准状态与真实试验情况有差别，这种差别虽经由弹性角引入的轴系转换进行修正，但还是存在一定误差。

体轴校：按模型体轴系进行加载的天平静校方法称之体轴校。显然，天平受载变形，模型也随之发生姿态变化或变形，加载轴系与模型体轴系分开。要使加载系统仍维持体轴加载，只有调整加载系统或者模型姿态。进行二者的调整是相当繁琐的，工作量大、设备复杂、周期长，所以，必须考虑自动化。

从总体看，地轴系天平校准设备结构简单、造价较低。补偿型体轴系天平校准设备结构复杂、造价高，但用它校准天平时，天平校准公式中的干扰项数明显减少，干扰量也明显降低，因此，校准精度与准度更高。

2. 单元校和多元校

天平校准公式是用来描述作用在天平上的载荷值与天平输出信号值之间的关系。确定校准公式的方法，分为单元校和多元校两种。单元校，是对天平各分量单独加载和各分量两两组合加载的静校；多元校是用多元组合加载的方法来确定天平的校准公式。与单元校方法相比，多元校方法能更真实地模拟天平的工作状态。多元校常用正交多元加载方法，按正交设计方法开展，根据不同因素与不同水平的正交表可设计不同的加载方法。但是，要求校准设备能同时对各分量施加载荷，才能实现真正的多元校准。

在气动力天平静校中，将已知重力大小的砝码通过加载构件施加到天平，测出天平各分量相应的输出信号。对于 6 分量天平，空气动力(矩)第 i 分量为 F_i ($i=1, 2, \cdots, 6$),

相应天平各分量的读数(输出量)为 N_j ($j=1, 2, \cdots, 6$)。通过静校,可得关系式:

$$F_i = f_i(N_j) \quad i, j = 1, 2, \cdots, 6 \tag{4.5}$$

式(4.5)称为天平的校准公式。天平静校的最主要目的就是确定各个分量对应的函数 f_i。天平校准公式有显式与隐式两种,显式方程右端仅有各分量的输出量 N_j,隐式则包括未知的力,需对方程进行迭代求解。这里仅列出隐式形式的校准公式。

只考虑线性项的干扰时,校准公式为

$$X = [U_X \quad Y \quad Z \quad M_x \quad M_y \quad M_z]_{1\times 6} \begin{bmatrix} k_1 \\ k_2 \\ k_3 \\ \vdots \end{bmatrix}_{6\times 1} \tag{4.6}$$

$$Y = [U_Y \quad X \quad Z \quad M_x \quad M_y \quad M_z]_{1\times 6} \begin{bmatrix} m_1 \\ m_2 \\ m_3 \\ \vdots \end{bmatrix}_{6\times 1} \tag{4.7}$$

$$\cdots$$

式(4.6)和式(4.7)中,U_X 和 U_Y 分别为轴向力和法向力分量通道的输出信号,k_1 和 m_1 称为天平轴向力和法向力分量的主校准系数;$k_2 \sim k_6$ 和 $m_2 \sim m_6$ 称为干扰系数。

考虑二阶项及二阶交叉项干扰时,天平校准公式为

$$X = [U_X \quad Y \quad Z \quad M_x \quad M_y \quad M_z \quad X^2 \quad Y^2 \quad \cdots \quad M_xM_y \quad \cdots]_{1\times 27} \begin{bmatrix} j_1 \\ j_2 \\ j_3 \\ \vdots \end{bmatrix}_{27\times 1} \tag{4.8}$$

$$Y = [U_Y \quad X \quad Z \quad M_x \quad M_y \quad M_z \quad X^2 \quad Y^2 \quad \cdots \quad M_xM_y \quad \cdots]_{1\times 27} \begin{bmatrix} n_1 \\ n_2 \\ n_3 \\ \vdots \end{bmatrix}_{27\times 1} \tag{4.9}$$

$$\cdots$$

对于六分量天平,如果所有的校准系数都不可忽略,平方干扰系数和交叉干扰系数有126个,线性干扰系数有30个,主系数6个,共计162个校准系数。在实践中,力求使大多数干扰系数小得可以忽略不计。

按GJB 2244—94《风洞应变天平规范》的规定,天平静校精度与准度有合格指标与先进指标之分,合格指标是天平必须达到的指标,参见表4.3。

表 4.3　风洞天平静态校准指标

分　量	精　度(%)				准　度(%)	
	单分量加载		综合加载		合格指标	先进指标
	合格指标	先进指标	合格指标	先进指标		
Y_t	0.1	0.03	0.2	0.06	0.4	0.1
M_z	0.1	0.03	0.2	0.06	0.4	0.1
Z_t	0.1	0.03	0.2	0.06	0.4	0.1
M_y	0.1	0.03	0.2	0.06	0.4	0.1
X_t	0.1	0.03	0.2	0.06	0.4	0.1
M_x	0.2	0.05	0.3	0.1	0.5	0.2

4.4.2　天平动校

天平动校,是指将已知空气动力性能的校准模型(标准模型)安装在静校合格的天平上进行吹风实验的全部工作。目的在于检验天平的结构强度和温度效应,通过测量该模型的空气动力参数,确定精度,并通过与该模型的已知空气动力特性作比较,考察天平所测数据的合理性,对实验的准度做出评价。动校主要内容有:

(1) 冲击试验,选定冲击载荷较大的马赫数,进行风洞启动、关车以检查在此情况下天平的抖动情况,机械连结是否牢靠,应变计粘贴质量,测量电路信号输出稳定与否等;

(2) 温度效应试验,在固定马赫数流场稳定情况下,每隔 10 s 记录一次,一般记 13 次,然后关车,要求实验数据都接近,启动、关车零点相差不大,否则,需作温度修正或补偿;

(3) 测力重复性试验。

4.5　坐标轴系转换与数据处理

在飞机空气动力学和飞行力学中,如升力 Y、阻力 X 和侧力 Z 是对气流坐标轴系定义的,滚转力矩 M_x、偏航力矩 M_y 和俯仰力矩 M_z 是对机体坐标轴系定义的。由于历史原因,无论在国内还是国际上,目前都流行着两套坐标系规定方法。第一套坐标系是美、英等国采用的规定(美式坐标系),我国国家标准 GB/T 166384—2008 也采用此规定。第二套坐标系是苏联采用的坐标系(俄式坐标系)。俄式坐标系相应的气动力、力矩的符号较为直观,本书即采用此坐标系。表 4.4 列出了俄式、美式两套坐标系中气动力、力矩及其系数的符号。式(4.10)给出了系数的计算方法。

$$\begin{bmatrix} C_{xt} \\ C_{yt} \\ C_{zt} \\ m_x \\ m_y \\ m_z \end{bmatrix}_R = \begin{bmatrix} X_t/(q \cdot S) \\ Y_t/(q \cdot S) \\ Z_t/(q \cdot S) \\ M_x/(q \cdot S \cdot l_1) \\ M_y/(q \cdot S \cdot l_2) \\ M_z/(q \cdot S \cdot l_3) \end{bmatrix}_R \tag{4.10}$$

式中，q 为动压；S 为气动系数参考面积；l_1 为滚转力矩参考长度；l_2 为偏航力矩参考长度；l_3 为俯仰力矩参考长度。

表 4.4 两套坐标系中的气动力、力矩及其系数的符号

坐标系	气动力、力矩	气动力、力矩符号		对应气动系数的符号	
		美 式	俄 式	美 式	俄 式
风轴系	阻力	D	X	C_D	C_x
	升力	L	Y	C_L	C_y
	侧力	C	Z	C_C	C_z
体轴系	轴向力	A	X_t	C_A	C_{xt}
	法向力	N	Y_t	C_N	C_{yt}
	横向力	Y	Z_t	C_Y	C_{zt}
	滚转力矩	L_b	M_x	C_{Lb}	m_x
	偏航力矩	N_b	M_y	C_{Nb}	m_y
	俯仰力矩	M_b	M_z	C_{Mb}	m_z

（1）气流坐标系（air-path axis system）和机体坐标系（body axis system）。

气流坐标系坐标原点 O 位于飞行器质心；Ox_a 轴沿飞行器飞行速度矢量 V_∞ 方向（即风洞试验段自由流速度矢量的负矢量）；Oy_a 轴垂直于 Ox_a 轴，在飞行器纵向对称平面内指向上方；Oz_a 轴及其指向由右手规则确定。气流坐标系简称为风轴系，符号为 $Ox_ay_az_a$，简写为 S_a。

机体坐标系坐标原点 O 位于飞行器质心；Ox_b 轴平行于飞行器轴线或弹（机）翼弦线，指向前方；Oy_b 轴垂直于 Ox_b 轴，在飞行器纵向对称平面内指向上方；Oz_b 轴及其指向由右手规则确定。机体坐标系简称为体轴系，符号为 $Ox_by_bz_b$，简写为 S_b。图 4.17 给出了风轴系和体轴系示意图。

（2）攻角（angle of attack）和侧滑角（angle of sideslip）。

如图 4.17 所示，Ox_i 轴为 Ox_a 轴在 Ox_by_b 平面的投影，Ox_i 轴与 Ox_bz_b 平面的夹角为攻角 α。Ox_i 正半轴在 Ox_bz_b 平面之下，α 为正。

Ox_a 轴与 Ox_by_b 平面的夹角定义为侧滑角 β。当 Ox_a 正半轴在 Ox_by_b 平面之右，β 为正。

如果不计其他因素，由机械天平测得的分量是按气流坐标轴系测量的。尾撑式应变天平是按机体坐标轴系测量各分量的。因此，需要考虑坐标轴系转换问题。为了使阻力不带负号，定义阻力 X 沿 Ox_a 轴的相反方向为正；在体轴系中，轴向力 X_t 沿 Ox_b 轴相反方向为正。式（4.11）给出了将天平测得的体轴系气动力转换为风轴系气动力的计算方法。

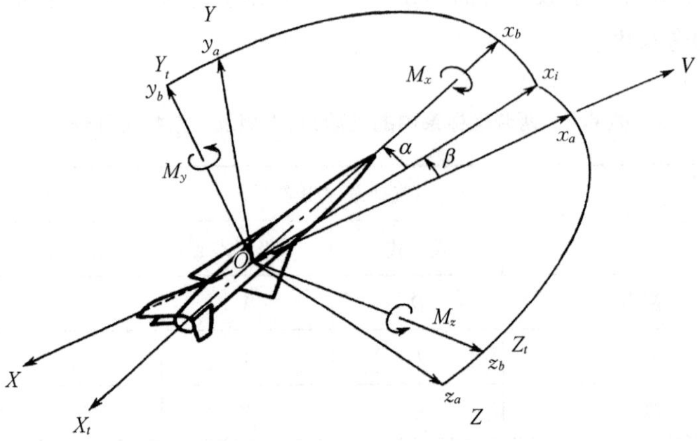

图 4.17　风轴系和体轴系

$$\left.\begin{aligned} X &= X_t\cos\alpha\cos\beta + Y_t\sin\alpha\cos\beta - Z_t\sin\beta \\ Y &= -X_t\sin\alpha + Y_t\cos\alpha \\ Z &= X_t\cos\alpha\sin\beta + Y_t\sin\alpha\sin\beta + Z_t\cos\beta \end{aligned}\right\} \tag{4.11}$$

通常在实验前已规定了模型实验结果中的空气动力(矩)各分量的分解点,称为模型的力和力矩参考点。模型的力和力矩参考点,许多情况下都规定为飞机质心对应点,有些情况下规定为其他的某一点。天平给出的力和力矩的参考点是天平校准中心。天平校准中心与模型的力和力矩参考点之间不相重合的情况,本章不涉及。此外,本章中为讲述天平原理方便,对于实际上可能存在的气流偏角、模型安装角和杆式天平的弹性变形角等均未考虑。

思　考　题

1. 如图所示,1、2、3、4 分别代表 4 个完全相同的应变计粘贴在应变梁的四个位置上,由这四个应变计所组成的电桥的输出电压表达式为 $U=\frac{1}{4}U_0K(\varepsilon_1-\varepsilon_2+\varepsilon_3-\varepsilon_4)$,其中 K 为灵敏系数,试判断此时应变天平所测量的是 F_x、F_y、M_z 中的哪一个量,并给出理由(分析应变计的受力情况)。

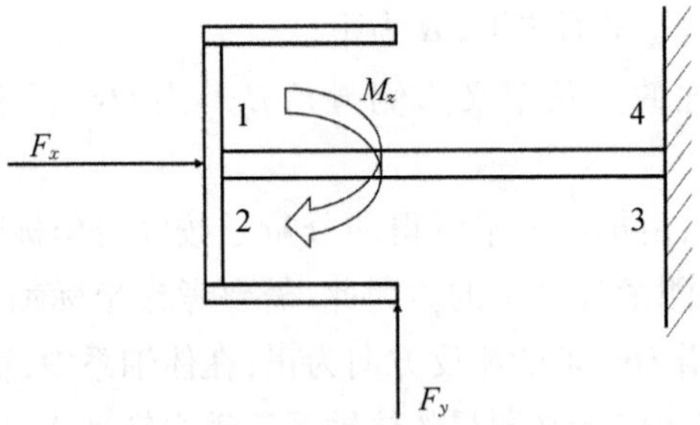

2. 试述下列各术语的涵义，比较其异同：(1)飞机质心；(2)模型质心；(3)模型的力和力矩参考点；(4)天平设计中心；(5)天平校准中心。
3. 在模型设计和风洞实验时，通常要求模型的力和力矩参考点与天平校准中心尽量重合，这有什么好处？
4. 产生天平干扰的原因有哪些？用什么办法减小天平的干扰？
5. 气动力天平为什么要进行校准？校准有哪些具体内容？

第 5 章
流动参数测量

学习要点：

（1）空间点、壁面的静压测量方法，空间点总压测量，超声速流动总压测量；

（2）温度的感受，复温系数，基于热电阻和热电偶的温度测量方法；

（3）温敏漆技术，红外测温技术；

（4）流量测量方法，典型流量传感器原理和结构。

除了少数定性观察流动现象的实验外，在大多数空气动力学实验研究中，都要依靠各种测量方法和仪器来获取流场特定的参数（如压强、流速、温度、马赫数、流向、紊流度等），进而认知流动、发现其中的规律。此外，为了减小和消除系统误差，须使流场品质满足规定的标准。为此在进行空气动力实验之前，需要测量空风洞（无模型）试验段中气流参数的空间分布。通过对风洞气流参数的测量，可以定量地了解风洞中各处的气流品质。本章阐述主要气流参数的测量原理和测量方法。

5.1 压力测量

单位面积上所受到的垂直作用力为压强，压强是描述流体状态及其运动的主要参数之一，流体力学中一般不区分压力和压强概念，本书也不作区分。压力可以用不同的基准来表示和计量，如以绝对真空为基准计量的压力称为绝对压力，是流体的真实压力；以大气压为基准计量的压力称为表压或真空度。在国际单位制中，压力的单位是 N/m^2，称为帕斯卡，以 Pa 表示，还常用 MPa 为单位（10^6 Pa），还会使用标准大气压（atm），液柱高度如米水柱（mH_2O）和毫米汞柱（mmHg）等来计量。

测量飞行器模型表面压力分布的试验通常称为测压试验，其目的是测量飞行器各部件（如机翼、机身、操纵面等）表面的压力分布，为飞行器及各部件结构强度的计算提供气动载荷分布的原始数据，同时为研究飞行器及各部件的性能以及研究模型的绕流特性提供试验依据。通过压力的测量，可以得到流动的速度、流量、流动方向等许多力学量。还可以确定机翼上最小压力点位置、激波位置，以及作用在模型上的升力、压差阻力和压力中心的位置等。

压力测量一般指的是总压测量和静压测量。静压是流体在流动过程中作用在流管壁上的压力,或者与流体以同样速度移动的物体所感受到的压力。总压是指流体等熵滞止后的压力值。在流体力学中给出了沿流线上压力与当地马赫数的关系,即式(5.1),这也是广义的伯努利方程。

$$\frac{p_\infty}{p_0}=\left(1+\frac{\gamma-1}{2}Ma^2\right)^{-\frac{\gamma}{\gamma-1}} \tag{5.1}$$

式中,p_∞ 为气流静压;p_0 为气流总压。

当马赫数小于 0.4 时,该式可以变换为总压等于静压和动压之和,即

$$p_0=p_\infty+\frac{1}{2}\rho V_\infty^2 \tag{5.2}$$

式中,V_∞ 为来流速度。

模型表面压力分布通常以无量纲的压力系数 C_p 来表示:

$$C_p=\frac{p_i-p_\infty}{\frac{1}{2}\rho V_\infty^2} \tag{5.3}$$

式中,p_i 表示模型表面 i 测点的静压。

压力测试的基本过程为某一测点的压力通过传压通道进行传递,作用在感压元件上,产生相应的物理或者化学变化,通过测压仪器获得具体的压力值。

5.1.1　静压测量

严格地讲,静压测量应该使探头与流体一同运动,然而这是很难实现的。理论和实践都表明,在气流管道壁面或者模型表面,沿当地法线方向开小孔就能感受到该位置的静压,进而用导管将孔与压力计相连来测量静压,如图 5.1 所示。当压力平衡后,导管内的流体是静止的,流体越过小孔时流线基本上不受干扰,因此由小孔导出的压力就是物体表面上该点的压力。实际测量时,要注意所采取的测量手段,尽可能地减小对当地流线所产生的影响。一般情况下,只要测压孔满足以下几个条件,即可获得准确度较高的静压:

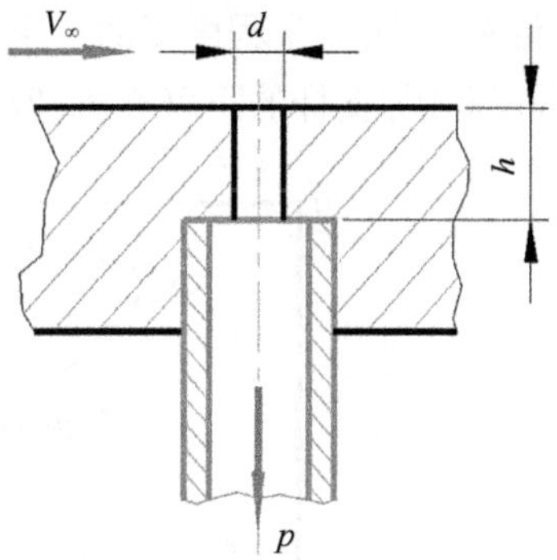

图 5.1　静压孔示意图

(1) 孔直径 d: 0.5~2 mm, $h/d>2$;

(2) 孔轴线与壁面垂直,孔口无毛刺或倒角,内壁光滑;

(3) 孔附近物面光滑,无凹坑、凸起或台阶;

(4) 沿流动方向压力梯度不大。

最理想的办法是将压力传感器直接安装在物体表面,使传感器感压端面与模型表面平齐。但压力传感器的直径多数在三毫米以上且价格较昂贵,所以一般仍然采用导气管引出压力。在动态压力测量的情况下,为提高压力测量响应速度,则多使用小型脉动压力传感器,传感器端面与模型表面平齐安装。

压力分布测量可采用全模、半模或部件模型。测压孔处的压力由测压导管连接到风洞外的压力传感器或压力扫描阀进行测量。若模型或支架有足够的空间,最好将测压仪器安装在模型或支架内,测压导管尽可能缩短,从而可缩短压力达到平衡的时间。

测压孔在模型表面一般采用非均匀分布,在压力变化剧烈的区域(如翼剖面前缘)测压孔应布置得密一些,在压力变化平缓的区域(如外形变化不大的机身表面)测压孔布置可稀疏一些。为了增加模型表面测压点数目,提高实验的 *Re* 数,可采用半模型。半模型可直接固定在风洞洞壁上,测压管很容易通到试验段外面与压力传感器相连接。

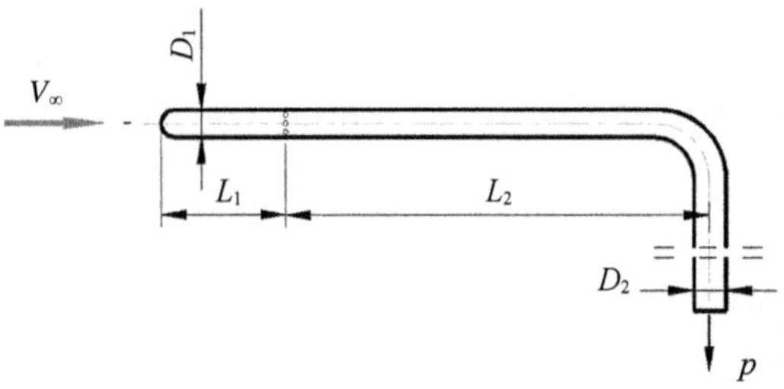

图 5.2 低速静压管

当需要测量空间中某一点的静压时,可以在该点沿着流动方向安装图 5.2 所示的静压管。它是一根头部封闭并呈半球形的管子,在管的头部和后支杆之间的管壁上开有 4~8 个小孔,静压孔直径一般取 0.3~0.5 mm,用以感受气流在该点处的静压,后部的支杆用于安装支撑装置和连接测压导管。由于静压管自身直径较小,静压管的方向不敏感角度在 5°~6°[1],因此存在较小的气流偏角时,测量结果依然可信。

实验证明,在静压孔处的气流静压会受到头部和后支杆的影响。气流流过半球形头部时,流速增加,静压下降,使测量到的静压比气流实际静压要低,产生负误差。后支杆对气流有减速作用,使静压增高,产生正误差。图 5.3 中的两条曲线表明了这两种相反的影响,p_m 表示测量得到的压力值,p 表示压力真值,q 为气流动压。那么选取合适的静压孔位置,就可一定程度抵消这两者的误差。经验表明,静压孔与球头距离 L_1 取 $3D_1 \sim 8D_1$,静压孔与支杆的距离 L_2 取 $8D_2 \sim 20D_2$ 时,准确度较高。

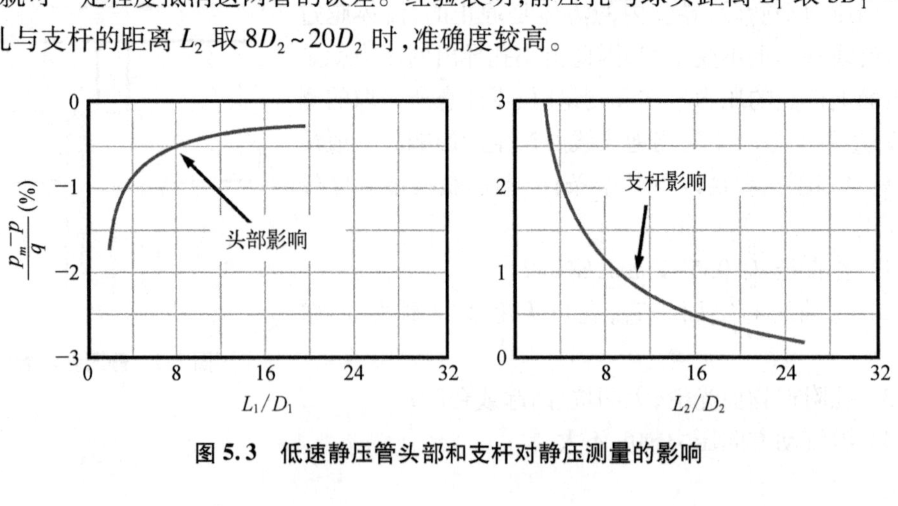

图 5.3 低速静压管头部和支杆对静压测量的影响

低速静压管可用于测量亚声速流，直至 $Ma=0.7$，测值误差变化不大。随着马赫数达到超声速，静压管头部出现局部激波，随后变成脱体激波。在测量跨声速或者超声速流场中，若仍用半球形头部的静压管，则在头部将会出现局部超声速区甚至出现激波，使静压测量受到很大影响。为了减小这一影响，可采用尖锥形头部的静压管，如图 5.4 所示，跨声速静压管要求尖锥顶角不超过 20°，超声速静压管的头部为细长的尖锥形，顶角不超过 10°。

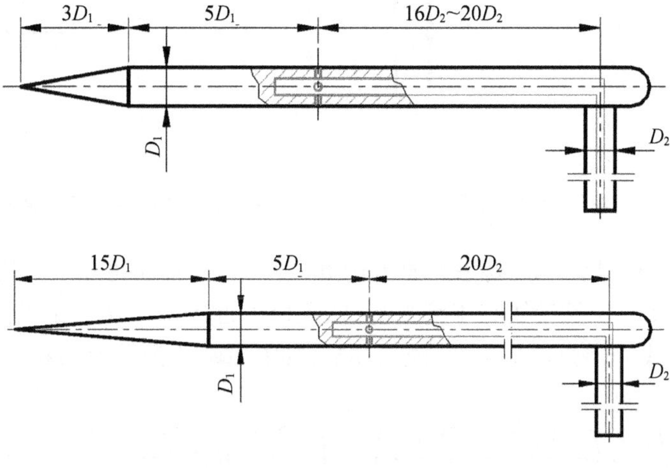

图 5.4　跨声速静压管（上图）和超声速静压管（下图）结构示意图

为了同时测量流场中多点的静压，常把多根静压管安装在同一支架上，形成静压排架，如图 5.5 所示。该装置在风洞流场校测中可实现静压场测量。这时静压管要按照单支静压管的尺寸和形状要求，还要考虑静压管之间的相互影响，以及强度更高的支杆和排管的影响。一般要求排架中两根静压管之间的距离 s 和静压管直径 D 的比值 s/D 要大于 5。

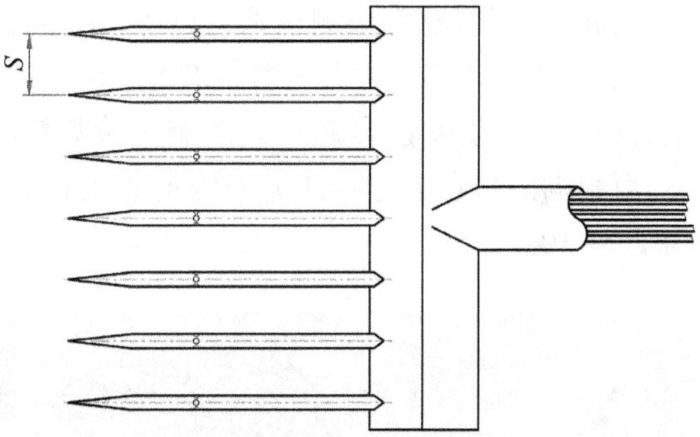

图 5.5　静压测量排架

5.1.2　总压测量

需要测量流场中某一点的总压时，可在该点放置一根总压管，总压管正对着气流方向开口，如图 5.6 所示。低速流动中总压的测量比较方便，开总压孔的管道应与气流平行放置，孔口轴线应对准气流方向，另一端用导管与压力计相连通，这样就可测到孔口处气流的滞止压力，即来流的总压。

目前常见的总压管有平头形和圆头形，平头形总压管可以允许有更大的气流偏角而不产生明显的误差。平头总压管只要轴线和气流流动方向之间的偏角小于 3°，就可保证总压测量精度。增大总压感受孔直径 d 与总压管外径 D 的比值 d/D，或孔口加倒角，可减小气流偏角对总压测量的影响。在测压孔的孔径较大情况下，虽然总压管对气流方向不太敏感，但感受到的就不单是某一点的滞止压力，而是在小孔附近一块区域内的平均压力，这就影响了测量精度。

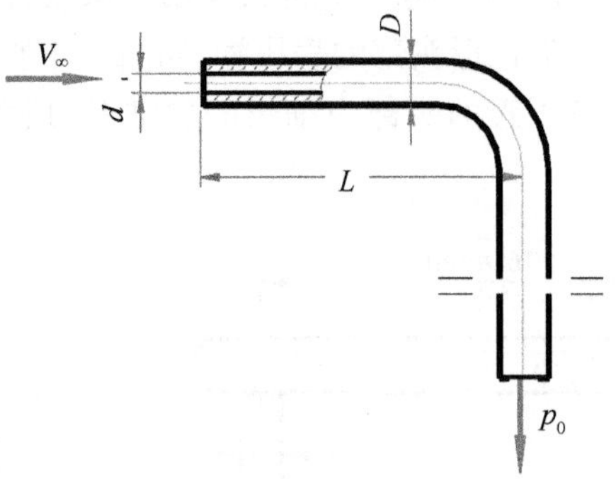

图 5.6　总压管（皮托管）

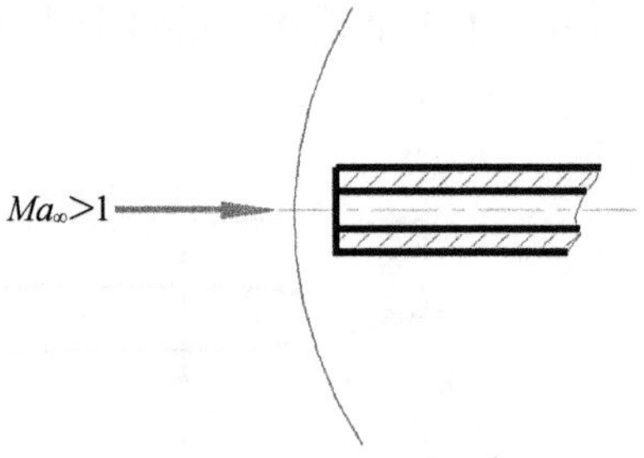

图 5.7　超声速条件下总压管入口激波结构

当总压管应用于超声速、高超声速流场测试时，总压管前将产生一道“弓形”脱体激波（图 5.7）。由于总压管轴线与来流平行，在入口附近区域可认为是正激波，因此，可以应用正激波关系式（5.4）计算得到气流马赫数，其中 Ma_1 为激波前马赫数。

$$\frac{p_{02}}{p_{01}}=\left(\frac{(\gamma+1)\,Ma_1^2}{2+(\gamma-1)\,Ma_1^2}\right)^{\frac{\gamma}{\gamma-1}}\left(\frac{2\gamma}{\gamma+1}Ma_1^2-\frac{\gamma-1}{\gamma+1}\right)^{-\frac{1}{\gamma-1}} \tag{5.4}$$

式中，p_{01} 为风洞稳定段测量到的总压；p_{02} 为正激波后总压，即总压管测量得到的压力。

类似于多点静压测量的静压排架，也可把多根总压管安装在一个支架上，组成总压排架，其常用于超声速、高超声速风洞马赫数校准，如图 5.8 所示。在设计和加工总压排架时，可根据测量点的分布情况来确定总压管的根数和相邻两管之间的距离 s，一般取 s/D 为 1.5～10。

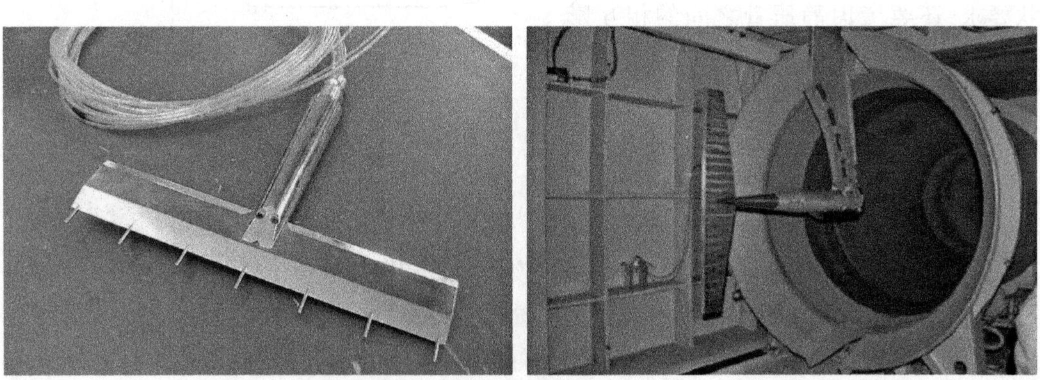

图 5.8　总压排架实物（左图）和总压排架安装在风洞场景（右图）

5.1.3　压力测量仪器

测压探头或者测压孔是感受压力的器件，压力测量仪器是测量压力的装置。压力测量仪表常见的分类方法有以下三种：按照准确度等级分类，按照测量范围分类（如表压小于 10 kPa 为微压），按照压力测量仪表的工作原理等（图 5.9）。

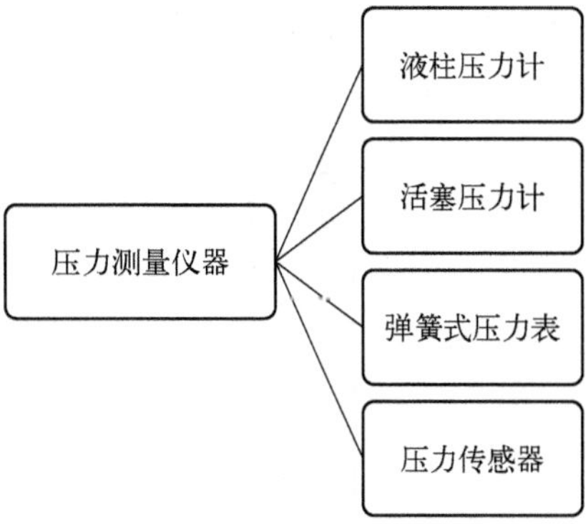

图 5.9　压力测量仪器按照工作原理分类

液柱压力计，又称液体压力计。常见的液柱式压力计是基于流体静力学原理，根据液面的高度变化来指示被测压力值的压力测量仪器。常用的液体压力计有：单管压力计、U 形管压力计、多管压力计、斜管压力计、补偿式微压计等。以 U 形管压力计为例，见图 5.10 左图，在 U 形玻璃管的两端分别接入参考压力 p_1 和被测压力 p_2。当压力 $p_1 \neq p_2$ 时，两侧液面高度不同。液面达到稳定后，根据液面高度差 h 确定被测压力与参考压力之间的差值，即根据式（5.5）确定被测压力 p_2。为了提升测量精度，可以将 U 形管形式适当改变形成斜管压力计，如图 5.10 右图所示，即在压力差一定的情况下，液体柱的长度会增加。如果用一个储液壶连接多根玻璃管，即组成多管压力计，可用来同时测量多个点的压力，如图 5.11 所示。在计算机技术普及之前，各种类型液柱式压力计广泛应用于风洞试验。

$$p_2 - p_1 = \rho g h \tag{5.5}$$

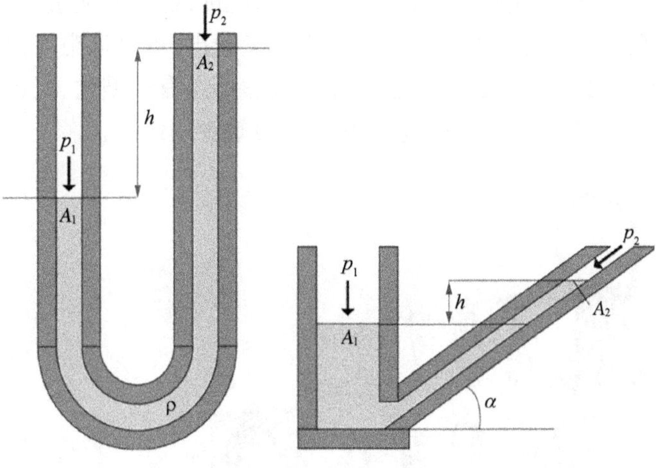

图 5.10　液柱式压力计示意图（左图为 U 形管，右图为斜管压力计）

图 5.11　多管压力计照片

活塞式压力计是基于帕斯卡定律和流体静力学原理，根据专用砝码的重力作用在活塞有效面积上所产生的压力与被测压力相平衡来测量压力的仪表，如图 5.12 所示。测量时活塞下表面的位置（即左侧液位高度）和被测压力作用点位置在同一水平面内，保证没有高度差。这时作用在活塞上的砝码重量及大气压产生的压力之和等于被测压力值。

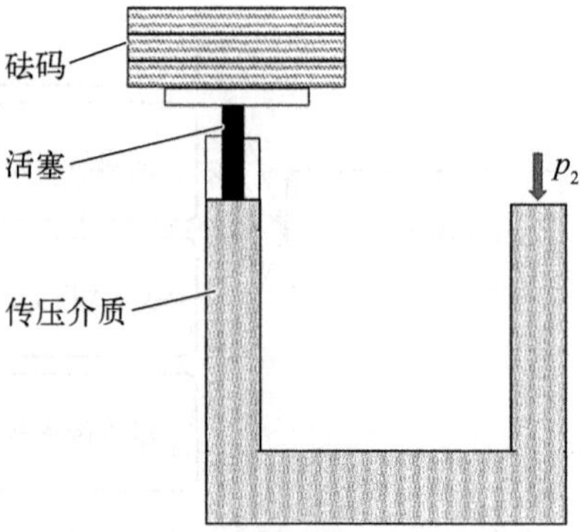

图 5.12 活塞式压力计示意图

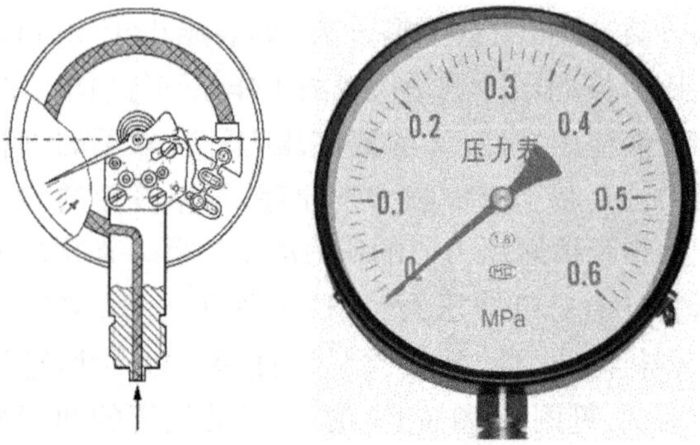

图 5.13 弹簧式压力表内部结构示意图和照片

弹簧式压力表如图 5.13 所示。由于弹性组件受压后产生变形,把被测压力转换为弹性变形,通过传动机构的放大,变成压力表指针的偏转,并通过刻度表盘显示出被测量的压力值。

5.1.4 压力传感器

压力传感器能够感受压力信号,并按照一定的规律将压力信号转换成电信号,如图 5.14 所示为各类型压力传感器照片。空气动力学实验中用的压力传感器,受到压力的作用,并通常将压力转换成电压、电荷、电流输出。传感器中能够直接感受和响应压力并产生某种变化的组件称为敏感组件,将这种变化转换成标准电信号的组件,称为转换组件。敏感组件和转换组件共同构成了传感器。传感器将压力转变为电量输出,可以远距离记录、显示,并可与计算机联机,便于作信号自动处理。此外,压力传感器还有微型化、快速响应、测量范围大等优点。对于动态压力测量,压力传感器更是不可缺少的仪器。

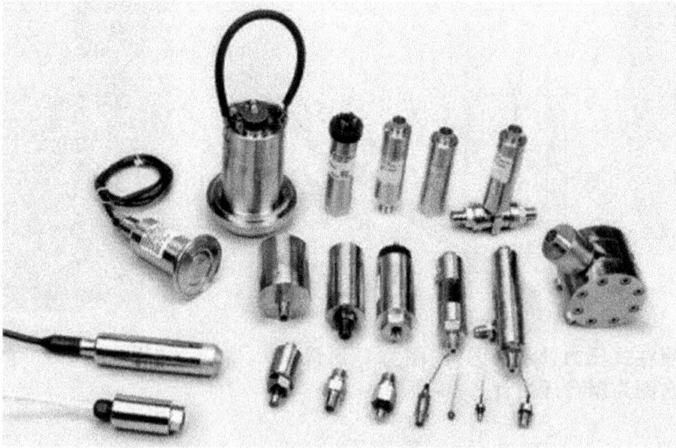

图 5.14 各种类型压力传感器照片

目前传感器的常见输出信号包括 1 ~ 5 V 标准电压信号、4 ~ 20 mA 标准电流信号、电荷信号等,但是数据采集设备采集时一般只能采集电压信号,所以其他信号类型往往要被转换放大。当今空气动力学实验中应用最为广泛的传感器主要是应变式传感器、压电式传感器和压阻式传感器。

1. 各种类型传感器原理

应变式压力传感器(图 5.15)根据应变效应的原理制造,其原理都是传感器的弹性元件受压力作用而发生变形,导致弹性元件上的电阻应变计发生应变而改变电阻值,由电阻应变计组成的电桥输出与压力成一定关系的电压信号。它的弹性元件可以是金属膜片、膜盒或波纹管等,敏感元件用金属或合金丝箔制造。

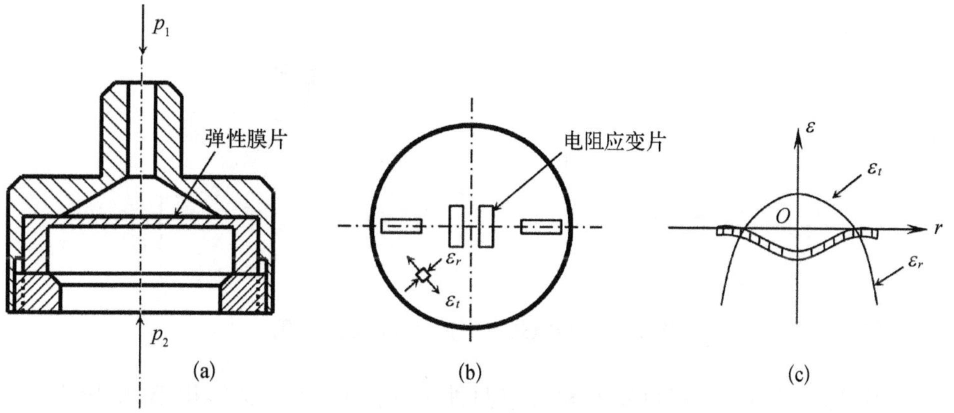

图 5.15　应变式压力传感器

压阻式压力传感器,固体受到作用力后,电阻率(或电阻)就要发生变化,这种效应称为压阻效应,压阻式传感器就是根据压阻效应制成的。压阻式压力传感器的结构类似于应变式压力传感器,弹性元件是圆形硅膜片,采用半导体材料制作,结构形式多样。在结构特征上,半导体式应变计有:体型、薄膜型、扩散型、外延型、PN 结型等,结构较为简单的是条状半导体硅膜片制作的体型半导体应变计,如图 5.16 所示。

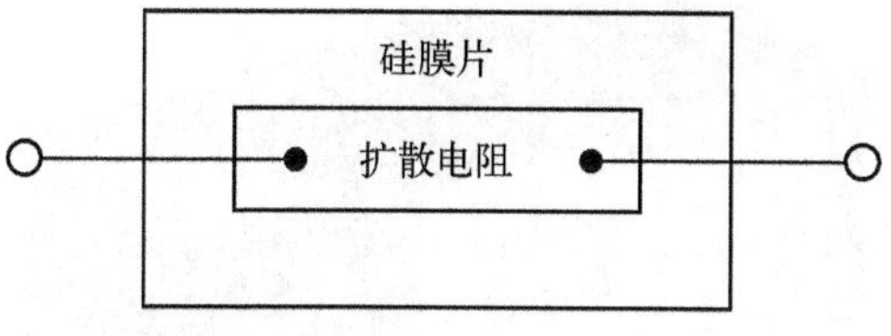

图 5.16　体型半导体应变计

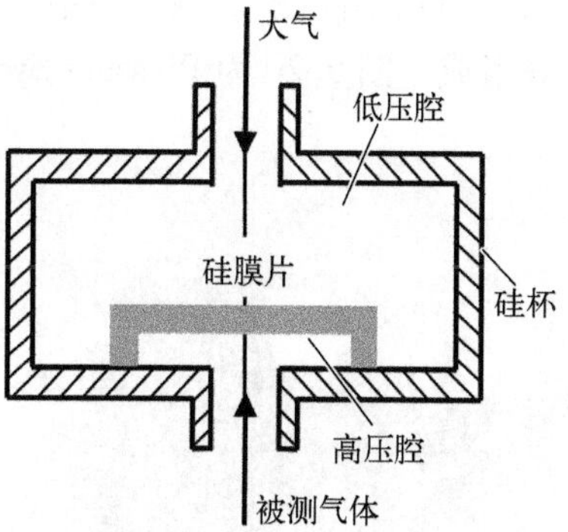

图 5.17　扩散硅压阻式压力传感器结构示意图

利用半导体应变计制作的扩散硅压阻式压力传感器主体结构由硅杯和硅膜片组成,如图 5.17 所示。传感器利用集成电路工艺,设置四个相等的电阻扩散在硅膜片上,构成应变电桥。膜片两边有两个压力腔,分别为低压腔和高压腔,低压腔与大气相通,高压腔与被测系统相连接。当两边存在压差时,就有压力作用在膜片上。膜片上的四个电阻在应力作用下,阻值发生变化,电桥失去平衡,其输出的电压与膜片两边压力差成正比。

压电式传感器,其工作原理以一些材料的压电效应为基础,在外力的作用下,材料的表面会产生电荷聚集,从而实现了力—电荷的转换,如图 5.18 所示。某些材料,当沿着一定方向对其施力而使它变形时,内部就产生极化现象,同时在它的两个表面上产生符号相反的电荷;当外力去掉后,又重新恢复不带电状态,这种现象称为压电效应。当作用力方向改变时,电荷极性也随着改变。具有压电效应的物质很多,如天然形成的石英晶体、人工制造的锆钛酸铅陶瓷等。

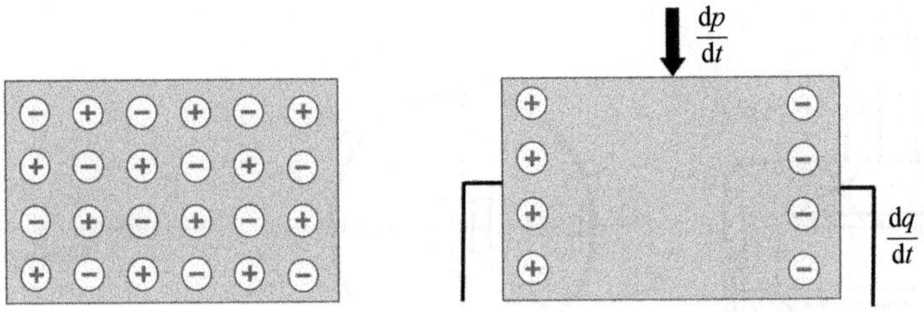

图 5.18 压电式压力传感器原理示意图

由于压电材料不仅具有自发电和可逆两种主要性能,还具备体积小、质量小、结构简单、可靠性高、固有频率高、灵敏度和信噪比高等优点,故压电式传感器得到了飞速发展,被广泛应用于声学、力学、医学、航空航天等领域。压电式传感器的主要缺点是无静态输出,电输出阻抗要求很高,需要使用低电容低噪声电缆。图 5.19 为某型压电压力传感器照片。

压力扫描阀,是一种高度模块化、集成化的压力传感测试系统,其具有小型化、精度高、通道多等优点。测量模型表面压力分布时,测压点多,如果各测压点都单独安装压力传感器,则会增加实验的费用,增加校准传感器的工作量,因此风洞试验中的压力目前主要是采用压力扫描阀测量。扫描阀一般由组合压力传感器、处理器、中央控制器、压力校准单元等组成。图 5.20 为 Pressure Systems 多通道压力扫描阀。

图 5.19 某型压电压力传感器照片

图 5.20 Pressure Systems 多通道压力扫描阀

由于压力传感器的测量分为静态测量和动态测量,所以压力传感器的特性也分为静态特性和动态特性。静态特性就是在稳定压力源或者变化缓慢的压力作用下所具有的特性;而动态特性是指压力随着时间变化时传感器的特性。传感器的校准也分为静态校准和动态校准。

2. 压力传感器静态校准

压力传感器静态特性的主要指标是灵敏度、线性度、迟滞、重复性、精度、温度漂移和零点漂移等。静态压力施加在被测物体上时,输入压力量与输出量之间的关系可以用数学的方法,如数学表达式、曲线、数表等来表示。描述输入量与输出量之间的关系的一种数学曲线又称为校准曲线,如图 5.21 所示。

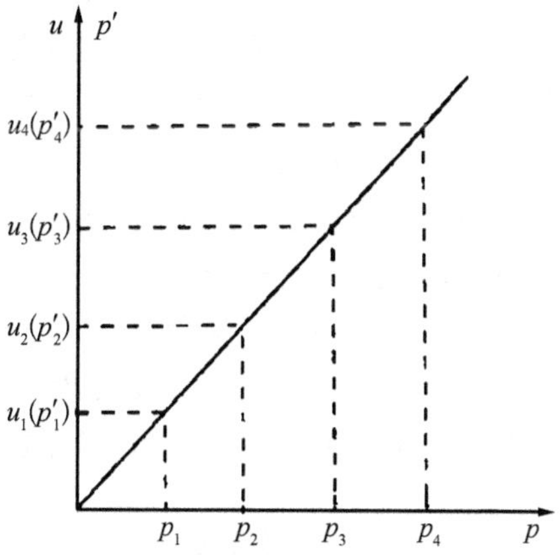

图 5.21　压力传感器校准曲线

压力传感器的静态校准一般采用数字压力控制器、液体压力计和活塞式压力计,提供标准压力,如图 5.22 为活塞式压力计的结构示意图和照片。在进行校准时,输入压力从下限逐渐增加到上限,对各测量点的信号进行测量和记录;再将输入压力从上限逐渐减小到下限,对各测量点的信号进行测量和记录,如此为一次测量,通常需要至少两次测量。为了避免出现过冲现象,要尽量平缓地改变输入压力的变化,尤其在最大量程附近的时候。

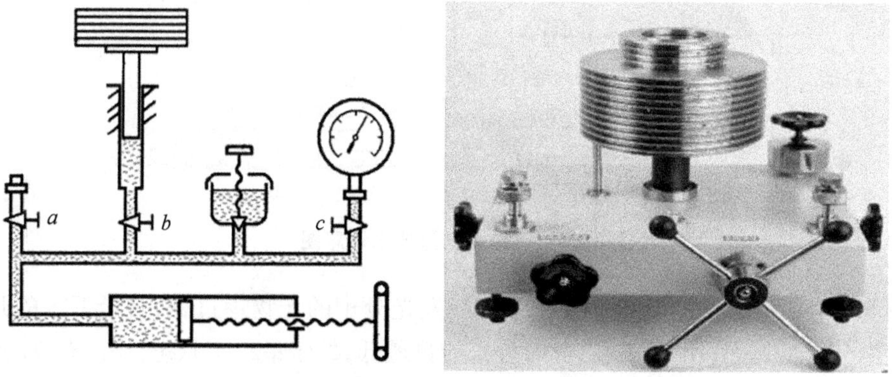

图 5.22　活塞式压力计结构示意图和照片

3. 压力传感器动态校准

在输入压力变化的条件下,输出信号能够随着时间的推移而发生相应的变化,压力传感器的这种特性称为动态特性。压力传感器动态特性可以用它的上升时间、固有频率、幅频特性、相频特性等参数来描述。动态压力激励源的工作频带要足够宽,保证可以覆盖传感器的所有工作频带,这也是获得压力传感器动态校准特性的基础。目前最常用的激励信号为正弦压力信号和近似阶跃压力信号,对应的校准方法分别为正弦法和激波管法。相关动态校准方法参考 JJG 624—2005《动态压力传感器检定规程》。

5.1.5 压敏漆技术

压敏漆(pressure sensitive paint, PSP)测量技术是一种非接触式光学测量方法,于20世纪80年代发展起来。它是利用光致发光材料的某些光物理特性来实现模型表面的压力测量,可在接近传统压力测量精度的前提下,获得模型表面全局的压力分布[17]。具体的测量原理涉及到发光分子的光物理过程。

压敏漆测量系统通常由PSP涂层、激发光源、光检测器和数据采集处理单元组成,如图5.23所示。工作原理如下:PSP涂料内含有光敏探针分子,其具有压力敏感特性,在特定波长的短波光的激励下,会射出长波光,并且该长波光的光强会随PSP涂层外压力的升高而降低。使用相机接收PSP涂层发出的与压力相关的长波光光强信息,并通过在相机镜头前安装长波通的滤光片阻止光源发出的短波光进入相机。

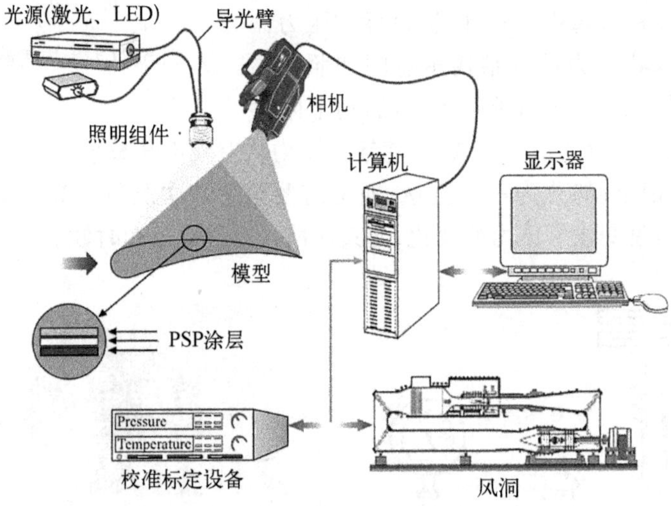

图5.23 压敏漆测量技术示意图[17]

图5.24所示Jalonski能级图反映了一般发光分子的光物理过程,其最下方的几条水平线表示分子的基态,用S_0表示,此时分子能量最低,处于最稳定状态。S_1、S_2、T_1处的水平线分别表示不同的激发态,分子能量高。基态分子吸收光子,会由基态S_0跃迁到激发态(S_1、S_2)。激发态不稳定,有回到基态的倾向,过程中会释放能量,释放能量有不同的方式,主要分为两种:有辐射过程和无辐射过程。有辐射过程释放能量的方式为发出光子,包括荧光和磷光。无辐射过程释放能量的方式主要有内转换、外转换和系间跃迁。内转换和系间跃迁两过程的能量会以热的形式释放。而外转换是通过发光分子与外界环境之间相互作用的方式来释放能量。

激发态分子失活的过程称为猝灭。猝灭分为很多种,包括碰撞猝灭、能量转换猝灭、热猝灭等。压敏漆技术主要关注的是碰撞猝灭和热猝灭。碰撞猝灭是指激发态分子与其他分子发生碰撞而猝灭,如氧分子,该过程称为氧猝灭。而热猝灭则是大多数分子的发光效率会随环境温度的升高而降低,这是由于随环境温度的升高,激发态分子更加活跃,更

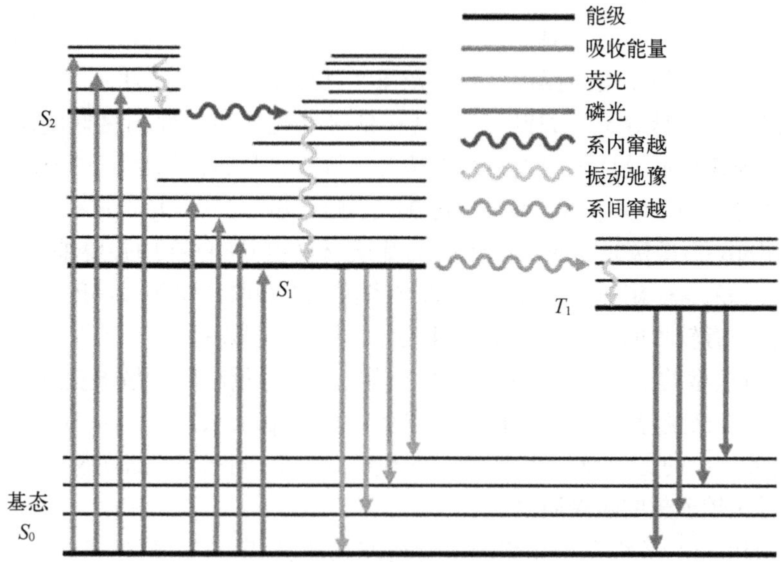

图 5.24　Jalonski 能级图

容易与周围分子发生碰撞,有利于内转换的发生,激发态分子由此失活。压敏漆就是利用了氧猝灭的特性。压敏漆内氧浓度与当地氧分压成正比,即空气压力越高,PSP 中氧分子越多,探针分子猝灭也越多,因此发光强度与压力成反比。发光强度和氧浓度之间的关系可用 Stem-Volmer 关系来描述:

$$\frac{I_{\mathrm{ref}}}{I}=A+B\frac{p}{p_{\mathrm{ref}}} \tag{5.6}$$

式中,I_{ref} 和 p_{ref} 为参考条件下的发光强度和压力;I 表示压力为 p 时的发光强度;A、B 表示 Stem-Volmer 系数,可通过校准测得,且 $A+B=1$。

此外,PSP 探针分子也会存在一定程度的热猝灭效应。这对压力测量是不利的,这就要求 PSP 涂料开发者寻找热猝灭效应弱的探针分子,并且标定过程需考虑温度的影响。

压敏漆涂层由保护层、聚合物功能层(探测层)和基底反射层三部分组成,如图 5.25 所示。中间探测层是含光敏探针分子的工作层,它是由尺寸均匀的颗粒(10~

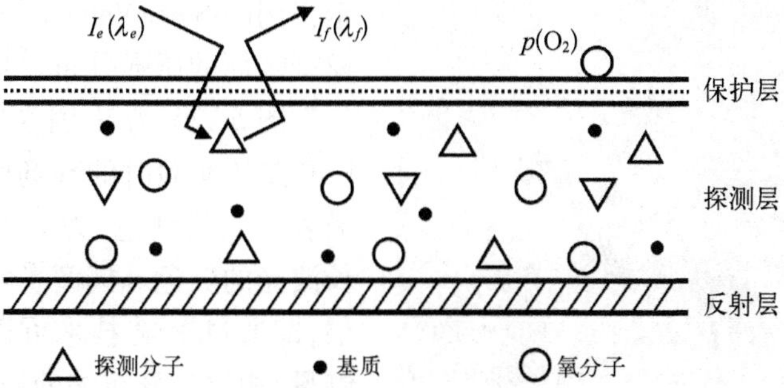

图 5.25　压敏漆涂层示意图

20 nm)组成的多孔固体薄膜,应具有一定厚度、浓度、均匀性和透气性。表层是保护层,通常是有机硅树脂,具有良好的透气性、透光性和机械保护性能。基底反射层,通常用含二氧化硅的白色底漆,用于增强探针分子发光强度,提高涂层的黏结性。

在探测层中,探针分子是关键,要求具有良好的化学稳定性和良好的激发态反应活性,较长的激发态寿命及良好的光致发光特性。目前,常见的压敏漆荧光探针分子主要有铂卟啉复合物(platinum porphyrins)、钌配合物(ruthenium polypyridyl)及芘基衍生物(pyrene derivatives)等荧光物质。探测层的基质材料也是很重要的,要求透气性好,与探针分子兼容性好,有一定的粘接性,对激发光和荧光无吸收作用等。一般采用凝胶技术制备的基质材料,有较大的氧猝灭灵敏度,其他各项性能也较好。

为避免对模型的空气动力学特性产生影响,要求尽量降低压敏漆涂料的粗糙度和涂层的厚度。一般来说,涂料的最大粗糙度应小于 0.25 μm,涂层厚度一般为 20~40 μm 甚至更小。需要指出的是,要使压敏漆涂料的粗糙度降低,对模型表面的粗糙度也有一定的要求,以获得比较理想的喷涂质量。

激发光源的选择关键在于能够产生合适波长的、稳定的激发光,且光强足够,使探测器采集到的 PSP 发射光信号强、信噪比高。常选用的光源有以下几种:汞灯、LED 灯及激光光源。LED 灯波长相对集中,对 PSP 实验有利,发光效率高,发热量小;灯体积小,在风洞试验中容易布置;寿命长,坚固耐用。因此,PSP 风洞试验中,多使用短波长 LED 灯作为激发光源。

在相机镜头前需设置滤光片,其作用是使探测器仅接收 PSP 发射光信息,消除光源和杂散光的影响。滤光片有干涉滤光片和彩色滤光片两种类型。干涉滤光片是利用干涉实现滤光,该类型的滤光片可严格控制透过光的峰值波长以及光谱宽度,滤光效果好,但价格较贵、制作周期长。彩色滤光片也可实现滤光作用,透过—阻断比是彩色滤光片的一个重要参数,可衡量滤光特性。彩色滤光片的优点在于价格低,制作周期短。

探测器的理想选择是相机或光电探测器,常用的是 CCD 相机和 CMOS 相机。

压敏漆的实验过程如下:将硬件按图 5.23 所示布置完成,在风洞运行前和运行时分别获得模型表面的光强分布 I_{ref} 和 I,以及风洞运行前的压力 p_{ref}。理论上 I_{ref}/I 可以消除非均匀照射和探针分子中浓度不均匀分布等因素的影响。将 I_{ref}/I 以及 p_{ref} 带入到标定得到的 Stem-Volmer 关系式中,即可得到模型表面的压强分布。

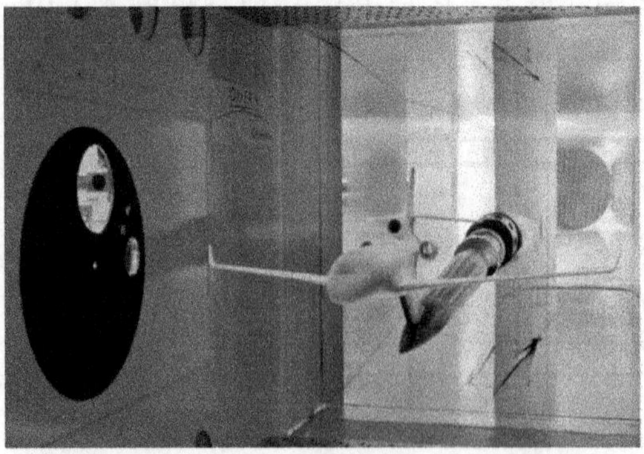

图 5.26 法国莫当中心开展的飞机 PSP 实验

图 5.26 为法国莫当研究中心开展 PSP 测压实验时的现场照片。图中模型表面表现为粉红色,为 PSP 荧光分子发出的长波光的颜色。模型表面均匀喷涂 PSP 涂层,即通过 PSP 技术可以对全机进行压力测量,相比于分布式的压力传感器,PSP 测量的空间分辨率更高。并且,PSP 可以对

包括翼尖小翼等薄翼部位以及模型尾部复杂结构部位的压力进行测量，这些部位使用分布式压力传感器是很困难的。

5.2 温度测量

温度是风洞试验的重要状态参数之一，在风洞试验中具有重要意义。温度直接影响风洞试验的雷诺数，特别是在低温风洞或变压力风洞等高雷诺数风洞中，要想精确计算风速和雷诺数，必须精确测量气流温度；确定空气的密度、黏性系数和流动速度等，通常都需要测量温度；为了监控风洞的运行状态，如试验段气流温度、喉道及模型温度，也需要准确测量温度。此外，通过温度测量还可以对其他风洞测试设备进行温度效应修正，如气动力天平、压力传感器等。总之，温度测量在空气动力学实验中具有重要的意义。在风洞中，测量温度的手段有热电偶、液晶、荧光以及红外热像仪等。

气流中存在总温和静温的概念，总温 T_0、静温 T 和马赫数之间关系式：

$$\frac{T_0}{T} = 1 + \frac{\gamma - 1}{2}Ma^2 \tag{5.7}$$

温度的测量方法很多，根据温度传感器的使用方式，通常分为接触法与非接触法两类。

(1) 接触法。由热平衡原理可知，两个物体接触后，经过足够长的时间达到热平衡，则它们的温度必然相等。如果其中之一为温度计，就可以用它对另一个物体实现温度测量，这种测温方式称为接触法。其特点是两个物体要有良好的接触，使二者达到热平衡，因此测温准确度较高。但感温组件与被测物体接触，往往要破坏被测物体的热平衡状态，因此，对感温组件的结构、性能要求较高。常见的测温装置有液体温度计、热电偶和热电阻传感器等。

(2) 非接触法。利用物体的热辐射随温度变化的原理测定物体温度，这种测温方式称为非接触法，如红外测温方法。它的特点是不与被测物体接触，也不改变被测物体的温度分布，热惯性小。从原理上看，用这种方法测温上限可以很高。

5.2.1 基于热电偶和热电阻的测温

1. 气流中温度的感受

在可以不计导热和辐射传热的条件下，假如温度敏感元件与气流一起运动，即两者间相对速度为零，那么，经过热交换并达到平衡之后，温度敏感元件的温度就会等于气流的静温。然而，在风洞试验中这是做不到的。原因在于，无法使两者间相对速度为零，无法使温度敏感元件不对气流造成干扰。

通常只能是将温度敏感元件固定于风洞或者模型的某个位置来感受气流温度。这种情况下，温度敏感元件的平衡温度，即温度敏感元件感受到的温度，不是气流的静温 T。由于温度敏感元件上流动的滞止作用，实际感受到的温度 T_{0m} 大于 T。如果使温度敏感元件位于驻点，则 T_{0m} 接近于总温 T_0。辐射传热和支座导热等原因会造成热损失，

使 T_{0m} 不等于 T_0，实际情况是 T_{0m} 为介于总温和静温之间的某一温度。为了使温度敏感元件感受的温度最大可能地接近于总温，在高速气流中通常使用带有滞止腔的测温探头。

在低速风洞试验测试中，气流速度低，总、静温差别小，导热和辐射损失小，近似认为温度敏感元件感受温度即气流温度；在稳定段或试验段安装无外罩的温度敏感元件即可实现温度测量，如图 5.27 所示，头部黄色部分为温度敏感元件。

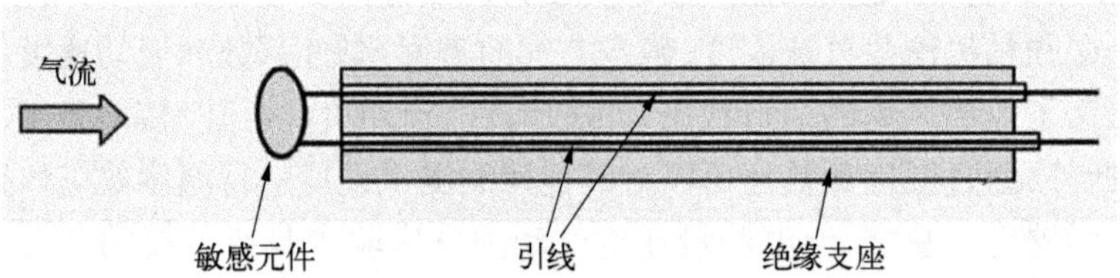

图 5.27　无外罩的温度测量探头示意图

图 5.28 所示的测温探头适用于气流速度高、总温高的环境。在温度敏感元件周围加装了热防护罩和隔热的密封材料以减小温度敏感元件的散热量。高速气流通过滞止室时速度降至很低，使气流的温度接近总温，通过测量敏感元件输出的电信号得到气流温度值；滞止室可以避免气流的横向冲击，减小敏感元件的气动载荷，从而延长敏感元件的使用寿命；为了补偿热传导和热辐射带来的温度损失，在滞止室后端开适当的通气孔不断地更新滞止气体。

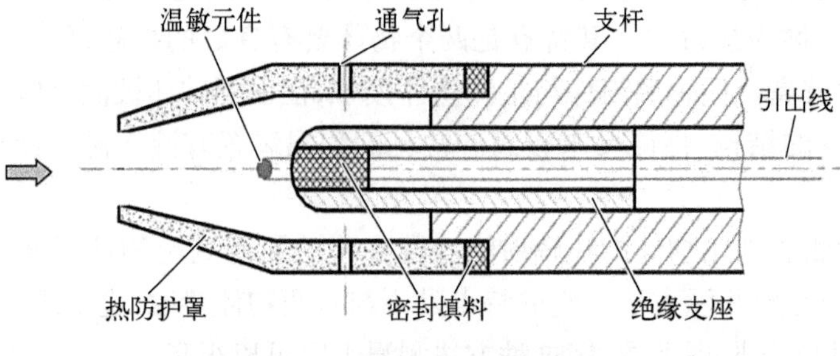

图 5.28　热防护罩型测温探头

实际上，无论用哪种形式的测温探头，由于温度敏感元件与周围的空气不可避免地存在着热交换，故所测量出来的温度 T_{0m}，总是低于气流的总温 T_0。通常用复温系数来表示测温探头的性能。复温系数 r 的定义是

$$r = \frac{T_{0m} - T}{T_0 - T} \tag{5.8}$$

复温系数反映了测温探头对气流动能转化为热能的接收程度。又根据一维定常绝热流的能量方程有

$$T_0 = T + \frac{V^2}{2c_p} \tag{5.9}$$

式中，c_p 为比定压热容；V 为气流速度，进而得到

$$T_0 - T_{0m} = (1 - r)\frac{V^2}{2c_p} \tag{5.10}$$

根据式(5.10)，探头感受误差随气流速度增加迅速增加。复温系数的大小，与气流状态、测温探头形式、尺寸、材料和安装形式等因素有关，通常由校准确定。对于空气中一定的测温探头，复温系数主要是雷诺数和马赫数的函数。复温系数值越高越稳定，则测温探头的性能越好。在实际测量条件下，复温系数值稳定的探头才便于应用。

2. 热电偶测温原理

热电偶是应用最广泛的温度传感器，它利用金属温差电动势进行温度检测，具有耐高温、结构简单、使用方便、准确度高、热惯性小、稳定性好等优点。在空气动力学实验测试中，热电偶也获得了广泛的应用，典型铠装热电偶如图 5.29 所示。

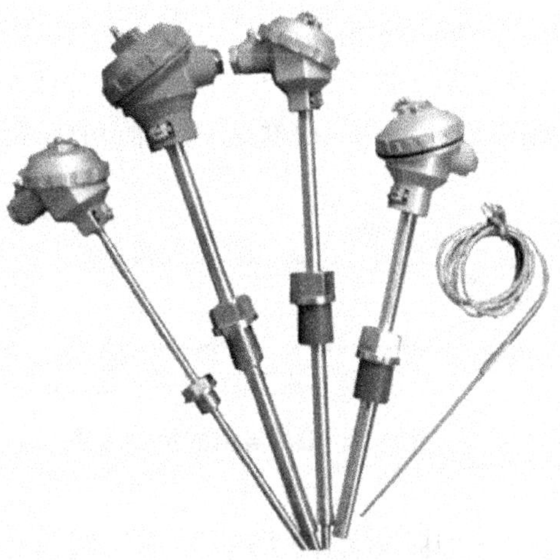

图 5.29　热电偶外形结构

热电偶测温原理如图 5.30 所示，两种不同类型的金属导体两端分别接在一起构成闭合回路，当两个结点温度不等，即有温差时，会产生热电势，导体回路里产生电流，这种现象称为热电效应(即塞贝克效应)。利用这种效应，只要知道一端结点温度，根据电势差，就可以测出另一端结点的温度。固定温度结点 T_0 称为基准点(冷端)，恒定在某一标准温度；待测温度结点 T 称为测温点(热端)，置于被测温度场中。这种将温度转换成热电动势的传感器称为热电偶，金属称为热电极。

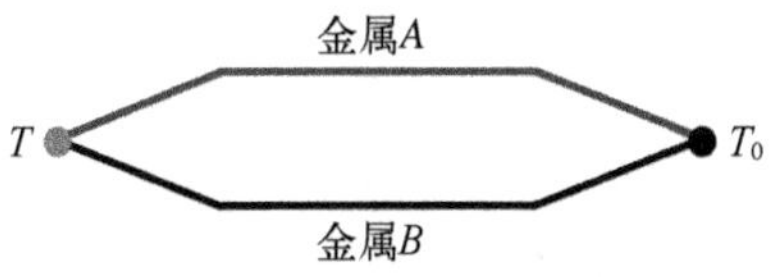

图 5.30　热电偶测温原理

热电偶中热电势主要是由接触电势和温差电势两部分组成。因不同金属的自由电子密度不同，当两种金属接触在一起时，在结点处会发生电子迁移扩散。电子从浓度大的一侧向浓度小的一侧金属扩散，浓度高的一侧失去电子显正电，浓度低的那一侧得到电子显负电，当扩散达到某种动态平衡时，得到一个稳定的接触电势，在金属接触处形成电位差，此电位差称为接触电势，其大小与两种导体的性质、结点温度有关。此外同一种导体的两端温度不同，电子由温度高处向温度低扩散的速率大于相反方向，在导体两端产生温差电动势。实际应用时，不是测量回路电流，而是测量开路电压，热电偶使用方法如图 5.31 所示。将基

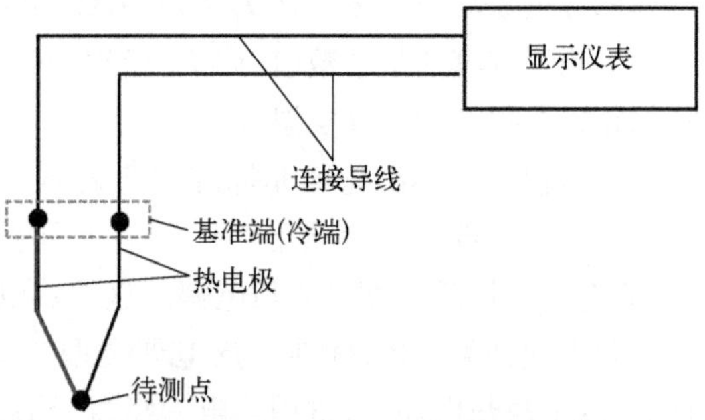

图 5.31　热电偶测温示意图

准端装入冰水(或置于已知的恒定温度的环境中),根据所测电压值计算待测点温度。

利用热电偶作为传感器进行温度检测时,必须在热电偶输出回路中引入转换电路和显示电路才能构成仪表,而如何正确选择和使用热电偶就显得非常重要,下面的基本定律将有助于我们正确使用热电偶。

中间导体定律:当热电偶回路接入第三种金属导体 C,只要金属导体 C 与金属导体 B 的两个结点处于同一种温度,则此导体对回路总的热电势没有影响,导体 C 称中间导体,如图 5.32 所示。根据这一定律,可将导体 C 作为测量仪器接入回路,由此可以由总电势求出工作端温度,而测量电路的接入对热电偶的热电势没有影响,条件是保证连接导线或显示仪表与热电偶连线位置温度保持一致。由冷端引出的导线和测量仪器等,也不影响热电势的大小。中间导体定律对热电偶的实际应用有十分重要的意义。

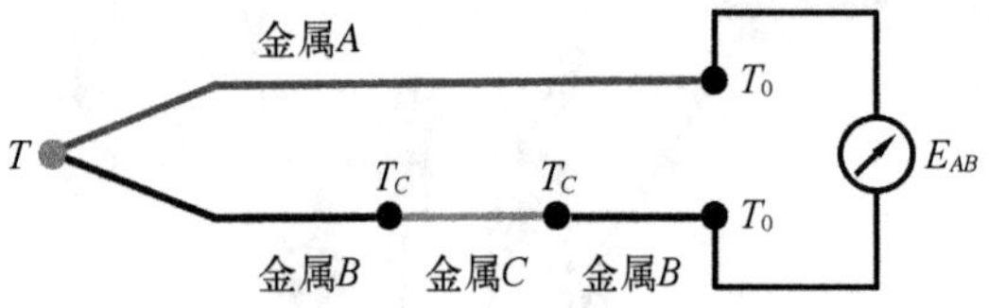

图 5.32　三种导体的热电回路

中间温度定律:图 5.33 为中间温度定律原理示意图,在热电偶回路中如果金属 A、B 分别连接导线 a、b,结点温度分别为 T、T_c 和 T_c、T_0,则回路的总电势 $E_{AB}(T,\ T_0)$ 等于热电偶热电势 $E_{AB}(T,\ T_c)$ 与连接导线的热电势 $E_{ab}(T_c,\ T_0)$ 的代数和。连接导体的中间温度定律其原理可用下式表示:

$$E_{AB}(T,T_0) = E_{AB}(T,T_c) + E_{ab}(T_c,T_0) \tag{5.11}$$

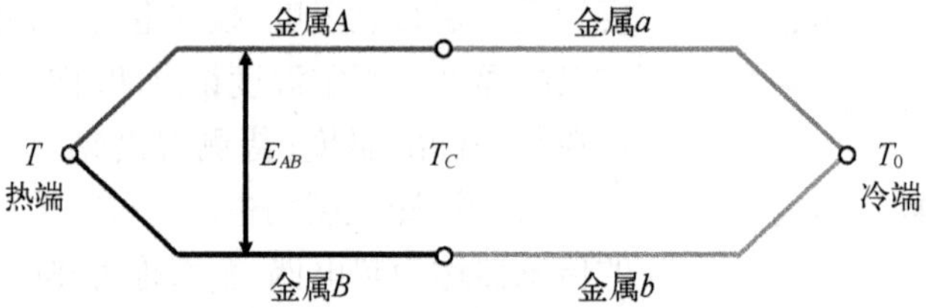

图 5.33　中间温度定律原理示意图

利用这一性质,实际测量时可对参考端温度不为零度时的热电势进行修正。因为热电偶的分度表均是以参考端 $T_0=0℃$ 为标准的,而实际应用的热电偶参考端往往 $T_0\neq0℃$,一般为高于零度的某个数值,如 $T_0=25℃$,此时可利用中间温度定律对检测的热电势值进行修正以获得被测的真实温度。

热电偶分为标准化与非标准化两大类,非标准化热电偶只在标准化热电偶满足不了要求的情况下选用。标准化热电偶是指国家标准规定了其热电势与温度关系及允许误差,并有统一标准分度表的热电偶。这类热电偶属国家定型的产品,可直接与仪表配套使用。热电偶种类很多,标准化热电偶类型主要按制作热电偶的材料划分,有贵金属热电偶、普通金属热电偶等,常用热电偶型号、测温范围及允许误差见表 5.1。本书附录 C 和附录 D 给出了 K 型和 E 型两种热电偶的分度表。

表 5.1　常用热电偶型号及测温范围

名　称	分度表	温度范围/℃		允许偏差			
		长期	短期	温度/℃	偏差	温度/℃	偏差
铂铑 30－铂铑 6	B	0~1 600	0~1 800	1 000~1 500	±0.5%	>1 500	±7.5%
铂铑-铂	S	0~1 300	0~1 600	0~600	±2.4%	>600	±0.4%
镍铬-镍硅	K	0~1 000	0~1 300	0~300	±4%	>400	±1%
镍铬-考铜	E	0~600	0~800	0~300	±4%	>300	±1%
铜-康铜	T	0~600 0~1 000	0~900 0~1 200 0~400				

3. 热电阻测温原理

用于测量温度的电阻敏感元件，称为热电阻。借助热电阻的电阻值随温度变化的特性来测量温度的方法，是空气动力学实验中应用的又一种测温方法。常用的热电阻有金属热电阻和热敏电阻（半导体热电阻）两种。

金属热电阻利用金属电阻值随温度变化的特性进行温度测量，一般具有正的电阻温度系数。金属热电阻广泛用于测量-200℃~850℃温度范围，少数可以测量 1 000℃。热电阻结构简单，它是将金属芯线绕制在云母板、玻璃或陶瓷线圈架上构成热电阻。金属热电阻材料多为纯铂金属丝，也有铜、镍金属。在一定的温度范围内，电阻 R 与温度 T 之间存在关系式：

$$R = (1 + \alpha T + \beta T^2) R_0 \tag{5.12}$$

式中，R 和 R_0 是温度为 T 和 0℃时的电阻值；α 和 β 是与材料、温度范围有关的系数。由于温度变化而引起的电阻变化，可借助于电桥电路转换为电压变化，通过校准标定，进而实现温度测量。

热敏电阻由半导体材料制成，其利用半导体热电阻的电阻值与温度呈一定函数关系的原理制成。与金属热电阻相比，热敏电阻的特点是电阻温度系数大（约为金属热电阻的 10 倍），灵敏度高。另外，热敏电阻结构简单、体积小、热惯性小，热敏电阻阻值随温度升高而减小。

5.2.2　温敏漆技术

温敏漆（temperature sensitive paint，TSP）测温技术以荧光探针分子作为光学传感器，并基于荧光探针分子的荧光温度猝灭机理来测量物体表面温度。与传统的分布式温度测量方法相比，温敏漆具有较低的成本和较高的空间分辨率，并且适用于风洞试验中对模型表面进行全场的、非接触式温度测量[18]。这种测温技术对被测物体表面的影响很小，对流场几乎不产生干扰和破坏。

TSP 涂料由能够感受温度变化的探针分子以及能够使探针分子均匀黏附及分布在待测物体表面的基底层组成。探针分子受到一定波长的光源激发后，从基态跃迁到激发态，受激发的探针分子可以通过辐射和无辐射的过程回到基态。其中辐射过程为激发态探针分子通过发出荧光释放能量的形式回到基态;无辐射过程中,对于 TSP 涂层来说,则主要是热猝灭,激发态的分子通过碰撞的方式恢复到基态。TSP 涂层的温度越高,热猝灭效应越明显,TSP 涂层发射出的光强就会越弱。发光强度与温度的关系通常用阿伦尼乌斯(Arrhenius)公式来表示:

$$\ln\frac{I(T)}{I(T_{\mathrm{ref}})}=\frac{E_{\mathrm{nr}}}{R}\left(\frac{1}{T}-\frac{1}{T_{\mathrm{ref}}}\right) \tag{5.13}$$

式中,T_{ref} 表示参考温度;$I(T)$ 表示温度 T 对应的光强;$I(T_{\mathrm{ref}})$ 表示参考状态下的光强;E_{nr} 表示激发态分子的活化能;R 为普适气体常数。

在实际使用过程中,TSP 涂料发射光强与绝对温度的关系可简化为下式,即简化为光强比 I/I_{ref} 与温度比 T/T_{ref} 的函数关系式,通常用 n 次多项式进行拟合。

$$\frac{I}{I_{ref}}=f\left(\frac{T}{T_{ref}}\right) \tag{5.14}$$

典型的 TSP 测温系统由温敏漆涂层、激发光源、滤光片、探测器以及数据采集系统组成,如图 5.34 所示。对待测物体进行温度测量时,通常使用刷子或者雾化喷枪将温敏漆喷涂在待测物体的表面,在表面形成具有一定厚度和强度、表面较光滑的 TSP 涂层。将喷涂好 TSP 的模型安装到试验段,使用特定波长的激发光源照射,TSP 探针分子受激产生发射光,发射光的光强与 TSP 分子周围温度有关,且波长比激励光源长。使用探测器接收温敏漆涂层的发射光。为将激励光源与 TSP 荧光分隔开,在探测器前加长波通滤光片。之后将探测器接收到的光信号输出,经过数据后处理,得到模型表面的温度分布[19]。

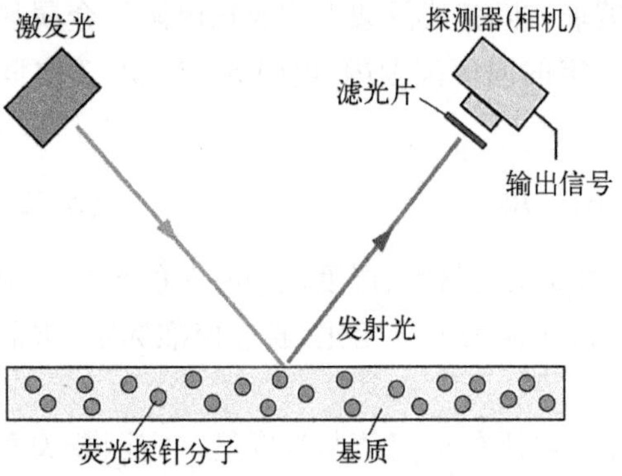

图 5.34　温敏漆测温原理

温敏漆是由对温度敏感的荧光探针分子和聚合物基质组成,其中荧光探针分子主要是具有高荧光强度和高荧光温度猝灭性能的稀土有机配合物。选择合适的荧光探针分子尤为重要,它需要满足以下几个条件: ① 具有较强的荧光强度;② 具有较好的测温灵敏度;③ 温度测量误差尽可能小。

聚合物基质不仅要能将荧光探针分子牢固地黏附在被测物体表面,其性质对荧光探针分子的荧光寿命、荧光强度和温度猝灭特性也具有重要影响。选择聚合物基质需要考虑以下几方面: ① 聚合物基质与荧光探针分子之间不能产生任何的反应,否则荧光探针分子的活性会降低;② 聚合物基质要有低氧渗透性,否则会发生氧猝灭;③ 聚合物基质表面的粗糙程度要小,最大的粗糙程度不能超过 0.25 μm;④ 聚合物基质在测温范围内要具有较好的强度和热稳定性,否则会分解或破裂,从而影响温敏漆性能;⑤ 聚合物基质要有强附着力,使温敏漆能够稳定地附着在被测物体的表面。

对于光源、滤光片和探测器的选择，基本要求与 PSP 系统一致。光源要满足 TSP 分子所需激发光源的波长要求。滤光片则要使 TSP 分子发射出的能够反映温度数据的长波光通过，并隔绝光源的短波光。探测设备则满足信噪比高，以及满足所需的分辨率、采样频率要求即可。常用的硬件组合为：单波长的 LED 阵列、彩色或镀膜长波通滤光片及 CCD 相机。

开展风洞试验时，首先要将 TSP 系统的各个硬件设备布置好，之后按以下过程进行风洞试验并得到原始数据：① 风洞未运行时，关闭 LED 激发光源，相机采集暗环境下光强信息 I_{dark}；② 风洞未运行时，打开 LED 激发光源，相机采集此时模型表面的光强信息 $I_{wind\text{-}off}$，此光强即为参考光强；③ 使用热电偶测量采集 $I_{wind\text{-}off}$ 信息时模型表面的参考温度 T_{ref}；④ 保持 LED 光源状态不变，运行风洞，实时采集荧光数据 $I_{wind\text{-}on}$。

利用硬件系统得到风洞运行前以及运行过程中的原始数据之后，还需要进行数据后处理以得到模型表面的温度及热流信息，后处理流程图如图 5.35 所示。

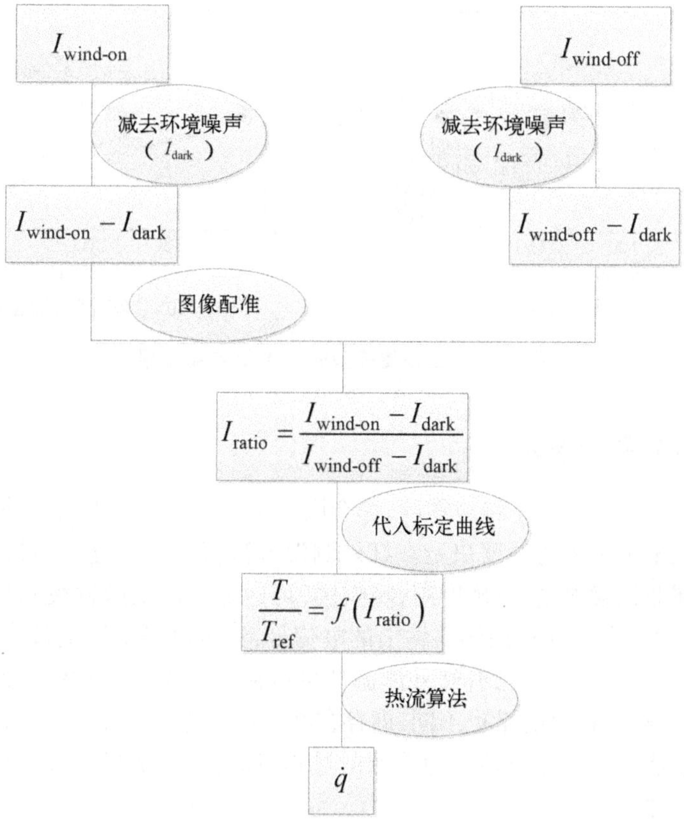

图 5.35　TSP 技术后处理流程图

首先，将 $I_{wind\text{-}on}$ 和 $I_{wind\text{-}off}$ 减去环境噪声 I_{dark}。在暗环境下，由于周围环境光可能进入相机，以及相机本身的白噪声和因发热会产生热噪声的存在，需要在风洞未运行时，关闭 LED 激发光源的状态下，保持相机状态如光圈大小及曝光时间与之后保持不变，采集此时的环境噪声 I_{dark}。将 $I_{wind\text{-}on}$ 和 $I_{wind\text{-}off}$ 分别减去 I_{dark} 即可尽量消除环境噪声的影响。

接下来，进行图像配准。在风洞运行时，风洞中的模型会有轻微的移动和变形，使风洞运行状态下的图像和参考图像有轻微的位置不匹配，这会造成温度测量的误差甚至错误，该误差可以通过图像配准算法来解决。需要在模型表面标记特征点，以进行目标识别定位，进而实现图像配准。

之后，计算去除环境噪声以及图像配准后的图像对应像素点的光强比，得到 I_{ratio}，再将 I_{ratio} 代入标定曲线，可得到温度比，进而得到模型表面的温度分布。温敏漆表面发射出来的荧光强度反映了该处温度，成像系统上的每一个像素相当于一个温度传感器。

图 5.36 是利用 TSP 技术在马赫数为 6 风洞中得到的三角翼典型温度变化的实验结果。图 5.36(a)、(b)分别是三角翼迎风面和背风面的温升分布云图。从图中可以明显地观察到边界层转捩造成的大面积的温度升高(左图)以及背风面流向涡引起的模型表面的高温条带结构(右图)。说明 TSP 技术可以为边界层流动以及模型近壁区流动结构研究提供技术支撑。

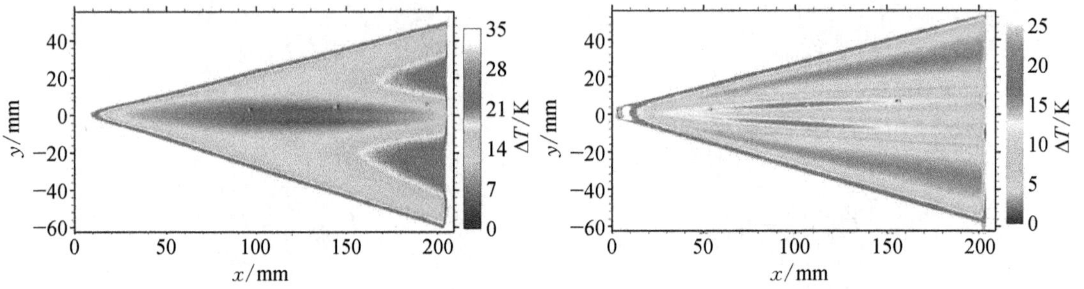

(a) 三角翼迎风面温升　　(b) 三角翼背风面温升

图 5.36　三角翼模型典型 TSP 实验结果

5.2.3　红外测温技术

任何物体只要其温度高于绝对零度，都会因分子的热运动而发出红外辐射，而且单位时间内辐射的能量由物体的温度决定。红外测温方法就是利用这一特性测量物体温度。这种测温方法属非接触测量，灵敏度高，响应快(可达毫秒甚至微秒级)，测量距离可近可远，测量目标可大可小。红外探测器输出的电信号，经过电子电路的放大和处理，获得物体温度信息。红外测温方法，已有红外测温仪可供使用。当被测物体表面温度分布不均匀时，各个局部的红外辐射能量也不同，即存在红外辐射能量密度分布。使这种人眼无法看到的红外辐射能量密度分布转变为图像的过程，称为红外成像。红外热像仪是实现这一过程的一种仪器。

1. 红外成像原理

红外热成像是基于物体本身分子热运动而产生的热辐射，由于目标与背景的温度和发射率不同，在能量和光谱分布上产生辐射差异。在辐射的差异中包含着目标的信息，经过红外探测器转换成相应的电信号，通过图像采集和处理后形成热图。红外热成像是以记录一个物体的表面热图来显示物体表面的温度或热流特性。

红外辐射是自然界存在的一种最为广泛的电磁波辐射，它是基于任何物体在常规环境下都会产生自身的分子和原子无规则的运动,并不停地辐射出红外能量。物体发射热量称为辐射,辐射的波长和强度与物体的温度有关,物体温度越高分子和原子的运动越剧烈,辐射的能量越大,反之,辐射的能量越小。红外测温是依据这一特性来测量物体温度。红外波长通常分四个区段：近红外区(0.76~1.5 μm),中红外区(1.5~6 μm),远红外区(6~15 μm),极远红外区(15~1 000 μm)。高温辐射主要在近红外区和中红外区。

物体向外发射辐射的能力称发射率(辐射率),辐射出的红外光束在物体表面会产生反射和吸收。当辐射热遇到一个物体表面被完全吸收时,称该物体表面为黑体(或理想吸收体),而一个黑体又是一个理想辐射体,因为它在给定的温度下可以最大限度地放热。通常用物体发射的辐射能与同温度下绝对黑体发射的辐射能之比来度量发射率。黑体具有最大的发射率,值为1。

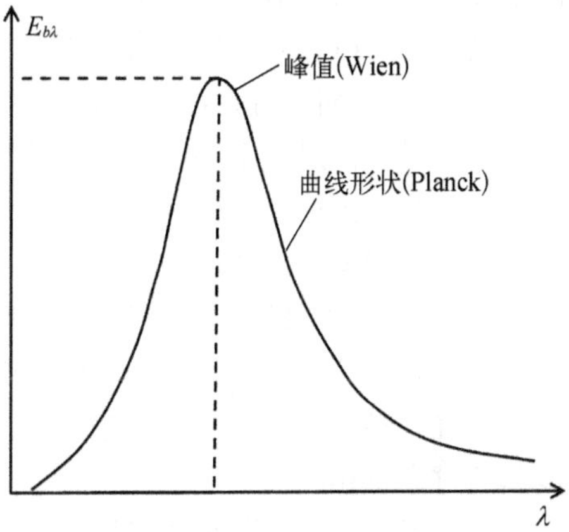

图5.37　黑体的频谱分布(温度为 T_s)

图5.37给出了某一温度 T_s 下一个黑体的频谱分布($E_{b\lambda}$ 随波长的变化),即光谱辐射曲线。$E_{b\lambda}$ 是波长为 λ 的光波在单位面积上热传递的辐射能,这种辐射能称为单色辐射能。这个分布曲线的形状、峰值和面积分别可用三个定理来描述。

(1) 单位波段内的辐射强度用普朗克(Planck)定理描述：

$$E_{b\lambda} = \varepsilon_\lambda E_b \tag{5.15}$$

$$E_{b\lambda} = c_1\lambda^{-5}\left[\exp\left(\frac{c_2}{\lambda T}\right) - 1\right]^{-1} \tag{5.16}$$

(2) 用维恩(Wien)位移定理描述曲线的峰值对应波长：

$$\lambda_m = 2\,898/T(\mu\text{m}) \tag{5.17}$$

(3) 用Stefan-Boltzmann定理描述曲线与横坐标之间的面积：

$$E_b = \sigma T^4 \tag{5.18}$$

以上三个式中,$E_{b\lambda}$ 是单色辐射能;E_b 为黑体辐射总能量；ε_λ 为单色辐射率(辐射系数,或发射率),$\varepsilon_\lambda = E_{b\lambda}/E_b$；$c_1 = 0.374 \times 10^{-12}(\text{W/cm}^2)$；$c_2 = 1.438(\text{cm} \cdot \text{K})$；$\sigma = 5.67 \times 10^{-12}[\text{W}/(\text{cm}^2 \cdot \text{K}^4)]$。

对于黑体来说,其任何波长的辐射系数 $\varepsilon_\lambda = 1$；若 $\varepsilon_\lambda < 1$,并且对所有波长均为常数,则称为灰体。

2. 红外测量系统

风洞测量中的红外成像系统由红外热像仪、黑体以及红外玻璃三部分组成。

(1) 红外热像仪。红外热像仪按照成像波段可分为长波、中波和短波。一般商用红外热像仪长波工作波段在 8~12 μm,中波工作波段在 2~5 μm,短波工作波段在 0.8~2.5 μm;按成像方式分,可分为光机扫描式红外热像仪和焦平面红外热像仪。光机扫描式红外热像仪体积大,成像帧频低,目前市面上普遍采用焦平面红外热像仪。热成像仪的性能主要是从温度分辨力和空间分辨力两个方面来评价的。基本性能指标有:噪声等效温差(NETD)、最小分辨温差(MRTD)、最小可探测温差(MDTD)和调制传递函数(MTF)等。由于红外探测器的信号输出很小,在常温下往往被探测器的热噪声所淹没。为了使探测器的灵敏度足以分辨目标的最小温差,在热噪声中能测量到清晰的信号,探测器最好在低温下工作,通常对红外探测器进行主动冷却。

(2) 黑体。黑体主要用于对红外热像仪进行标定。黑体一般由控制器和黑体源两部分组成。其主要性能指标有:发射率、精度、温度范围。

(3) 风洞窗口红外玻璃。在实际风洞试验中,红外热像仪与试验模型之间安装有透红外的玻璃,红外玻璃是红外热成像测试系统的重要组件。红外窗的材料要能经受风洞的内外压差,又耐热。普通光学玻璃或石英光学玻璃对红外探测器的灵敏波段都不适用。常用的红外玻璃有单晶锗、硫化锌、氟化钡、氟化钙等材质。不同的红外玻璃在不同的波段其透过率不相同。

锗的透射光波范围为 2~15 μm,在可见光范围是不透明的,表面反射率高达 36%,在使用时增镀消反射膜。硫化锌的透射范围为 1~14 μm,也需增镀消反射膜。氟化钙在相当宽的波段范围内有良好的透射率,无需增镀消反射膜。蓝宝石红外玻璃,其表面坚硬,在 0.15~6 μm 范围内具有高的透射率。为提高测量精度,应尽可能增大红外玻璃的透过率,一般处理方法是在玻璃表面镀一层增透膜。

3. 测量方法

实验时,红外玻璃平面与镜头方向尽量垂直。如果不垂直,则需要在试验后用黑体现场标定。由于红外热像仪的灵敏度高,它能把很小的温差反映到热图上。因此,为防止周围环境的热源经红外窗反射入镜头内,尽量用遮挡物罩住镜头到模型的通路。图 5.38 是一个典型的试验测量设备布置示意图。

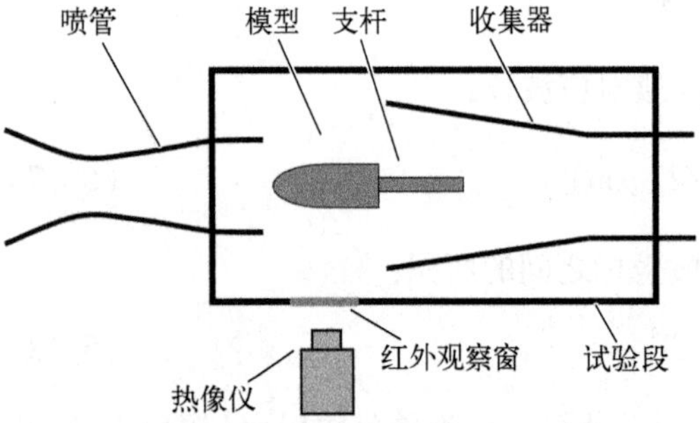

图 5.38 试验中热像仪和模型的位置示意图

热成像仪的技术参数要选择合理,如镜头焦距能达到合理的放大率。接受的红外波长范围应适合模型加热要求(温度范围),要求有较高的温度分辨力和灵敏度等。

模型的材料选择,常采用非金属材料,如聚四氟乙烯。如果同时有强度和刚度要求时,可做成组合式的,即在不锈钢模型上,局部装嵌非金属材料,如酚醛胶木等,因为金属表面的热扩散太快,有可能使温度信号被淹没。从测温基本原理可知,模型材料的表面辐射率(发射率)测定是十分重要的。影响材料表面发射率的主要因素是材料特性、模型表面状况和表面温度。标定的温度应根据研究对象而定，在可能的情况下，用黑色模型或涂布黑色无光涂料，发射率可提高到 0.95 以上。

为消除高温洞壁对测量的影响，可采用如下方法：对同一种试验状态吹风两次。在第一次吹风时，先吹风，待流场建立并且稳定后停车，然后迅速投放和室温相同的同种姿态的模型，测量此时模型的温度。这时模型的温度可以反映各种环境因素对模型各个点测量的影响。第二次按正常情况吹风。用第二次的测量值减去第一次的测量值就可以扣除高温环境的影响因素。

4. 校测标定

红外热像仪和黑体都是高精度的电子设备，在使用一段时间后，会由于电子元器件的老化而出现漂移，造成误差。因此，必须按期标定。黑体作为标准温度源，其温度准确性比热像仪要求更高，一般把黑体送到有资质的计量局进行标定。

红外热像仪在出厂前就进行了标定，由于测量的温度范围大，为提高其精度，实际可分多段进行标定，标定后的数据固化到机器中。在正常试验使用之前，若有必要，红外热像仪可采用黑体标定。标定时，先把黑体温度稳定在一个值，然后用红外热像仪测量黑体温度，同时记录下黑体和热像仪的温度。改变黑体温度，重复上面的步骤，得到一系列黑体和红外热像仪测量的温度值对应表。最后把试验得到的热图温度（未标定的测量值）按对应表一一换算为真实的温度值。

红外成像测量系统的现场标定可在测试系统几何位置固定后，风洞运行前进行。把黑体置于模型所处位置，重复上述步骤，以确定窗玻璃、室温空气和杂散红外辐射。

图 5.39 为采用红外热像仪在风洞中开展测温实验照片，风洞试验段窗口设置了红外玻璃。图 5.40 所示为德国 DLR 采用红外测温技术获得的机翼表面的温度分布图像。

图 5.39　在风洞上采用红外测温技术开展实验（圆形区域为红外窗口）

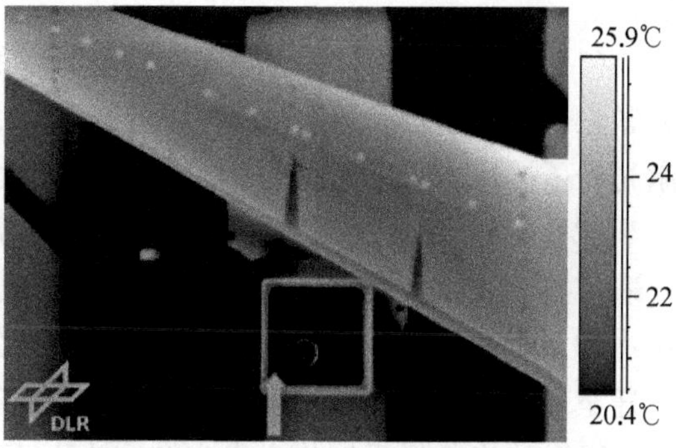

图 5.40　DLR 采用红外测温技术获得的机翼表面温度分布

5.3　基于激光诱导荧光技术的浓度和组分测量

利用流场中特定示踪粒子（原子或分子）在激光脉冲的作用下产生荧光的特性来显

示并得到流场中某些参数的技术称为激光诱导荧光(laser induced fluorescence, LIF)技术。其基本物理过程可以描述为：位于基态的原子或分子吸收特定波长的激光(激光光子的能量等于某两个特定能级的能量之差)后跃迁至能量较高的激发态,由于处于高能态的原子或分子是不稳定的,因此这些处于高能态的原子或分子将以各种形式释放出能量并回到基态,如图 5.41 所示。

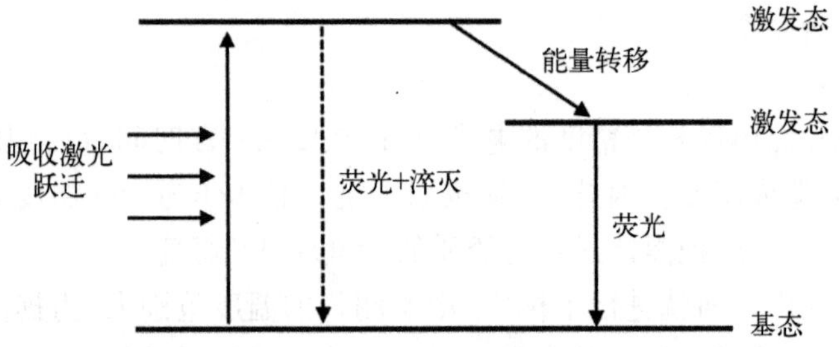

图 5.41　LIF 跃迁原理图

回到基态方式分为两种：无辐射跃迁和自发辐射跃迁。前者能量以热能的形式释放,后者能量以光波的形式释放。自发辐射是原子或分子随机地从高能态跃迁到低能态的过程,大量原子或分子自发跃迁产生的辐射即为荧光。通常情况下荧光光子的波长要大于入射光子的波长,对于荧光现象,一旦停止光线的照射,荧光过程也会在 1 微秒以内结束。

激光诱导荧光技术主要由产生荧光的荧光物质(某种原子或分子),激发荧光的激光器,捕获荧光信息的光学装置以及相对应的图像处理系统四部分组成。由于该技术涉及到分子内部的能量转换,因此微观过程相对比较复杂,但总体上该技术可以概括为三个过程。

(1) 能量的吸收过程。当具有特定频率的激光射入含有特定示踪粒子的流场时,如果激光光子能量与流场中示踪粒子的跃迁能级差相同时,便会发生共振吸收现象,一部分激光光子被粒子所吸收,粒子从基态跃迁至激发态。

(2) 能量转移过程。那些吸收激光能量并跃迁至激发态的示踪粒子,其中的一部分会通过振动或者转动实现能量转移,无辐射跃迁至较低能级的激发态。

(3) 能量释放过程。处于激发态粒子部分发生猝灭过程,通过碰撞释放能量,无辐射跃迁至基态;另一部分则以自发辐射的形式释放能量,产生荧光信号。

通过片光整形系统将激光束转变为平面片状光束,片光穿过待诊断的流场时会选择性激发特定组分,这些示踪粒子吸收光子的能量后,从基态能级跃迁到激发态能级。处于激发态能级的粒子由于性质不稳定,会通过自发发射过程跃迁回到基态能级,同时会发出荧光,此即平面激光诱导荧光技术(planar laser induced fluorescence, PLIF),如图 5. 42 所示。将微弱的荧光信号进行放大并使用相机记录下荧光在不同空间位置处的强度值,根据荧光灰度图,结合一定的图像和数据处理方法,就可以分析出流场中的组分浓度、流场空间温度等相关的参数信息。

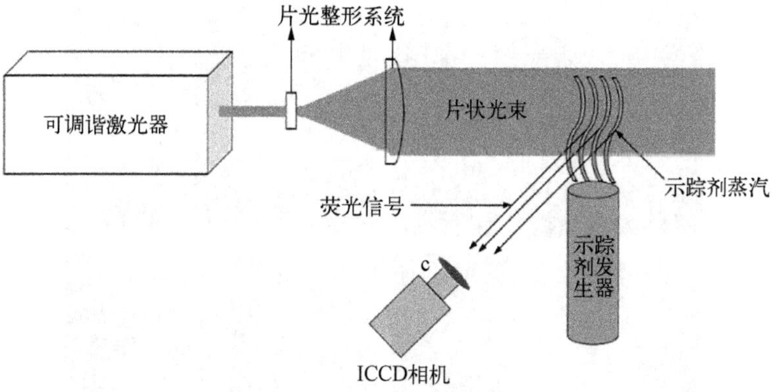

图 5.42　PLIF 技术原理示意图

如对于某些气体,选择适当的试验条件,可以使荧光信号近似为温度的单值函数,在理论上,就可以得到荧光强度与温度的关系。根据局部热力学平衡理论及光谱辐射原理,选用适当的激光波长可以使荧光信号对温度变化不敏感,从而大大削弱荧光信号对温度的依赖关系,通过测量这样条件下的荧光信号,可以获得与光强成正比的气流密度。PLIF 技术相对于其他技术具有的突出优点是具有较高的时间和空间分辨率。而且作为一种非接触测试技术,对流场扰动极小。

对不同组分进行测量,需要不同波长的入射激光。可以通过染料激光器和倍频器改变输出激光的波长(或者使用可调谐激光器),实现对特定分子或组分的测量。常用的示踪粒子及其对应的激光器激励波长可参考表 5.2。

表 5.2　常用的示踪粒子及其对应的激光器激励波长

分子(或原子)	激励波长/nm	分子(或原子)	激励波长/nm
H	206	N	211
C	280	NO_2	590
O	226	NH_3	305
OH	309	NO_3	570
CH	413	CN	388
CO	280	S	311
NO	226	SO	320

OH 等自由基是烷烃燃料燃烧过程中的重要中间产物,广泛分布在火焰的反应区和高温燃烧产物中,因此 PLIF 技术广泛用于燃烧流场诊断。如图 5.43 所示为火焰射流的 PLIF 测试结果,其可反映流场的流动结构和组分信息。

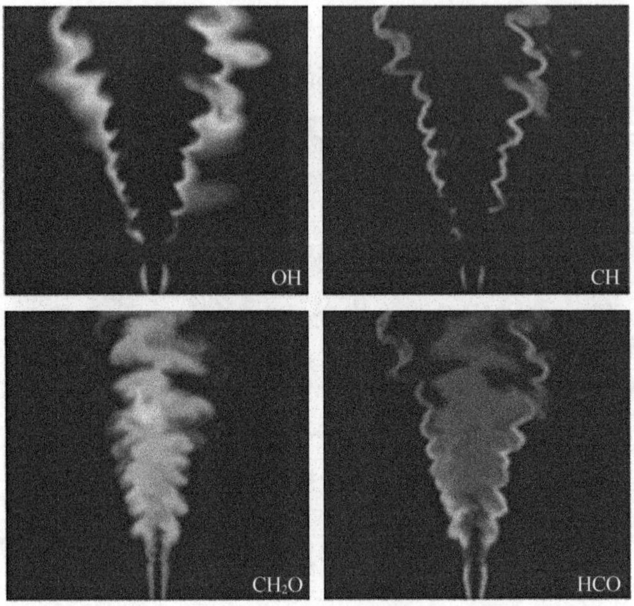

图 5.43　燃烧火焰 PLIF 测试结果

5.4　流 量 测 量

5.4.1　流量概述

在工业生产和空气动力实验中，流量是非常重要的参数，流量测量是实现自动化检测和控制的重要环节。流量是一个动态量，其测量过程与流体的流动状态、物理性质、工作条件及流量计前后直管段的长度等因素有关[20]。

流体在单位时间内通过流道某一截面的量称为流体的瞬时流量，简称流量；在一段时间内，比如在 t_1 时刻到 t_2 时刻期间，对瞬时流量积分得到 t_2-t_1 时间段内流体流过的总量，称为累积流量；累积流量除以时间，得到平均流量。

按计量流体数量的不同方法，流量可分为质量流量 q_m 和体积流量 q_V，ρ 为被测流体的密度，则体积流量和质量流量之间的关系为

$$q_m = \rho q_V \tag{5.19}$$

在国际单位制中，q_m 的单位为 kg/s，q_V 单位为 m^3/s。因为流体的密度 ρ 随流体的状态参数的变化而变化，故在给出体积流量的同时，需要指明流体所处的状态。特别是对于气体，其密度随压力、温度变化比较显著，为了便于比较，常把工作状态下气体的体积流量换算成标准状态下（温度为 20℃，绝对压力为 101 325 Pa）的体积流量，用 q_{VN} 表示。

5.4.2　流量测量方法

流体流动的动力学参数，如流速、动量等都直接与流量有关，因此这些参数造成的各

种物理效应,均可作为流量测量的物理基础。目前,已投入使用的流量计有 100 多种,流量计按工作原理不同,一般可归结为容积法、速度法和质量流量法三种。

容积法,利用容积法制成的流量计相当于一个具有标准容积的容器,它连续不断地对流体进行度量,在单位时间内,度量的次数越多,即表示流量越大。这种测量方法受流动状态的影响较小,因而适用于测量高黏度、低雷诺数的流体,但不宜于测量高温、高压以及脏污介质的流量,其流量测量上限比较小。椭圆齿轮流量计、腰轮流量计、刮板流量计等都属于容积式流量计。

速度法,根据流体的连续性方程,因为体积流量等于截面上的平均流速与截面面积的乘积,如果再有流体密度的信号,便可得到质量流量。在速度法流量计中,节流式流量计历史悠久,技术最为成熟,是目前工业生产和科学实验中应用最为广泛的一种流量计。属于速度式流量计的还有涡轮流量计、电磁流量计等。

质量流量法,无论是容积法,还是速度法,都必须给出流体的密度才能得到质量流量,而流体的密度受流体的状态参数影响,这就不可避免地给质量流量的测量带来误差。解决这个问题的一种方法是同时测量流体的体积流量和密度,或根据测量得到流体的压力、温度等状态参数对流体密度的变化进行补偿。当然理想的方法是直接测量得到流体的质量流量,这种方法的物理基础是测量与流体质量流量有关的物理量(如动量、动量矩等),从而直接得到质量流量。这种方法与流体的成分和参数无关,具有明显的优越性,但目前生产的这种流量计都比较复杂,价格昂贵,因而限制了它们的应用。

应当指出,无论哪一种流量计,都有一定的适用范围,对流体的特性以及管道条件都有特定的要求。目前生产的各种容积法和速度法流量计,都要求满足下列条件:

(1) 流体必须充满管道内部,并连续流动;

(2) 流体在物理上和热力学上是单相的,流经测量元件时不发生相变;

(3) 流体的速度一般在声速以下。

5.4.3　典型流量测量仪器原理

目前应用较多的气体流量计主要有涡轮流量计、孔板流量计、涡街流量计等,此类流量计均属于传统流量计,在局部工况环境下能够稳定可靠地工作。

1. 差压流量计

差压式流量计是根据安装在管道中的流量检测元件所产生的压差来测量流量的仪表,应用非常广泛,使用量一直居流量仪表的首位,可以用来测量液体、气体或蒸汽流量。差压式流量计中使用最为广泛的就是节流式差压流量计,节流装置按其标准化程度,可分为标准型和非标准型两大类。所谓标准型是指按照标准文件(如国标 GB/T 2624)进行节流装置设计、制造、安装和使用,无需单独标定即可确定输出信号(压差)与流量的关系,并已估算了其测量误差。标准节流装置由于具有结构简单、使用寿命长和适应范围广的优点,在流量测量仪表中占据重要地位[20]。

孔板流量计是典型的差压流量计,如图 5.44 所示,其工作原理是被测气体介质经过孔板前后会产生一定的压差,将该压力差值与流量值建立对应的模型关系,通过对压力差的测量计算流量。孔板流量计价格低廉、结构简单、性能较为稳定，获广泛应用。

以不可压缩流体流经孔板为例，分析流体流经节流元件时的压力、速度变化情况。在充满流体的管道中放置一个固定的、有孔的局部阻力件（节流元件），可以形成流束的局部收缩。对一定结构的节流元件，其前后的静压差与流量成一定的函数关系，如图 5.45 所示。

图 5.44　某型孔板流量计实物照片

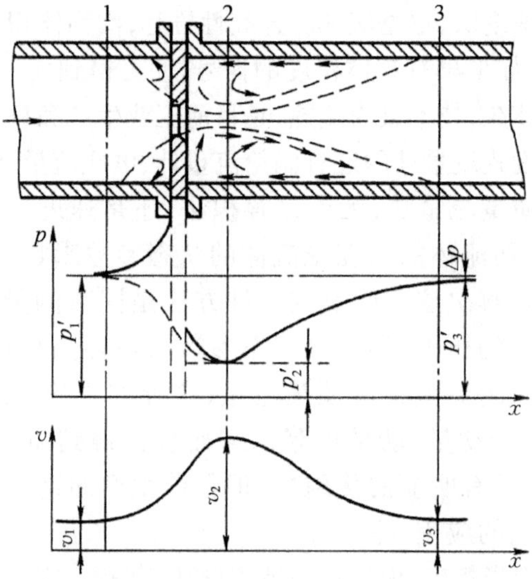

图 5.45　孔板附近流束变化及压力分布

截面 1 位于节流元件上游，该截面处静压力为 p_1'，平均流速为 $\bar{v}_1$，流束截面的直径（即管内径）为 D，流体的密度为 ρ_1；截面 2 为流束的最小截面处，它位于标准孔板出口后方。此处流体的静压力最低为 p_2'，平均流速最大为 $\bar{v}_2$，流体的密度为 ρ_2，流束直径为 d'。对于孔径为 d 的标准孔板，$d' < d$。

在节流元件前，流体向中心加速，至截面 2 处流束截面收缩到最小，流动速度最大，静压最低，然后流束扩张，流动速度下降，静压有所升高，直至在截面 3 处流束又充满管道。由于产生了涡流区，致使流体能量损失，故在截面 3 处静压力 p_3' 不等于原先的数值 p_1'，产生了压力损失 Δp。

设管道水平放，对不可压缩流体有 $\rho_1 = \rho_2 = \rho$；再将能量损失记为 $s_w = \xi \cdot \dfrac{1}{2}\rho\bar{v}_2^2$，$\xi$ 为阻力系数，则对截面 1 和 2，根据伯努利方程可得

$$p_1' + c_1 \frac{1}{2}\rho\bar{v}_1^2 = p_2' + c_2 \frac{1}{2}\rho\bar{v}_2^2 + \xi \cdot \frac{1}{2}\rho\bar{v}_2^2 \tag{5.20}$$

式中，c_1、c_2 分别为管道截面 1、2 处的动能修正系数。

由流体的连续性方程可得

$$\rho\bar{v}_1\frac{\pi D^2}{4}=\rho\bar{v}_2\frac{\pi d'^2}{4} \tag{5.21}$$

假定在孔板处流束收缩到最小，则有 $d'=d$；假定截面 1 和截面 2 所在位置恰好为差压计两个固定测压点的位置，则固定点压力值 p_1、p_2 分别等于 p_1'、p_2'。根据式(5.20)和式(5.21)可以计算得到节流位置的流速为

$$\bar{v}_2=\frac{1}{\sqrt{c_2+\xi-c_1\left(\frac{d}{D}\right)^4}}\sqrt{\frac{2}{\rho}(p_1-p_2)} \tag{5.22}$$

如果进一步地假设，用平均流速代替瞬时流速无偏差，即 $c_1=c_1=1$；并且通过节流管道时无能量损失，即 $\xi=0$。那么理想情况下，通过管道的体积流量为

$$q_V=\frac{1}{\sqrt{1-\left(\frac{d}{D}\right)^4}}\sqrt{\frac{2}{\rho}(p_1-p_2)}\cdot\frac{\pi d^2}{4} \tag{5.23}$$

对于可压缩流体，由于密度随压力或温度的变化而变化，不再满足 $\rho_1=\rho_2=\rho$，此时再应用以上公式需做相应的修正。

文丘里管是测量流体压差和流量的一种装置，是意大利物理学家文丘里发明的。文丘里管是先收缩而后逐渐扩大的管道，测出其入口截面和最小截面处的压力差，用伯努利定理即可求出流量。文丘里管是由入口收缩部分、圆筒形喉部和圆锥形扩散段所组成的节流件。按收缩段的形状不同，又分为经典文丘里管和文丘里喷嘴。经典文丘里管是由入口圆筒段 A、圆锥形收缩段 B、圆筒形喉部 C 和圆锥形扩散段 E 所组成。按圆锥形收缩段内表面加工的方法和圆锥形收缩段与喉部圆筒相交的型线的不同，又分为粗糙收缩段式、精加工收缩段式和粗焊铁板收缩段式。经典文丘里管如图 5.46 所示。

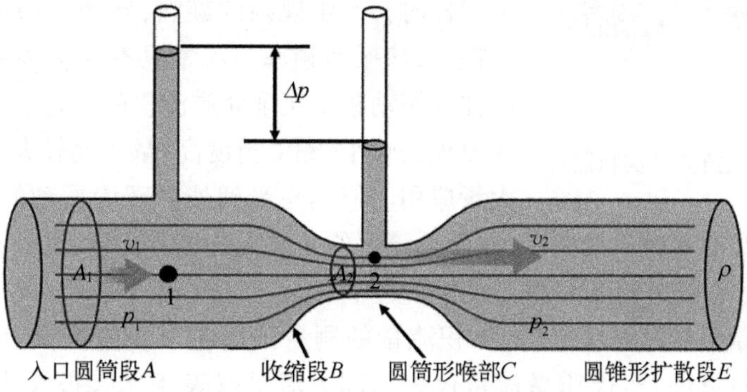

图 5.46　经典文丘里管结构示意图

文丘里管压力损失低，有较高的测量准确度，对流体中的悬浮物不敏感，可用于脏污流体介质的流量测量，在大管径流量测量方面应用得较多，但尺寸大、笨重、成本高，一般

用在有特殊要求的场合。如图 5.47 为某型文丘里管照片。

图 5.47 文丘里管剖面示意图和实物照片

2. 速度式流量计

速度式流量计是通过测量管道内流体流动速度来测量流量的。为了保证测量精度，对管道内流体的速度分布有一定的要求，因此速度式流量计前后必须有足够长的直管段或加装整流器。速度式流量计种类很多，如涡轮流量计、涡街流量计、电磁流量计和靶式流量计等。

涡轮流量计原理是通过介质推动涡轮转动，如图 5.48 所示，将介质流速值转换为涡轮的转动速度，此时涡轮的转速与介质流速存在一定的关系，再根据该关系推导出流速。涡轮流量计是最为传统的流量测量装置之一，在液体、气体等介质中都得到了广泛的应用，具有测量精度高，压损较小，安装方式简单等优点。但涡轮流量计也存在着明显的不足，例如，被测气体要求较为洁净、流体密度均匀、必须将其安装至管道内部等缺点。

图 5.48 某型涡轮流量计实物照片

涡街流量计是利用卡门涡街原理，当被测介质穿过卡门柱时会产生规则的旋涡，导致卡门柱发生一定频率的振动，该振动频率与流量具有对应关系。通过测量卡门柱的振动频率实现介质流量的测量。涡街流量计以其压力损失较小、测量精度高、量程比较大等特点也得到了大量应用。但其易受到外界环境振动的影响，并且涡街流量计对雷诺数有着较高的要求，对于低流速的介质无法进行测量，另外，安装相对复杂，必须有较长的直管段才能保证测量的准确性。

从目前流量测量发展情况看，体积流量的测量采用超声波流量仪表是发展的主流。在质量流量测量方面，科氏质量流量仪表与同类流量仪表相比有很大优势[21]。限于篇幅，本书仅介绍了几种典型的经典流量测量方法和仪器，关于流量测量的详细知识可参考国防工业出版社《实用流量仪表的原理及其应用》一书。

思　考　题

1. 在温度测量中，无论采用什么形式的测温探头，由于温度敏感元件与周围空气等不可避免地产生热交换，故测量温度 T_{0m} 总是低于总温 T_o。试推导由复温系数 r 表示的总温测量误差(已知 c_p)。
2. 在模型表面上开静压孔，应注意哪些事项？
3. 适用于低速、跨声速和超声速等不同速度范围的静压管各有哪些特点？
4. 不同速度范围内的总压测量各有哪些特点？
5. 常用的压力传感器有哪几种？说明其工作原理。
6. 在下列四种风洞中，要在模型实验的同时测量试验段气流的总温，选择合适的测量方法：(1) 吸气式超声速风洞；(2) 吹气式超声速风洞；(3) 直流式低速风洞；(4) 回流式低速风洞。
7. 用镍铬-镍硅热电偶测量温度，已知冷端温度为 4℃，测得热电动势为 10 mV，求工作端温度。
8. 描述压敏漆的原理，以及压敏漆测量压力分布的硬件系统组成。
9. 激波管中需要测量高压段和低压段之间的膜片破裂后产生的激波速度，宜采用何种传感器？说明其原理和过程。

第6章
流场速度测量

学习要点：

(1) 基于风速管、多孔探针的速度测量；

(2) 热线风速仪的原理和系统组成；

(3) 粒子图像测速技术的原理，系统组成及应用。

气流速度是气体运动状态的重要参数之一。速度是矢量，它具有大小和方向。

流场速度测量可以分为单点速度测量和全场速度测量两大类，单点速度测量可通过接触式测量方法，如热线风速仪(hot wire anemometers，HWA)、风速管。近几十年来基于激光技术的流场诊断方法蓬勃发展，使人们可以对流场的二维和三维速度场进行准确测量，如激光多普勒测速仪(laser Doppler anemometer，LDA)和粒子图像测速技术(particle image velocimetry，PIV)。

6.1 风速管

在低速气流中，如测出气流的总压与静压之差，即测出气流的动压，由于密度为定值，进而根据伯努利方程可计算得到气流速度。通常用总压—静压管感受气流的动压，其为L型探针，又称风速管或毕托管，如图6.1所示。图6.2给出了某型风速管的实物照片。探针端头部有总压孔对准来流的方向，即可感受到流体总压，通过针内的管路将此压力引至压力计测量。探针侧面有多个静压孔均匀分布在圆周上，孔与来流方向垂直，感受流体的静压，由另一管路将它引至压力计测量。总压孔和静压孔的位置和开孔要求与本书5.1节所述总压管、静压管一致。

总、静压感受孔与支杆末端的总、静压接头分别畅通。由于风速管设计、制造等各种因素的影响，测出的压力差不等于气流的动压，即存在一定的系统误差，需要引入风速管校准数 ξ 来修正测出的压差值，即

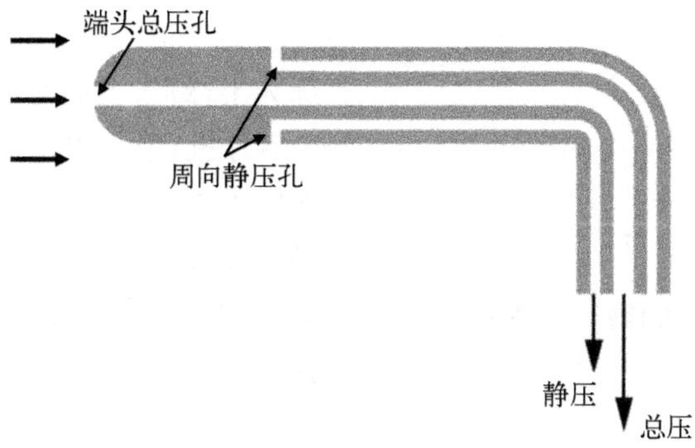

图 6.1　风速管结构示意图

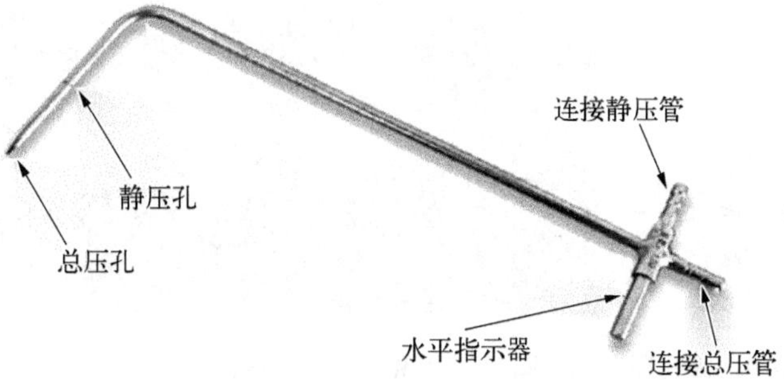

图 6.2　L 型风速管实物照片

$$\xi \cdot \Delta p_m = \frac{1}{2}\rho V^2 \tag{6.1}$$

风速管 ξ 的值用校准方法(例如,与已知 ξ 值的风速管相比较的方法)来确定, Δp_m 为测量得到的总压和静压差,在使用风速管测量风速时应注意以下几点。

(1) 严格地说,风速管所感受的总压和静压并不是同一点上的总压和静压。因此,不宜在沿气流流动方向上速度有急剧变化的流场(即静压梯度较大的流场)中使用。

(2) 由于气流偏角会对压力测量造成影响,所以使用时,风速管的轴线应与气流流动方向一致。

(3) 由于压缩性会影响总压和静压的测量,所以不同的风速管适用于不同的流速测量。马赫数较高时需要进行修正。

6.2　多孔探针流向测量

在空气动力学实验中有时不但要测量流速大小,而且还要测定气流方向。这时可采用多孔探针,常用的有三孔探针、五孔探针和七孔探针等,如图 6.3 所示。

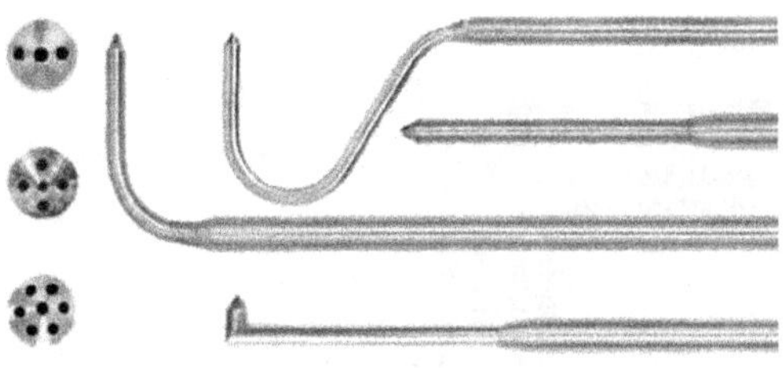

图 6.3　不同类型多孔探针实物照片

在低速气流中常用五孔探针来测量流场中某点的气流方向，如图 6.4 所示。探针的头部为半球形，上面开有 5 个测压孔。上、下两个测压孔（孔 1 和 3）用来测量气流在竖直平面内的气流方向与探头轴线之间的夹角 α；左、右两个测压孔（孔 4 和 5）用来测量在水平面内的气流方向与探头轴线之间的夹角 β。

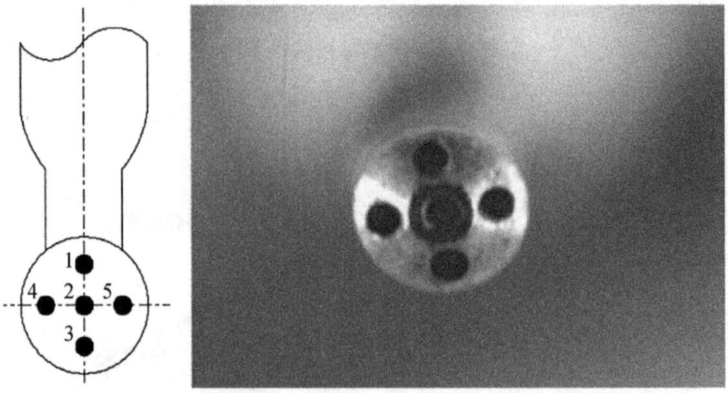

图 6.4　五孔探针示意图和实物照片（实物探针端头直径为 1.5 mm）

五孔探针测量流向的原理是：假定半球形头部和 5 个测压孔的加工都非常准确，当气流沿着探头的轴线流动时，则 $p_1 = p_3 = p_4 = p_5$。而当气流方向与探头轴线之间有偏角时，则会引起半球形头部的表面压强分布发生变化。上、下两测压孔产生与俯仰角有关的压力差，则 α 与 $\Delta p_{1-3} = p_1 - p_3$ 有关。左、右测压孔产生与偏航角有关的压力差，即 β 与 $\Delta p_{4-5} = p_4 - p_5$ 有关。在实际使用中，通常采用校准方法，绘制角度和压力差的曲线。使用时，将五孔探针安装在待测流场中，测出各测压点的压力值，根据校准曲线即可确定探头所在位置处气流的流向。这种五孔探针可用来测量±40°以内的气流偏角。

使用五孔探针测量气流速度时，其使用方法有三种：

（1）全对向测量，测量时靠坐标器转动，如图 6.5 所示，使探针中心线完全对准气流方向，使探针 1、3、4、5 孔压力相等；

（2）非对向测量，将探针固定在移测架上，测量过程中探针不转动，测得五个孔的压力，根据校准曲线求出气流各参数；

（3）半对向测量，探针固定在坐标器上，探针某一个自由度可以绕坐标器轴转动，可以使 $p_1 = p_3$ 或者 $p_4 = p_5$。

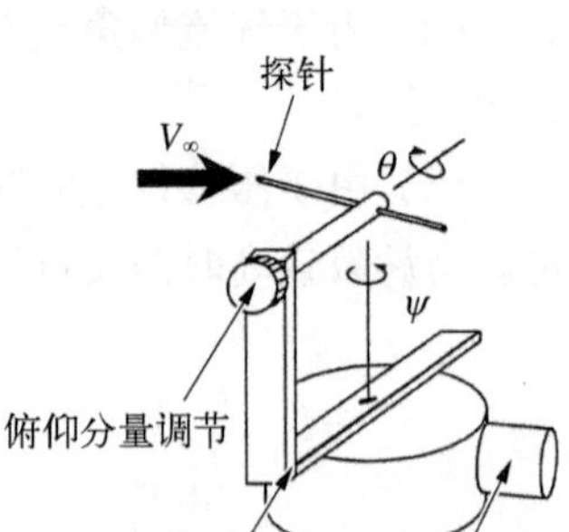

图 6.5　多孔探针坐标器示意图

与五孔探针类似，还有七孔探针、九孔探针等。七孔探针在高亚声速的测量环境中，它的测量范围达到 65°；在低亚声速的测量环境中，测量范围可达到 75°。由于探针技术在流场测量中属于接触式测量，那么探针的尺寸大小必然会对流场产生一定的干扰和影响，因此探针系统的小型化是以后的发展趋势[22]。如图 6.6 所示为某型七孔探针的实物照片，其探头尺度已经达到亚毫米级。

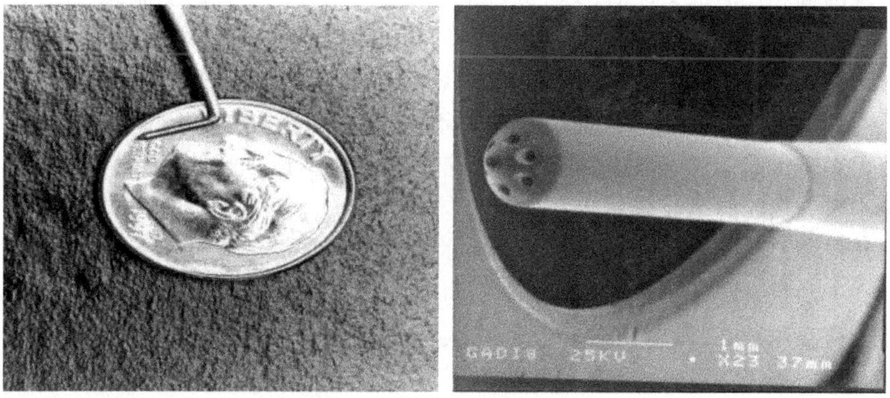

图 6.6　七孔探针外形照片

多孔探针具有简单牢固的结构特点、可重复测量的特性，以及便于携带和方便外场使用等优势，让其在测量大角度复杂流场时得到了广泛的应用。按照超声速锥形流理论，仔细设计和校准的锥形探针可用来测量超声速流动流向。

6.3　热线风速仪

热线风速仪发明于 20 世纪 20 年代，是利用热线与气流之间的热交换现象测量气流速度或脉动速度的一种仪器。热线风速仪基本原理是将一根细的金属丝（细金属丝典型直径 $d=0.5\sim5\ \mu m$，长度 $L>300d$，一般为铂丝或钨丝）置于气流中，通过电流加热金属丝后，使其温度高于流体的温度，因此将金属丝称为“热线”，如图 6.7 所示。当金属丝周围有气流流过时，热量被气流带走，金属丝温度发生变化。热线的热量损失取决于下列因素：① 流体介质的流速；② 热线和流体介质间的温度差；③ 流体介质的物理特性；④ 金属丝的物理性质和几何尺寸。

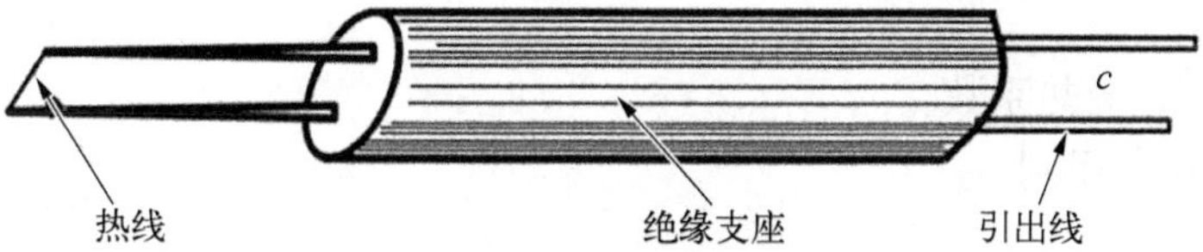

图 6.7　热线探头

由此可见，热线法不仅可以用来测定流体介质的流速，还可以用来测量介质的温度以及测定流体介质的成分等。对于热线风速仪，上述后三项是确定的值，热线的热量损失仅取决于流体介质的流速，故可用来测定流体的流动速度。金属丝的一个重要特性是它的电阻会随温度变化，这是热线作为风速感受元件的基础。金属丝温度和流速可通过校准标定获得在某介质下的函数关系。根据此关系即可通过温度变化求出流场速度。热线风速仪是目前测量速度脉动最常用的一种仪器,它的动态响应高(可达兆赫兹),灵敏度高、便宜、易于自制,还具有较高的空间分辨率[23]。

热线两端焊在两根支杆上,支杆穿过绝缘支座与引出线连接。电流经引出线、支杆通过热线,热线发出热量。根据不同的测量目的和测量的具体条件,也可将热线探头设计成其他形式。电流通过热线产生的热量,通过热辐射、自由对流传热和强迫对流传热向气流耗散。一般情况下,热线与气流间的温度差不大,所测气流的速度不会小于 0.2 m/s,热辐射和自由对流传热相对于强迫对流传热而言可以忽略不计。此外,热线向支杆的导热也是一个小量。热线的热耗散只计强迫对流传热[16]。

热线风速仪测量原理是根据热线产生的热量与其耗散的热量相等,得出加热电流在热线中产生的热量应等于热线与周围介质的热交换进行的。根据 King 公式,近似得到换热表面的努塞尔数 Nu 与雷诺数 Re 之间的关系,再由换热系数得到热线处流速的大小和方向[24]。

热线被运动流体带走的热量 Q_c,可用牛顿冷却公式计算:

$$Q_C = hS(T_w - T_f) = h\pi dl(T_w - T_f) \tag{6.2}$$

式中,h 是对流热交换系数;S 是表面积;T_w 是热线表面温度;T_f 是流体温度;d 是热线直径;l 是热线长度。

研究对流热交换问题的关键,就是要求得对流热交换系数 h。从基本方程出发求解 h,即使在稳态情况下,也是很复杂困难的[25]。所以,除较简单的问题外,一般仍是从实验关系式中求得热交换系数 h。

热线是一根均匀的直圆柱体,当垂直气流放置,在稳态、受迫对流换热情况下,有各种经验的热交换关系式,其中最简单的是 King 公式:

$$Nu = a_1 + b_1\sqrt{Re} = a_1 + b_1\sqrt{\rho ud/\mu} \tag{6.3}$$

式中,a_1、b_1 是常数,由实验确定。又有努塞尔数 Nu:

$$Nu = \frac{hd}{\lambda} \tag{6.4}$$

式中,λ 为金属丝导热系数。

进一步地可以得到

$$Q_C = Nu \cdot \pi l\lambda(T_w - T_f) \tag{6.5}$$

$$I^2R_w = Q_C = \pi l\lambda(a_1 + b_1\sqrt{\rho ud/\mu})(T_w - T_f) \tag{6.6}$$

由此可以构建电流或者电压与气流速度之间的关系。

热线风速仪的电路有两种形式,一种是恒温电路,测量中保持热线恒定的温度(电阻);另一种是恒流电路,测量中保持通过热线的电流恒定。测量气流脉动速度时大都用恒温电路。

对于恒温电路，热线探头接入电桥中，电桥上有一定的电压，热线被加热到一定的工作温度，通过保持热线电阻在流场中的温度不变，当风速变化时，引起流经热线电阻的电流发生变化，从而引起两端的电压发生变化。若气流流过热线(气流方向与热线轴线相垂直)，即气流速度不为 0，则热线的散热量增大，热线的温度下降，电阻值减小，导致电桥失去平衡，电桥两端有电压信号输出。将此信号输入伺服放大器，放大器随即改变电桥的电压，增大通过热线的电流，补偿热线所散失的热量，使热线恢复到原先的工作温度。电桥在新的电压下达到新的平衡。这种热线风速仪的电路是应用反馈原理来控制电桥电压使热线的工作温度保持恒定的，故称为恒温式热线风速仪，又称恒阻式热线风速仪。由于电桥电压随着热线的散热情况而变化，故测量出电桥电压的变化，即可求得气流速度的变化。图 6.8 恒温式热线风速仪工作原理图。

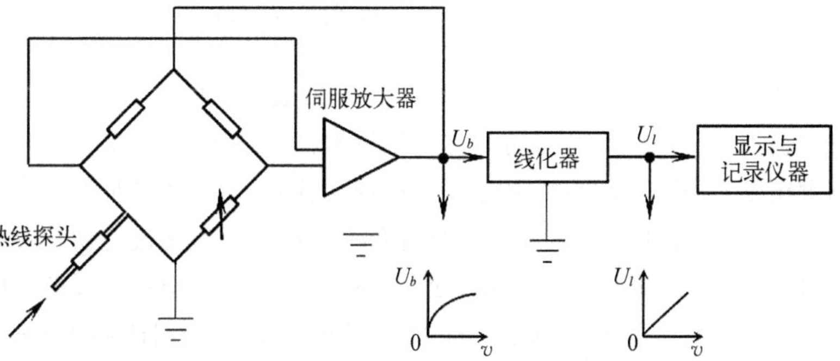

图 6.8　恒温式热线风速仪工作原理图

恒流式热线风速仪主要的组件包括惠斯通电桥和线性补偿网络。通过保持经过热线的电流不变，流场流速发生变化时，热线电阻随之改变，因而两端的电压发生变化。

就动态响应特性来说，恒温式热线的时间常数远小于恒流式热线的时间常数。而时间常数愈小，动态响应特性就愈好。现在的恒温式热线风速仪的频率可达 200~500 kHz 甚至更高，具有良好的动态响应特性，这就满足了大多数非定常流场测试的需求。

热线除普通的单线式外，还可以是组合的双线式或三线式，如图 6.9 和图 6.10 所示，用以测量各个方向的速度分量。热线输出的电信号，经放大、补偿和数字化后输入计算

图 6.9　不同类型热线探头示意图

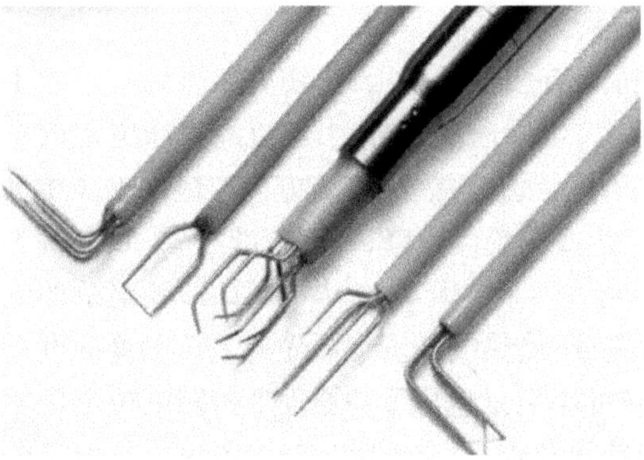

图 6.10 热线探头实物照片

机，自动完成数据后处理过程，扩大测速功能，如同时完成瞬时值、时均值、合速度和分速度、湍流度和其他参数的测量。

与风速管测速方法相比较，热线探头的几何尺寸小，对流动的干扰小，适用于边界层和模型周围流场的测量。热线风速仪输出量是电压或者电流，便于显示、记录，便于计算机数据处理。由于热线易断，易受灰尘污染的影响，故使用过程中应十分细心，且应经常校准。

6.4 粒子图像速度场仪

粒子图像速度场仪（PIV）是20世纪70年代末发展起来的一种瞬态、多点、非接触式的激光流场测速技术。PIV技术可同时非接触测量流场中一个截面上的速度分布，且具有较高的测量精度。PIV测速的基本过程是在透明流场介质中添加示踪粒子，让示踪粒子跟随流体一起运动；使用脉冲激光片光对含有示踪粒子的流场进行切片照明；相机连续两次曝光获得粒子图像。基于粒子图像，通过互相关方法计算得到流场的速度分布。PIV技术测速范围从每秒0.1厘米到每秒几百米，其精度约1%（个别达到0.2%）[26]。

6.4.1 PIV基本原理

在已知时间间隔内，测量流体质点（粒子作为示踪子）的位移，从而确定该点的速度大小和方向。PIV技术通过记录第一个时刻 t_0 的粒子图像（粒子的初始位置），经过一定的时间间隔 Δt 之后，记录第二个时刻 $t_0+\Delta t$ 的粒子图像（粒子的新位置），通过两幅图像获取粒子在两个时刻之间的相对位移 Δs，如图6.11所示。由速度的定义式：

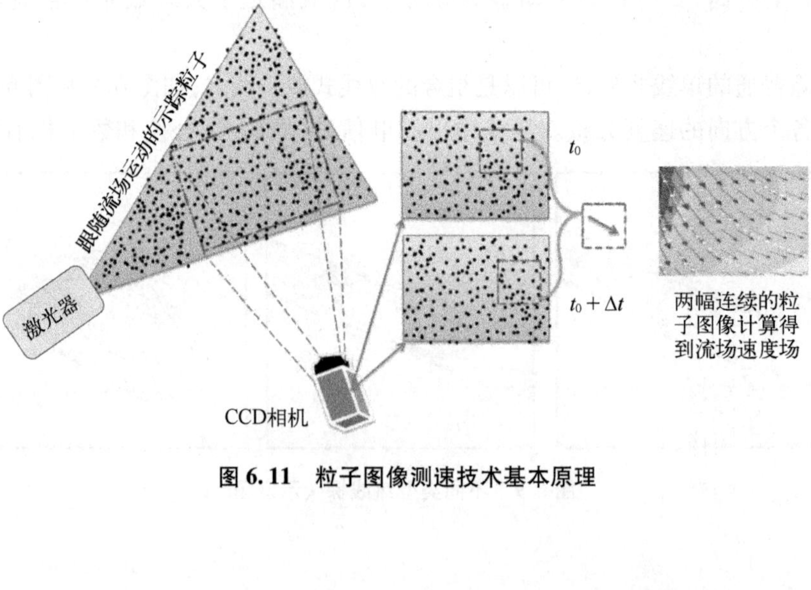

图 6.11 粒子图像测速技术基本原理

$$\bar{u} = \frac{\Delta s}{\Delta t} \tag{6.7}$$

计算得到粒子在 Δt 时间内的平均速度。对比瞬态速度的定义式，可知，当 Δt 足够小时，平均速度可以近似为瞬态速度：

$$u = \lim_{\Delta t \to 0} \frac{\Delta s}{\Delta t} \tag{6.8}$$

PIV 技术应用于流体速度的测量，具有如下的优点：能进行多点同时测量，迅速得到二维或三维速度场的分布；非接触测量，对流场干扰小。

PIV 技术计算速度基本原理如图 6.12 所示。但是实际的速度计算过程，往往计算的是一个区域内粒子的速度，而非某个粒子的速度。

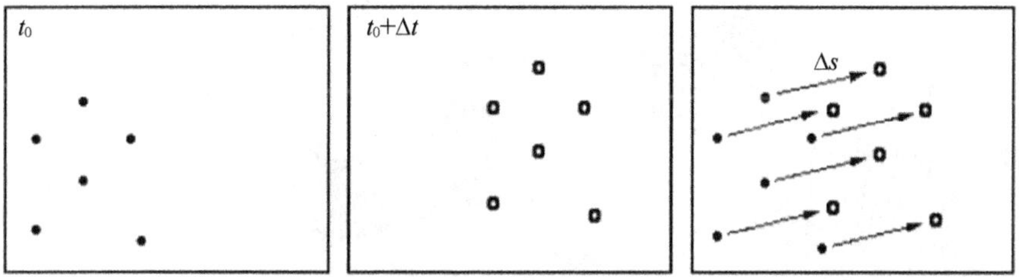

图 6.12　PIV 技术计算速度示意图

粒子图像测速技术按照示踪粒子的浓度大小可分为粒子跟踪测速技术（particle tracking velocimetry，PTV）、粒子图像测速技术和激光散斑测速技术（laser speckle velocimetry，LSV）。各种模式对应的粒子图像如图 6.13 所示。

(a) PTV　　(b) PIV　　(c) LSV

图 6.13　不同模式的基于粒子的图像测速技术

如果流场中的粒子浓度很稀，可以通过识别、跟踪单个粒子的运动，从记录的粒子图像中直接测得单个粒子的位移，这种低粒子密度模式的图像测速方法即为粒子跟踪测速技术 PTV。

如果流场中的粒子浓度（单位体积中包容的粒子数）很高，粒子图像在成像系统像面上形成激光散斑图像，这种极高粒子密度模式的图像测速方法即激光散斑测速技术 LSV。

如果流场中的粒子浓度为较高成像密度模式，一般讲 4～10 对粒子/最小分辨容积内,尚未在成像系统面上形成散斑图案,众多粒子已无法单独识别,而是采用了确定在该最小分辨容积内所有粒子的统计平均速度的方法,即粒子图像测速技术 PIV。

图 6.14 为一典型 PIV 测试系统示意图,最基本的二维 PIV 系统主要由以下部分组成: 示踪粒子系统、光源系统、成像系统、同步控制系统以及数据分析系统。光源系统发出脉冲片光照亮流场中的粒子,垂直于片光的成像系统记录流场中的粒子图像,分析系统则用来分析成像系统记录的粒子图像,从而得到流场的速度。同步控制系统负责整个系统的时序控制。过程如下: 光源系统发出第一次脉冲片光照亮含有粒子的流场,记录系统记录粒子图像;经过 Δt 时间间隔后,光源系统发出第二次脉冲片光再次照亮流场,记录系统记录粒子的新图像。

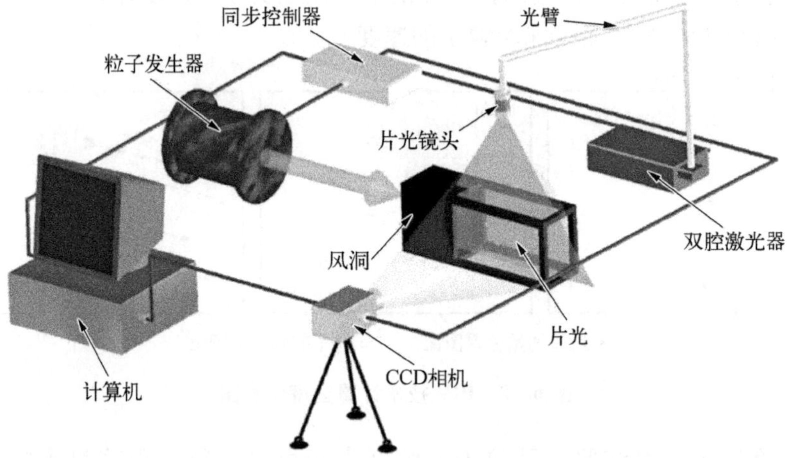

图 6.14　PIV 测试系统组成示意图

分析系统将整个粒子图像划分成若干个小区域,每个小区域称为查问区。在查问区应用互相关分析算法计算该查问区的位移矢量,实际获得的是查问区中粒子的平均位移,如图 6.15 所示。依据该查问区的位移和两次脉冲之间的时间间隔就可确定速度矢量,所有查问区的速度矢量构成了整个流场的速度场。

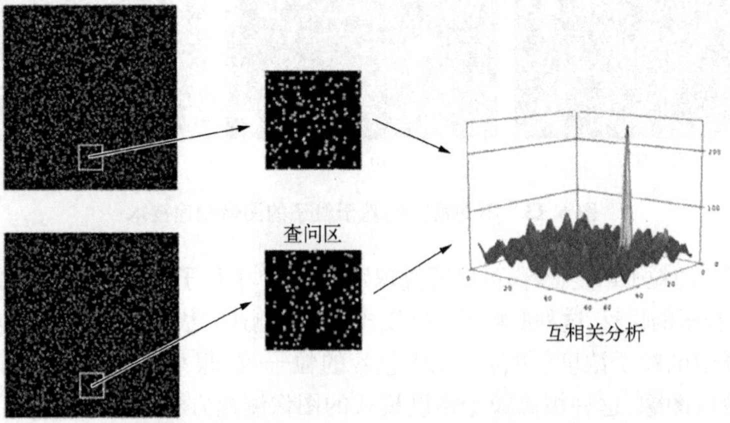

图 6.15　PIV 基于互相关方法计算查问区速度

6.4.2　PIV 系统组成和参数设置

1. PIV 系统组成

光源系统：主要负责提供照亮流场的激光片光，由激光器、导光臂和片光组件三部分组成。激光由于其高亮度、优良的聚焦特性及单色性而成为流场成像的理想光源。为照明流场一个切面，需将激光光束通过扩束镜、聚焦镜等组成的透镜组形成具有一定厚度（0.1 毫米至几毫米）的均匀和足够光强的激光片光，使该切面内的粒子被照亮。由于要确定粒子的位移，光源需为脉冲光，且能够在短时间内输出两个脉冲。实际使用过程中，普通激光器单个激光腔工作频率约为几十赫兹，使得相邻图像之间没有相关性，更多的是在不同时刻对流场进行随机抽样。为了解决这个问题，通常采用双腔激光器，如图 6.16 所示，通过外部信号控制实现两束激光在给定的时间间隔内分别发出脉冲，从而实现时间相关测量。脉冲时间间隔 Δt 还应当可以调节，否则测速范围将受到限制。现今的商用双腔激光器的双脉冲时间间隔最小可达到 100 ns 的水平。

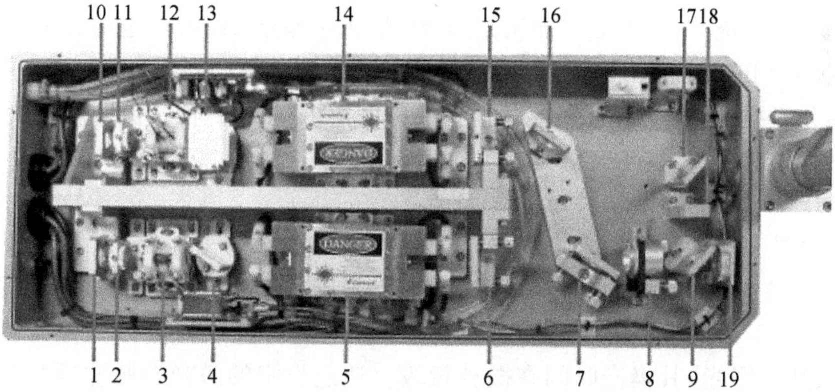

图 6.16　某型双腔脉冲激光器内部结构照片

1、10-后镜；2、11-1/4 波片；3、12-Q 开关；4、13-偏振片；5、14-聚光腔；
6、15-输出镜；7、16-偏振片；8-倍频晶体；9、17-全反射镜；18-缩束镜；19-吸收盒

激光从激光器到流场之间需要使用光臂进行传输，这样可以方便地从不同角度照明流场。从光臂出来的激光束通过透镜系统转换为具有一定厚度的片光，如图 6.17 所示。常用的光源是固体激光器，如掺钕钇铝石榴石（Nd：YAG）激光器，其工作介质是掺钕离子（Nd3+）的钇铝石榴石。Nd：YAG 晶体具有非常好的物理性能、化学性能和热学性能，既可以实现脉冲输出，又可以实现连续输出，输出激光波长为 1 064 nm，通过倍频晶体可以转换为波长 532 nm 的可见光。

成像系统：主要负责获取数字化粒子图像，一般由跨帧 CCD 相机和镜头组成。普通相机受到图像传输速率的限制，无法在极短的时间内捕捉两幅图像，从而无法进行互相关处理，提取速度场信息。跨帧 CCD 的使用，不但可以实现两次激光脉冲曝光分别记录在相继的两帧图像上，而且保证了跨帧时间可以调整，与双腔脉冲激光器协同工作。跨帧相机与普通相机不同是采用了特殊的 CCD 芯片，该芯片除有一般芯片的光电转换阵列和采样传送功能外，此芯片附有快速缓存的存储器，对应每个像元都有一个存储单元。当第一

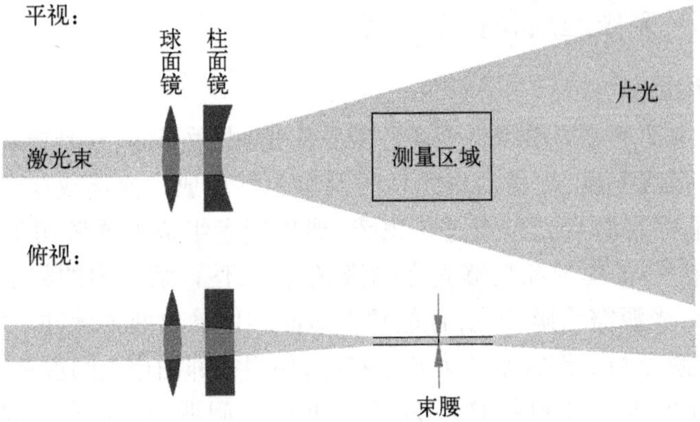

图 6.17　激光片光示意图

帧图像曝光后，光电信号立即存储到存储器上，尽管还来不及作 AD 转换和将数据传输到计算机去，CCD 器件的芯片即可接受第二个激光脉冲的曝光(第二帧图像)。

同步控制系统：主要负责控制激光器、跨帧 CCD 等分系统按预定的时序工作。同步控制器是整个 PIV 系统的控制核心，其他的各个部件都通过同步器控制协调，通过软件或触发装置发送控制信号。同步控制器的控制精度要求很高，目前主流同步控制器的精度可达到数十皮秒。

2. PIV 系统的时序和参数选择

PIV 系统工作时，首先通过一定的撒播方式使粒子与来流充分、均匀混合，待观察区域内建立流场之后，同步控制器控制激光器与 CCD 的同步工作。PIV 系统中激光脉冲与 CCD 工作的时序如图 6.18 所示，同步控制器发出信号触发相机，CCD 相机的第一帧开始曝光，其曝光时间在微秒量级。通过设定的激光器脉冲延时之后，激光器发出第一束脉冲，在相机的第一帧曝光时照明流场中的示踪粒子，完成第一幅粒子图像的捕捉。随后，CCD 第二帧开始曝光，同时在后台将第一帧图像存储至计算机，在该曝光时间间隔内第二束激光脉冲发出，实现在给定时间间隔内第二幅粒子图像的捕捉。

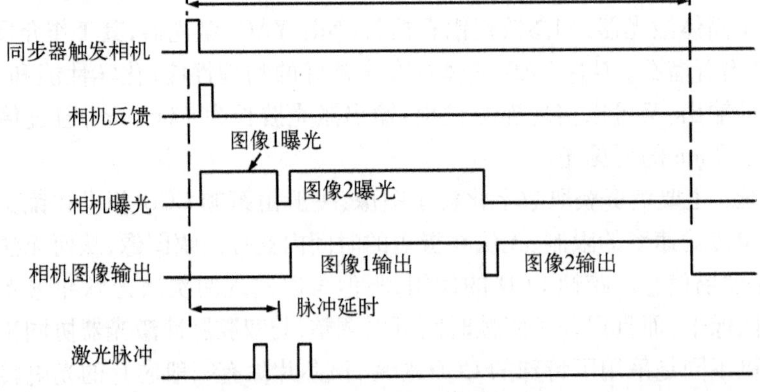

图 6.18　PIV 系统工作时序图

在无背景光的影响下，CCD 的实际曝光时间就是激光脉冲的持续时间，由此保证超声速流场中的粒子不会因为曝光时间过长而出现“拖影”的现象。跨帧 CCD 相机获得的两幅图像的实际时间间隔为两个激光脉冲的间隔。

为了获得流场粒子图像记录和判读最好的结果，就必须认真仔细地设置系统的若干参数。如粒子撒播密度、粒径、激光脉冲之间的时间间隔、片光源的宽度和厚度、判读区的大小以及图像偏置的大小等。根据理论分析和大量的实验经验，选择上述参数时应遵循以下准则。

(1) 判读区应该足够的小，使得单个矢量能够充分地描述该区域的流动状态。这个要求实际上对单个判读区上的速度变化率提出了限制条件。但是判读区尺寸越小，对应的计算量越大，而且判读区尺寸还受到粒子浓度和所测流场的限制，因此这需要做到权衡。常用的判读区尺寸有 16 pixel×16 pixel、32 pixel×32 pixel 等。

(2) 为了获得较高的有效数据率，每个判读区应保证 4～12 对粒子像。这个要求实际上是对试验时的粒子撒播浓度提出限制条件。事实上，判读区内粒子对的数目取决于粒子撒播浓度、判读区的大小、激光片光厚度和激光脉冲之间的时间间隔。

最大的粒子位移应该是判读区边长的 25%左右。这个要求的主要目的是提高两幅图像判读区中粒子对的百分比。当粒子位移较大时，判读区中重复粒子对的百分比会减少。粒子位移与判读区尺寸之比，可以由改变判读区尺寸，使用图像偏置，或改变激光脉冲之间的时间间隔所控制。

(3) 粒子最大垂直于片光平面的运动位移应该限于片光厚度的 25%。这个参数是由于考虑当粒子穿越片光时，并不是所有粒子都在两曝光时间期间始终在片光厚度内，而第二瞬间粒子已穿过片光厚度区，亦即有一部分粒子在两次曝光时间内只有一次被记录在 CCD 上。为了控制这个参数，可以调节片光的厚度或激光脉冲之间的时间间隔。

(4) 片光面内最小的粒子图像位移应该大于 2 倍的粒子图像直径，粒子本身在 CCD 靶面上的图像约为 2 pixel 为佳，以提高判读精度。粒子图像位移调整可通过改变激光脉冲间隔时间实现。

根据以上的粒子运动位移、判读区尺寸、图像分辨率以及初步估计的流场速度，可以估算得到跨帧时间这一重要参数。

6.4.3　PIV 示踪粒子

示踪粒子系统主要负责向流场提供和撒播示踪粒子，实现设备为粒子发生器和撒播装置。PIV 方法是用粒子的速度表示气流的速度，因此粒子必须有很好的跟随性，即粒子随气流同步移动，没有速度滞后。粒子除了应满足一般要求(如无毒、无腐蚀、无磨损、化学性质稳定、清洁等)外，还有下列三个基本要求：粒子跟随流体的流动性好；粒子应是良好的散射体，成像可见性好；粒子撒播均匀和浓度可控。

常用的示踪粒子可以分为液体和固体两类，表 6.1 给出了气体流场中常用的示踪粒子。液体示踪粒子中最常用的是植物油油滴，固体示踪粒子有二氧化钛、氧化铝和二氧化硅粉末等。固体粒子在高速流场中易聚集而不易均匀分布，液滴则易蒸发。在选取粒子的时候要综合考虑各方面因素,总的选取原则是:粒子密度要尽可能与流体密度相等或接近;在保证成像的情况下粒子尺寸要尽量小。

表 6.1　气体流场中常用的示踪粒子

类　型	物　质	平均直径/μm
固体	聚苯乙烯	0.5~10
	铝粉	2~7
	镁粉	2~5
	玻璃球	30~100
	合成棉颗粒	10~500
	二氧化钛	5~20
液体	各种油	0.5~10

对于空气介质的流动一般采用固体或油雾粒子作为示踪粒子。由固体粒子发生器(粒径可达 10 μm 量级甚至更小)或油雾发生器(粒径可达 1 μm 量级)作为粒子发生器,其产生粒子浓度可以调节。对于回流式风洞,可将粒子发生器的输出管口,放置在风洞稳定段内,经几次循环,粒子撒播基本均匀,合适时关闭粒子发生器即可。但对于喷流或者直流风洞,则要求粒子发生器要有足够的粒子流量,与流体的流量匹配。

6.4.4　3D PIV

按照测量流场空间的维度和速度分量的数量,通常可将 PIV 全场速度测量分为三大类:平面二维速度场测量(2D－2C)、平面三维速度场测量(2D－3C)和空间三维速度场测量(3D－3C),其中 D 和 C 分别为英文 dimension 和 component 缩写。平面三维速度场测试技术主要有体视粒子图像测速技术(stereoscopic PIV, Stereo-PIV),空间三维速度场测试技术主要有扫描粒子图像测速技术(scanning PIV)、散焦粒子图像测速技术(defocusing PIV)、全息粒子图像测速技术(holographic PIV)和层析粒子图像测速技术(tomographic PIV, Tomo-PIV)等。本书主要介绍平面三维速度场测量中的 Stereo-PIV 以及空间三维速度场测量中的 Tomo-PIV。

1. Stereo-PIV

Stereo-PIV 技术,是根据双目视觉成像原理,将相机的数量从一个增加为两个。Stereo-PIV 两相机呈一定角度来观测同一个二维区域,两台相机以不同视角布置,记录一个被照明的流场平面,得到同一区域的左、右两个图像,如图 6.19 所示。实验测量时,两台相机记录的实验图像经过互相关运算得到两个二维速度矢量场;两个二维速度矢量场通过投影重构的方法计算出第三个速度分量。

由于相机成像平面和激光平面不平行,激光平面、镜头平面和相机成像平面必须满足图 6.20 所示的 Scheimpflug 条件,即三个平面的延长线交于同一点,才能保证相机对激光照明的观测区域都能很好地对焦,获得清晰的图像。实际实验时,通常采用移轴镜头或者体视机构来实现镜头和相机成像面轴线的偏置,如图 6.21 所示。

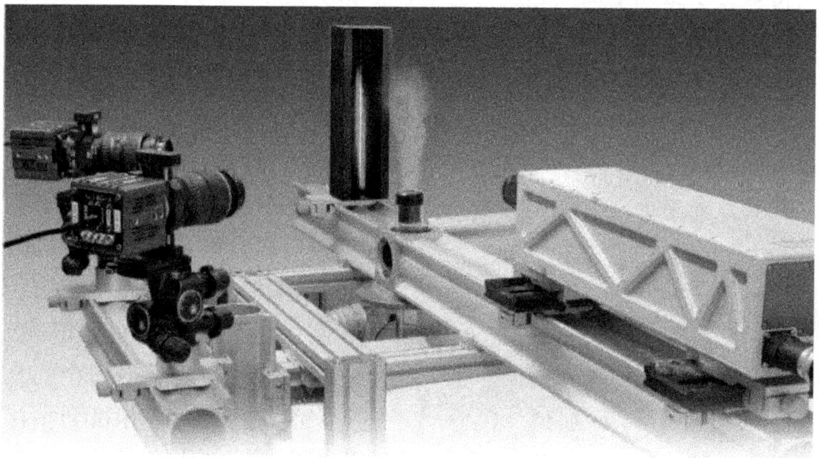

图 6.19　Stereo-PIV 系统布置示意图(图片来源：LaVision 官网)

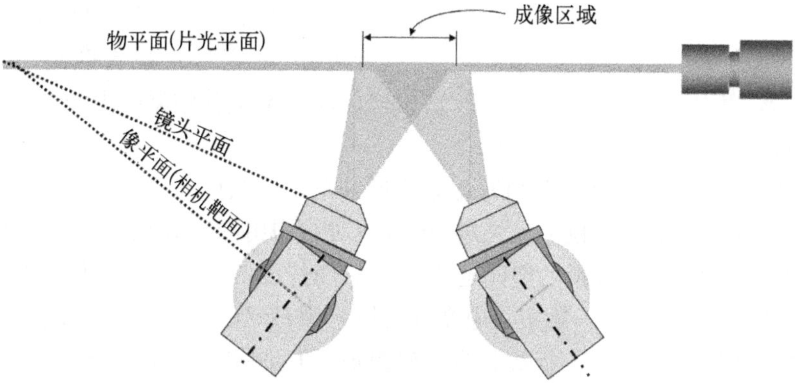

图 6.20　Scheimpflug 条件光路布置示意图

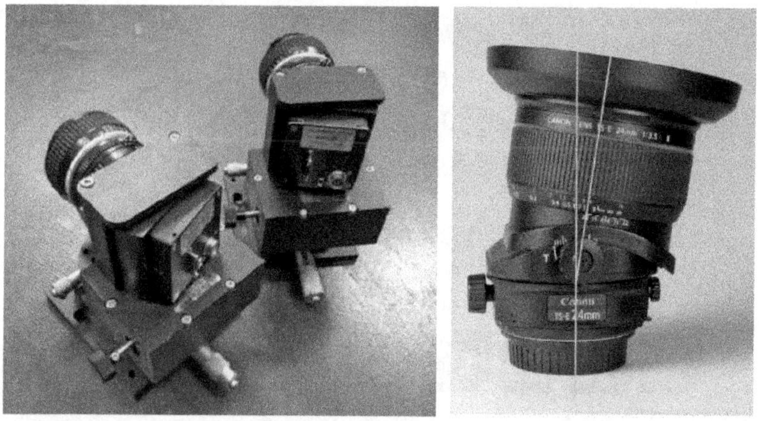

图 6.21　实现 Scheimpflug 条件的体视机构(左图)和移轴镜头(右图)

为了测得垂直于激光平面的速度分量，片光源的厚度一般为 2～3 mm，以保证在连续的两个曝光时间间隔中，示踪粒子仍在激光照射面内。对于传统 2D-PIV 实验，片光厚度一般小于 1 mm，以保证所测量的示踪粒子分布在同一空间截面上，确保实验结果的准确性。

由前述可知，PIV 系统计算示踪粒子的位移，是通过示踪粒子在两帧图像中像素位移来确定的。偏离片光平面法向的左右两台相机，得到的是变形的图像，因此必须对图像进行校正。通常用点阵标定板，如图 6.22 所示，利用图形变换技术，将两幅变形图像变换到同一个物平面。而标定，就是将图像中的像素位移与实际空间中的真实长度对应起来的过程。两台相机会拍摄到具有一定透视变形和放大变形的标定板图像。然后，数据处理系统通过之前输入的标定板的相关参数，通过一定的算法对拍摄到的标定板图像进行修正，得到标定图像。由此可知，标定过程是否准确，直接影响着 Stereo-PIV 实验结果的准确性与可靠性。

图 6.22　PIV 标定板

2. Tomo-PIV

Tomo-PIV 技术是利用多个相机来记录不同视角下的被照亮的粒子场，然后通过光学层析算法来产生离散的三维粒子光强场，再将一对重构出的三维粒子分布场通过三维互相关技术计算得到三维三分量的空间速度场。从硬件设备上来看，与平面 PIV 和 Stereo-PIV 系统有两个重要不同：一是实验用光源是体光源，照亮的是一个三维空间流场；二是相机个数，Tomo-PIV 系统由三个以上的相机组成。Tomo-PIV 测量技术的基本原理如图 6.23 所示，从工作原理上看，Tomo-PIV 实验包括照亮待测流场、图像记录、三维空间粒子重构和三维互相关计算四个主要步骤[27]。

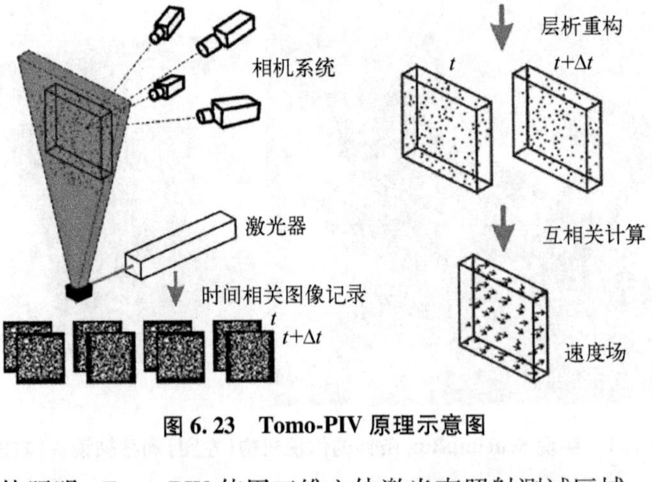

图 6.23　Tomo-PIV 原理示意图

(1) 三维立体照明：Tomo-PIV 使用三维立体激光束照射测试区域。使用三维立体激光束照射测试区域是开展 Tomo-PIV 实验的基础,也是非常重要的一步。

(2) 多相机同步采集: 流场被照亮,实验使用三台以上高分辨率 CCD 相机从不同角度对测试区域的示踪粒子进行记录。

(3) 层析重构: 多相机系统从不同角度拍摄的粒子图像利用层析重构技术可以重构出三维粒子场。

(4) 三维互相关运算: 对两次曝光下重构出的三维粒子场进行离散化,然后进行互相关运算,可得到判读区速度。

多相机的应用需要复杂的实验安装与相应的硬件支持。为了保证每一个相机对目标粒子场空间清晰成像,每一相机都是按照 Scheimpflug 原理布置安装的。相机的位置与视角可以通过在测量目标区域内放置标定板来获得。为了使重构算法能够尽可能定位粒子位置,就要保证标定实验高度准确[28]。图 6.24 给出了采用 Tomo-PIV 技术拍摄亚声速射流的实验系统布置照片和测试结果。

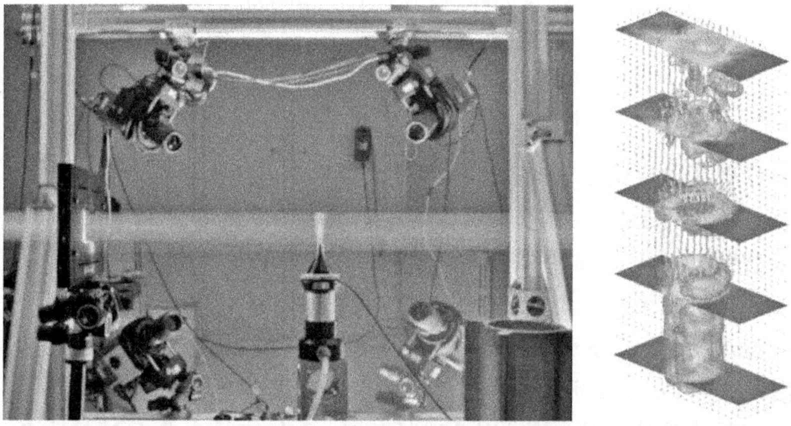

图 6.24　采用 Tomo-PIV 技术拍摄亚声速射流实验布置及测试结果[29]

6.5　激光多普勒测速

激光多普勒测速仪(LDV)是基于光散射理论和多普勒频移原理。LDV 利用悬浮在流场中的示踪粒子对光波的散射,产生多普勒频移效应,该频移由二者之间相对速度引起,频移量反映速度大小,从而测量当地的瞬时速度。测速系统包括: ① 激光器;② 分光、聚焦光路系统;③ 信号收集和检测系统;④ 信号处理系统。常用的测速光学系统是基于干涉条纹模型的双光束型,如图 6.25 所示。

由于激光具有良好的相干性,汇聚透镜把入射光以 θ 角会聚,光在聚焦点形成明暗相间干涉条纹,当流体中示踪粒子从垂直于条纹区方向通过时,会依次散射出光强随时间变化的一列散射光波,称为多普勒信号,光波强度变化频率称为多普勒频率。设 U 为示踪粒子速度,多普勒频移与粒子速度关系式为

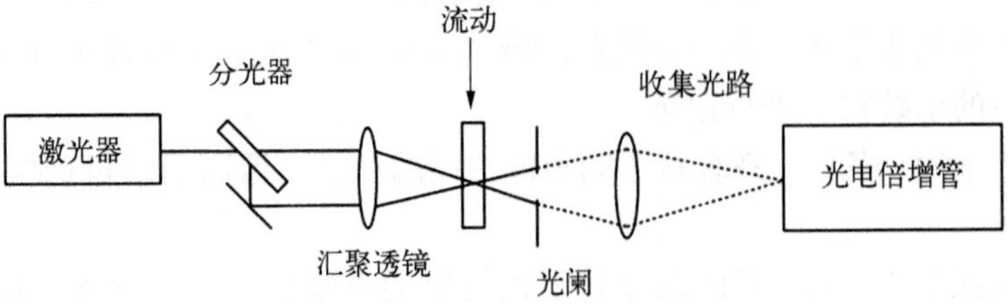

图 6.25　LDV 光路示意图

$$f_d = \left(\frac{2n}{\lambda}\sin\frac{\theta}{2}\right)U \tag{6.9}$$

式中，f_d 为多普勒频移；λ 为发射波长；θ 为入射光夹角；n 为流体折射率。

当光射向流体中运动粒子时，在光电接收器看来，运动粒子散射的光将产生频率变化，它与粒子运动速度、方向、入射光的波长、方向和观察者的位置有关，如果后几个因素都是已知的，那么只要测得其频率变化，就能推算出粒子的运动速度。

思　考　题

1. 使用多孔探针测量速度方向的基本过程是怎样？
2. 风速管测量速度的误差来源包括哪些？若总压和静压的误差均为 2%，那么速度测量误差是多少？
3. 简述热线风速仪的主要类型和硬件组成。
4. 粒子图像速度场（PIV）系统的硬件组成包括哪些？如果要在高超声速流动中应用 PIV 技术测量速度场，应该在哪些方面对系统性能进行提升？
5. 采用粒子图像速度场（PIV）技术测量流场速度，已知流场中某示踪粒子在两幅图像之间的位移为 10 个像素，两幅图像之间时间间隔为 5 μs，成像系统像素为 2 000 像素×1 500 像素，拍摄范围 100 mm×75 mm，试求该粒子在流场中的运动速度；如果想让该粒子的位移为 8 个像素，应该如何调整两幅图像拍摄的时间间隔？

第7章 流动显示技术

学习要点：

(1) 基于折射率变化的阴影、纹影和干涉流动显示技术的原理；

(2) 模型壁面流动显示技术，包括丝线技术和油流技术的基本原理；

(3) 油流图谱对应的流动结构；

(3) 烟线的原理和系统组成。

空气动力学实验总体上包括流动显示和流动测量。流动显示的基本任务是使流体流动现象的过程可视化[30]，是在基本不影响流动过程的同时把不可见的流动过程变为可见的，并把流动信息记录下来。通过各种流动显示与测量实验，可以使人们了解复杂流动现象，探索其物理机制，为建立新的概念和物理模型提供依据。

流动显示技术是随着流体力学的发展而发展起来的，至今已有一百多年的历史。1883年的Reynolds转捩实验；1888年的Mach对激波现象的观察；1919年Karman对水槽中圆柱绕流的观察并提出卡门涡街；20世纪70年代湍流拟序结构的发现及80年代对大迎角分离流的研究和分离流型的提出等，都与流动显示密切相关。

7.1 流动显示技术的分类

流动显示技术一般可分为三类。

第一类是外加材料显示法。在透明的流体中加入足够小微粒作为示踪物，使这些微粒的速度大小和方向与流体运动一致，记录可见微粒的运动轨迹即可反映流体的运动状态。因为记录的是外加示踪物运动，而不是真实流体本身，所以也可称为间接流动显示技术。如烟线、蒸汽屏法等都属这一类。

第二类是光学显示方法。在可压缩流动中流体在不同空间位置的密度不同，而流体介质的光学折射率与流体的密度有关，各种光学显示方法就是利用光学折射率的变化来显示可压缩流动。如阴影、纹影和干涉技术等。

第三类是外加能量法。它是把能量（如热能或电能）注入流动的流体，利用能级跃迁来显示流体。对某些密度变化太小的流动过程，主要通过在流动介质中引入能量，使流体微团的能级提高来显示流动。

尽管流动显示在实验空气动力学中是一项十分古老的技术，但是随着近代空气动力学的发展特别是对多种复杂流动现象（包括湍流的形成和发展、分离流动、旋涡运动等）深入研究的需要，近年来各种流动显示技术得到了新的发展，与过去的传统显示方法相比，近代发展的流动显示技术具有以下的特点：

(1) 在流动显示的原理和流动现象的分析理论方面取得了很大的进展；

(2) 对传统显示技术进行适当改造，发展成为简便、实用甚至可适用于定量研究的显示方法；

(3) 数字图像处理技术为显示图谱的定量分析提供了有力的工具；

(4) 激光技术在流动显示中得到广泛应用。

7.2 基于流场密度变化的流动显示技术

在可压缩流动实验中广泛地采用光学法来显示流动。目前应用得比较多的有纹影法、阴影法和干涉法。光学法的原理在于：当光束通过不均匀的透光流体介质时，由于介质的折射率在各处不同，就使光波经历不同的路径，引起不同的偏折，因此，使投射到屏幕上光的照度发生变化。采用不同光学手段可以在屏幕上得到不同图像。研究这些图像，就能了解流动情况，获取流动信息。

7.2.1 非均匀介质中的光线偏折

图 7.1 给出了光线穿过非均匀介质时发生偏折示意图。由于折射率的变化，光线在穿过非均匀区时将偏离原来的传播方向，相应存在偏折角 φ_y，如果将坐标系转动，还可发现存在另一个偏折角 φ_x。

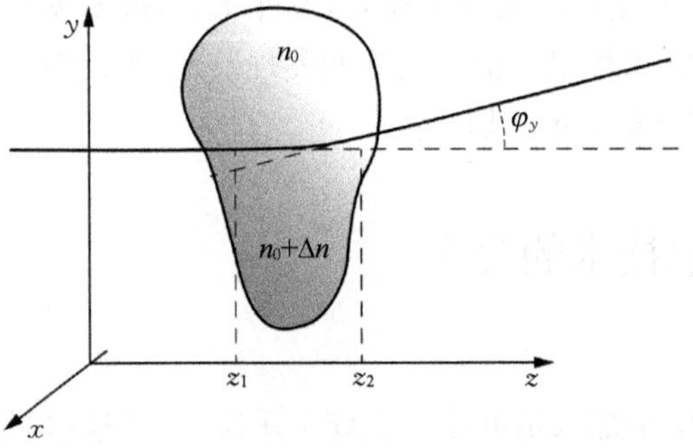

图 7.1 光线穿过非均匀区发生偏折

根据折射率和光线传播方向的关系可知

$$\begin{aligned}\frac{\partial\varphi_x}{\partial z}&=\frac{1}{n(z)}\frac{\partial n(z)}{\partial x}\\ \frac{\partial\varphi_y}{\partial z}&=\frac{1}{n(z)}\frac{\partial n(z)}{\partial y}\end{aligned}\tag{7.1}$$

进一步地沿着光线传播方向积分可以得到

$$\begin{aligned}\varphi_x&\approx\int_{z_1}^{z_2}\frac{1}{n(z)}\frac{\partial n(z)}{\partial x}\mathrm{d}z\\ \varphi_y&\approx\int_{z_1}^{z_2}\frac{1}{n(z)}\frac{\partial n(z)}{\partial y}\mathrm{d}z\end{aligned}\tag{7.2}$$

式中,n 为介质的折射率;φ_x 和 φ_y 分别为两个方向的偏折角。

这些表达式均基于以下假设:光线的偏折足够小,以至于 φ_x 和 φ_y 远小于 1,这适用于绝大多数情况。例如,蜡烛上方的热气流产生的偏角 φ 约为 0.06°。从式(7.2)可以看出,光线是在向折射率较大的区域偏折。

一定波长的光波在不同介质中传播速度不同。设光波在真空中传播速度为 c_0,在密度为 ρ 的气流中传播速度为 c,则该光波在该气流中的折射率为

$$n = c_0/c \tag{7.3}$$

对一定的气体介质,折射率可表示为

$$n - 1 = K\rho \tag{7.4}$$

式中,K 为格拉斯通-戴尔常数,与光的波长和气体本身特性有关。结合式(7.2)和式(7.4)即可构建光线偏折和密度分布之间的关系。表 7.1 和表 7.2 给出了不同介质、不同光线波长条件下的格拉斯通—戴尔常数。

表 7.1　不同气体介质在 288 K 温度下对 633 nm 波长的格拉斯通-戴尔常数

介质种类	$K/(\times 10^{-4}\,m^3/kg)$
氧气	1.89
氮气	2.39
氩气	1.57
二氧化碳	2.27
水蒸气	3.12

表 7.2　不同波长光线在 288 K 温度的空气中的格拉斯通-戴尔常数

波长/nm	$K/(\times 10^{-4}\,m^3/kg)$
356.2	2.330
407.9	2.304
480.1	2.281
509.7	2.274
567.7	2.264
607.4	2.259
633	2.257
644	2.255
703.4	2.250
912.5	2.239

对于更复杂的定量测量情况,当需要精确的 K 值时,多组分气体混合物的光学参数可采用以下方式计算:

$$n - 1 = \sum_i K_i \rho_i \tag{7.5}$$

式中，K_i、ρ_i 分别为第 i 种气体组分的格拉斯通—戴尔常数以及密度。不同气体的折射率参数可参考数据表[31]。

7.2.2 阴影技术

1. 阴影原理

阴影(shadowgraph)是用光学方法把介质非均匀性导致的光强分布变化记录下来的一种技术，该技术的主要特点是光源发射出去的光线通过流场，非均匀密度场产生的阴影图可以记录在光屏或者成像设备上。

阴影基本原理如图 7.2(a)所示。点光源射出的发散光经过透镜 1 形成平行光通过气体折射率不均匀的测试段，光线将发生偏折，在屏上呈现出亮暗不均匀的图像，它反映了光线在扰动区的线位移。为了避免在观察时使用过大的照相底板，常用图 7.2(b)所示的装置，利用透镜 2 可将在屏上的扰动区的像缩小。

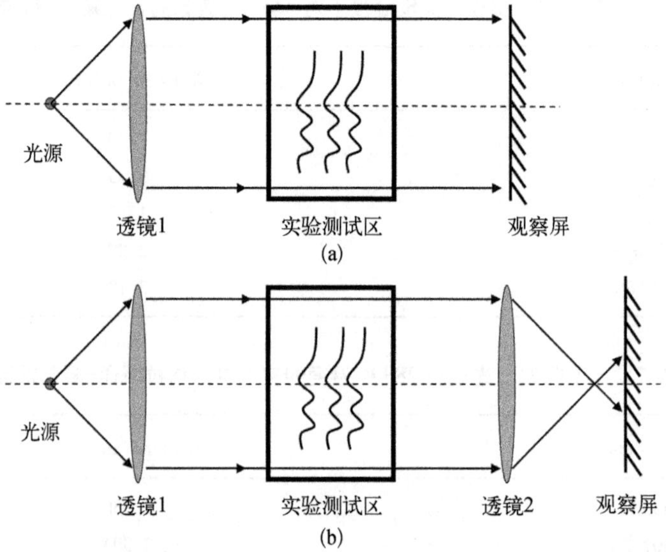

图 7.2　阴影仪原理图

图 7.3 给出了阴影仪中光线位移的基本原理。假定被测流场区的气体折射率不均匀发生在 y 方向上，光线穿过试验段，在出口处偏折了一个角度 φ，偏折角是 y 的函数。光能量由入口处集中在 Δy 区域内变成了在观察屏处 Δy_{sc} 区域内。假设原始的光强为 I_0，则在屏幕上的光强 I' 为

$$I' = \frac{\Delta y}{\Delta y_{sc}} I_0 \tag{7.6}$$

若 Z_{sc} 是试验段与屏幕之间的距离，则

$$\Delta y_{sc} = \Delta y - Z_{sc} \cdot \frac{d\varphi}{dy}\Delta y_{sc} \tag{7.7}$$

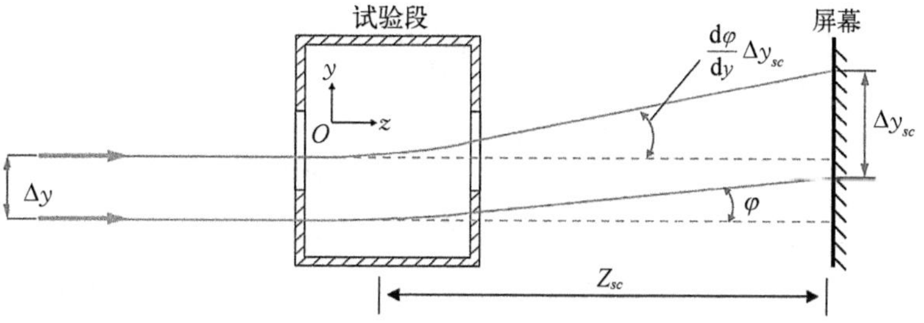

图 7.3　阴影法中光线位移基本原理

光强对比度 R_c 为

$$Rc = \frac{\Delta I}{I_0} = \frac{I' - I_0}{I_0} = \left(\frac{\Delta y}{\Delta y_{sc}} - 1\right) = Z_{sc} \cdot \frac{d\varphi}{dy} \tag{7.8}$$

又光线穿过折射率非均匀区的偏折角 φ 为

$$\varphi = \int_L \frac{1}{n}\frac{\partial n}{\partial y}dz \tag{7.9}$$

式中，L 为测试区的宽度。由于空气的折射率 $n \approx 1$，进一步简化和推导可以得到

$$Rc = Z_{sc}\int_L \frac{\partial^2 n}{\partial y^2}dz \tag{7.10}$$

若折射率在 x 方向上有变化时，则相应的等式应为

$$R_c = Z_{sc}\int_L \left(\frac{\partial^2 n}{\partial x^2}\right) dz \tag{7.11}$$

如果在 x、y 两方向都有密度变化时，我们可以用坐标变换法求得对比度与折射率二阶导数之间的关系。上述分析可以看到，阴影技术是利用光线通过流场扰动区产生线位移，获得明暗对比的图像来显示折射场。阴影技术对气流密度二阶导数敏感。

2. 阴影仪的系统组成

阴影仪的原理虽简单，但在仪器的研制和加工中，涉及大口径光学部件的消像差设计、加工和调整。同时还要合适的照明光源和复杂的记录装置，如高速相机等相配套。因此试验装置的费用是比较昂贵的。阴影试验装置按光路布置方式可分为透射式（图 7.2(b)）和反射式（图 7.4）。对于反射式系统，光源发出的光经过凹面镜 M_1 变成平行光束通过风洞流场，位于凹面镜 M_2 后一定位置的照相物镜将流场信息聚焦在相机靶面上。

在流动显示技术中，阴影显示装置可以用纹影仪装置改装得到，纹影相关技术在下一节介绍。其关键是合理使用纹影仪的两片大口径准直镜，所以风洞试验中常用的是反射式阴影系统。

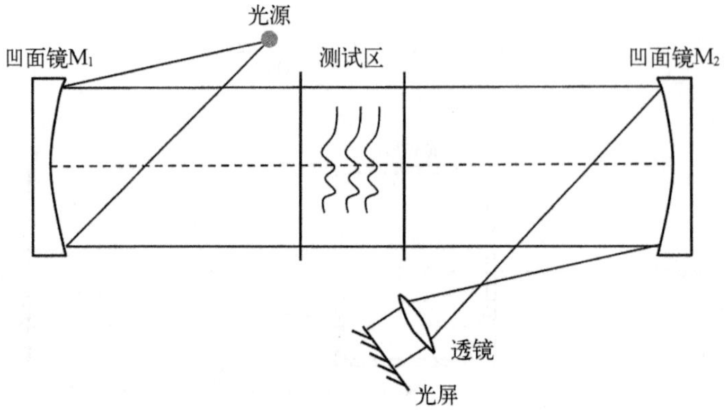

图 7.4　反射式阴影系统结构示意图

3. 阴影仪的典型应用

由式(7.11)可知,阴影法反映流场内密度二阶导数的变化。用阴影法观察激波可由图 7.5 说明。光线通过激波附近区域时,如图 7.5 所示,光线向密度大的方向偏折,在屏幕上形成的图像为:在激波处出现一个黑条纹,紧接着是一个亮条纹。从光线穿过激波窄带的几何光路可以看出,暗带的外沿是激波的精确位置。由于激波后方的流体密度增加,其作用在某种程度上类似一个凸透镜的会聚效应。

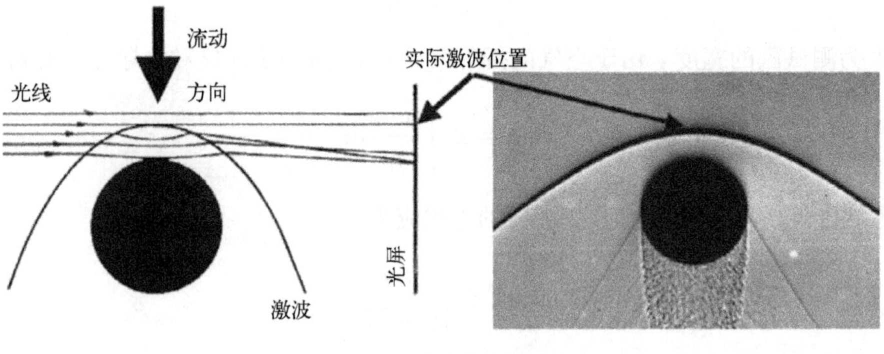

图 7.5　圆球激波位置

应用阴影技术可以获得模型的激波结构、边界层、尾迹等的特性。图 7.6 给出了子弹

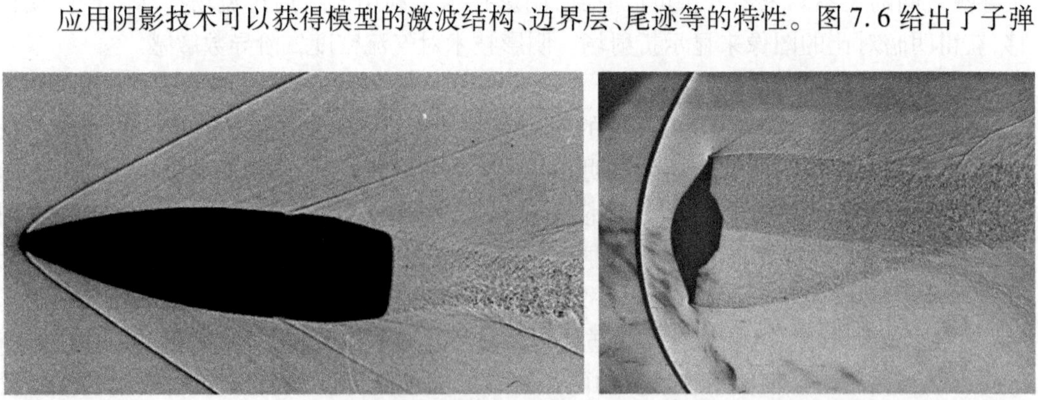

图 7.6　子弹和大钝头航天器阴影图像(显示了激波和尾迹区)

和航天器的阴影图像，在子弹阴影图中可以观察到激波和膨胀波系，子弹尾迹区的流动也可判断。航天器的大钝头脱体激波在图像中可清晰分辨。图 7.7 给出了不同压比条件下的拉瓦尔喷管出口流动阴影图像，随着压比的变化流动特征和激波结构发生明显变化。

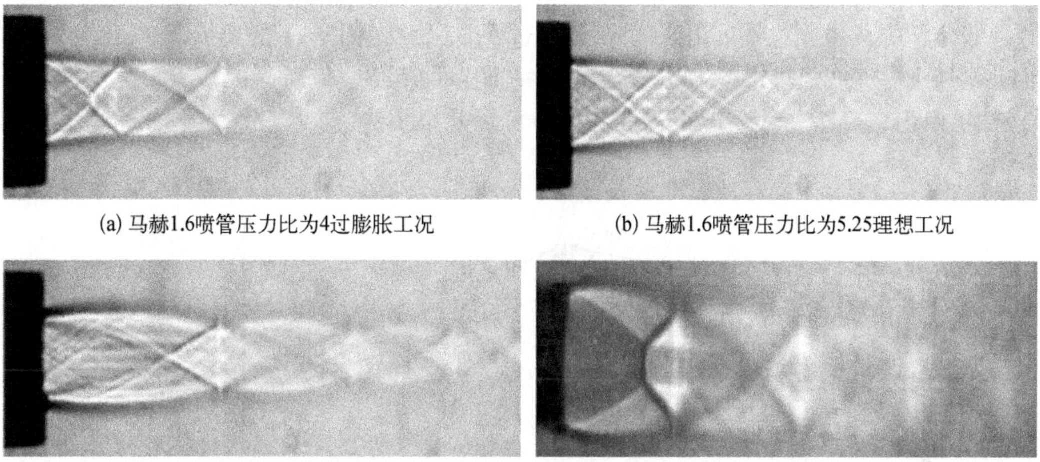

(a) 马赫1.6喷管压力比为4过膨胀工况　(b) 马赫1.6喷管压力比为5.25理想工况

(c) 马赫1.6喷管压力比为6欠膨胀工况　(d) 马赫1.7喷管强烈欠膨胀工况

图 7.7　不同压比条件下喷管出口流场阴影图像[32]

7.2.3　纹影技术

“纹影”一词源自德文，指透明介质中引起不规则光偏折的局部不均匀性。纹影(Schlieren)技术最初是用来检验光学玻璃的均匀性和光学元件(如透镜)的质量，纹影法的基本原理是在双透镜阴影仪中设置刀口，把光线受流场的扰动变为记录平面上的光强分布。至今这种仪器仍在光学加工行业广泛使用，称为刀口仪。如今，纹影装置仍然是可压缩空气动力学实验中使用最频繁的流动显示工具。

1. 纹影原理

以一个透射式平行光系统来说明纹影法的工作原理，如图 7.8 所示，系统由光源、透镜(或凹面反射镜)、刀口和观察屏(或图像记录装置)四部分组成。在纹影仪中，两透镜 L_1 和 L_2 相距一定的距离放置在同一主光轴上，试验段在两透镜之间。光源 ad 放在透镜 L_1 的焦点上，其发出的光通过透镜 L_1 产生平行光进入试验段到达透镜 L_2，被 L_2 聚焦在刀口处后再经过成像透镜系统 L_3 到达相机成像面。刀口置于透镜 L_2 的焦点位置。

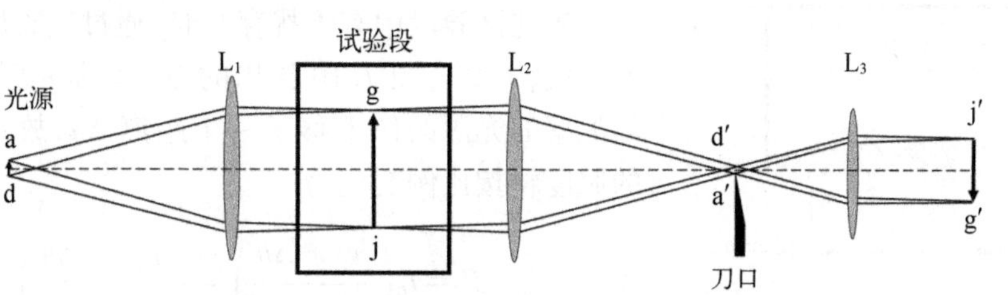

图 7.8　透射式平行光纹影系统原理示意图

用几何光学分析,纹影仪光路中有两组成像共轭面相互对应:光源 ad 物面对应于刀口 a′d′像面;试验段中 gj 物面对应于观察屏幕 g′j′像面。光源 ad 可以认为是无数点光源的集合,试验段的任意一个空间点的光线都是来自于这些无数个点光源。为了便于刀口的调整,通常纹影仪采用狭缝装置将光源整形为矩形,那么刀口位置的像也是与此大小一致的矩形。

设定试验段中位置 A 处射入的光线经气流干扰后发生了向上的偏折,偏转角为 φ,如图 7.9 所示。光线通过透镜 L_2 投射于记录平面上的 A'点。偏折光线在刀口的延伸方向上产生了距离 Δh。一般情况下光线的偏转角 φ 是很小的,同时透镜 L_2 的焦距远大于其半径。

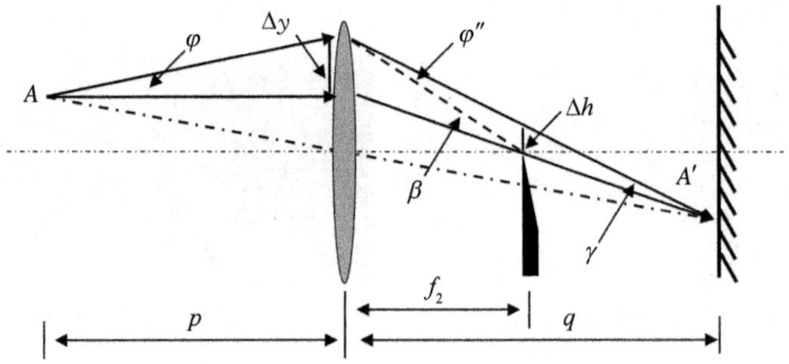

图 7.9 在刀口处对应给定偏转角的光线位移图

结合图 7.9 分析有

$$\varphi \approx \Delta y/p, \beta \approx \Delta y/f_2, \gamma \approx \Delta y/q \tag{7.12}$$

根据物距、像距和焦距之间的关系,可以得到

$$\frac{1}{p} + \frac{1}{q} = \frac{1}{f_2} \tag{7.13}$$

由此可得

$$\varphi'' = \beta - \gamma \approx \Delta y(1/f_2 - 1/q) = \Delta y/p \tag{7.14}$$

进而可以判断 $\varphi'' = \varphi$,并且可以确定

$$\Delta h = \varphi f_2 \tag{7.15}$$

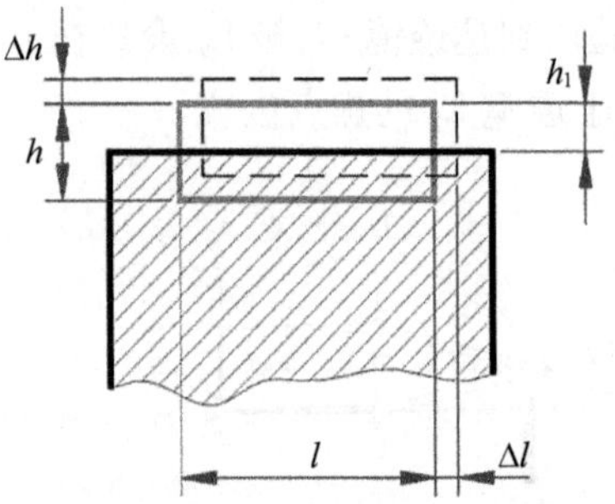

图 7.10 光线偏折和刀口切割示意图

结合式(7.9)可以构建起偏折与空间折射率的关系。

当在试验段中有干扰存在时,通过试验段的光线将发生偏转,结合图 7.10 给出的刀口切割示意图,在刀口处汇聚的光源的像上移了一个距离 Δh,故观察屏上像的照度将按比例变化为

$$I' = I_0\left(\frac{h_1 + \Delta h}{h_1}\right) = I_0\left(1 + \frac{\Delta h}{h_1}\right) \tag{7.16}$$

式中，I_0 为未受扰动的光强；h_1 为未受扰动时刀口位置“光源像”未被切割部分的宽度。

光强的相对变化（对比度）R_c，可按下式计算：

$$R_c = \frac{\Delta I}{I_0} = \frac{\Delta h}{h_1} = \frac{\varphi f_2}{h_1} = \frac{f_2}{h_1}\int_L \frac{1}{n}\frac{\partial n}{\partial y}\mathrm{d}z \tag{7.17}$$

由上式可知，对于给定的偏折角，比值 f_2/h_1 越大，在像面上所引起的图像对比度越明显。由此可见，为了提高纹影装置的灵敏度应该用长焦距的纹影镜和小的光源像剩余宽度。为了使仪器能够同时检测正反两个方向的偏折角，可使光源像被遮挡部分的宽度与剩余宽度相等，即切割一半的光源像。

需要明确的是，图 7.9 和图 7.10 刀口均为由下向上切割，当光线经过流场向上偏折即 $\varphi > 0$ 时 $\Delta h > 0$；如果刀口是向下切割，当 $\varphi > 0$ 时得 $\Delta h < 0$，由此可以知道不同的刀口切割方向将会导致纹影图像明暗对比的变化。同时需注意，只有偏折方向与刀口切割方向一致的光线会引起观察屏照度的变化，如图 7.10 所示，刀口由下向上切割，光线是向上或者向下偏折时会产生明暗对比的图像。如果偏折方向与刀口边线平行（对于图 7.10 即光线在垂直纸面的方向发生偏折），偏折光线不会引起对比度变化。相比于阴影，纹影技术主要反映的是密度的一阶梯度积分，因此更加灵敏，但是只能较好地反映一个方向的密度梯度信息。

2. 纹影仪分类和系统组成

纹影仪系统，按照光线通过被测流场区的形式，分为平行光纹影仪和锥形光纹影仪两大类。两类纹影仪的光学成像原理及纹影图的分析方法相同。锥形光纹影仪结构简单，如图 7.11 所示，其仅使用一面纹影镜即图示的凹面镜 M_2，这种仪器由于是同一条光线反复经过被测量流场区，带来了被测流场图像的失真。平行光纹影仪能够真实地反映气流密度的变化，在可压缩流场的研究中得到了广泛的应用。

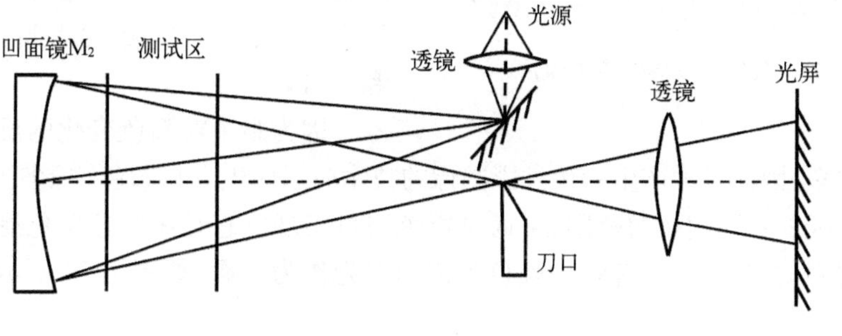

图 7.11　锥形光纹影仪系统光路示意图

平行光纹影仪，又称为泰普勒纹影系统，可分为透射式和反射式两种，它是出现最早也是最基本的纹影系统，在应用中还发展出了许多改型系统。透射式的光学成像质量好，其原理如图 7.8 所示，但要加工大口径的双球面透镜非常困难，价格高昂。反射式的光学成像系统，如图 7.12 所示，带有轴外光线成像造成的慧差和像散两类像差，这是因为光源和刀口面上的光源像都是离轴的，即位于球面的中心轴之外，离轴角越大，像差也就越严重。但是，只要采用图 7.12 所示的“Z”形光路布置，使光源和刀口分别位于纹影装置的

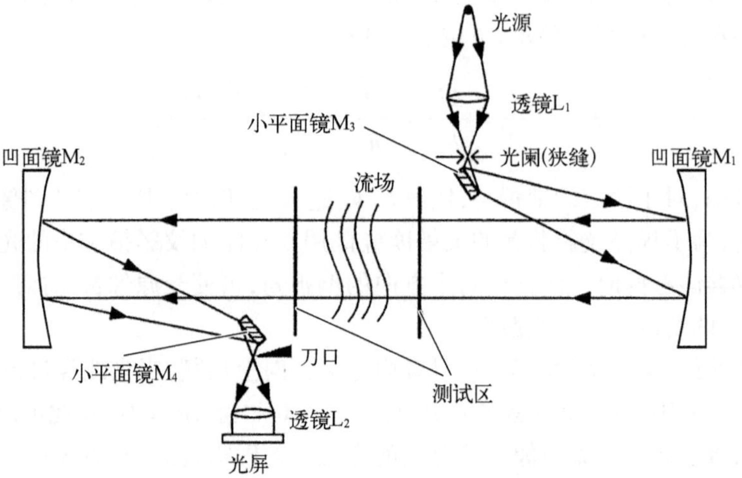

图 7.12　反射式"Z"形平行光纹影装置原理图

两侧并且尽量减小离轴角,可以减少像差,得到较为满意的结果。

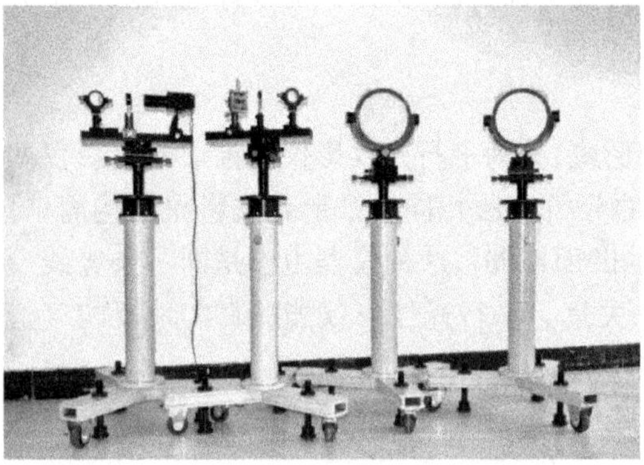

图 7.13　反射式纹影仪实物照片

图 7.12 给出的反射式平行光纹影装置原理图,它的准直镜 M_1 和纹影镜 M_2 都是球面反射镜,球面反射镜加工难度比透镜低很多,对材料的要求也比较低,并且只需要加工一个高精度球面,更容易实现大口径,成本也相对低一些。因此,目前几乎所有的大中型跨声速、超声速风洞中所使用的纹影装置都是反射式的。图 7.13 所示为典型的反射式纹影仪系统的照片,其四个立柱上分别安装光源、准直镜、纹影镜和刀口。

因为眼睛对颜色变化的反应比对亮度变化敏感得多,因此各种产生彩色纹影图像的技术应运而生。在彩色纹影图中,是用不同颜色表现光线的不同偏折角范围,可通过彩色刀口实现。它是用三色彩色滤光器代替普通纹影装置中的刀口,用含有各种颜色光谱的白光作为光源,如图 7.14 所示。三色滤光

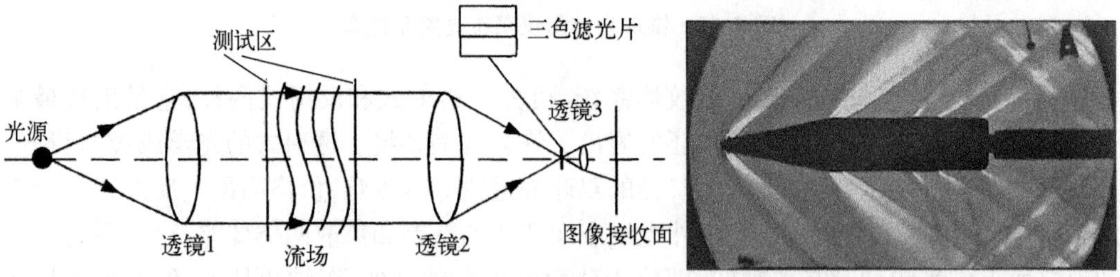

图 7.14　彩色纹影装置原理图和飞行器彩色纹影照片

片中间色带的宽度很窄，一般略大于光源像。测试段没有流场时，图像接收面上的颜色是三色滤光片中间色带的颜色。测试段存在流场时，流场的密度变化会使光线发生偏折。三色滤光片的两条颜色交界线构成“双刀口”，形成彩色纹影图。

3. 纹影仪的典型应用

如图 7.15 和图 7.16 展示了飞机的纹影图像，图中可以分辨出各类激波和膨胀波结构。由于纹影系统存在刀口，其沿不同方向的切割将对图像的明暗对比产生影响。图 7.15 为刀口左右切割，这样在流场上下对称的条件下，纹影图像上下的明暗对比也是一致的。若改为上下切割，则在纹影图像上体现的是不对称的明暗对比。

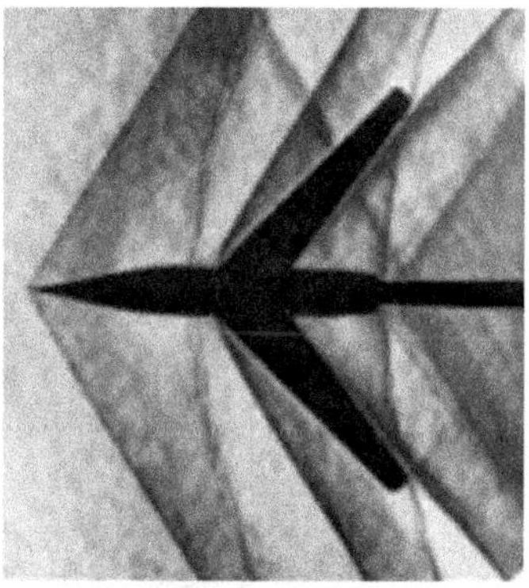

图 7.15　大后掠机翼飞机纹影照片（刀口左右切割）

图 7.16　XB-70 女武神轰炸机及其纹影照片

由于纹影反映的是沿着刀口切割方向的密度一阶梯度的积分，其灵敏度更高。如图 7.17 所示为子弹的纹影和阴影图像，纹影图像能够获取的流场信息更加丰富，激波结构也更加锐利。但是，当实验项目主要关心流场的波系时，由于阴影图像更加“干净”，往往也会采用阴影获取流场信息。

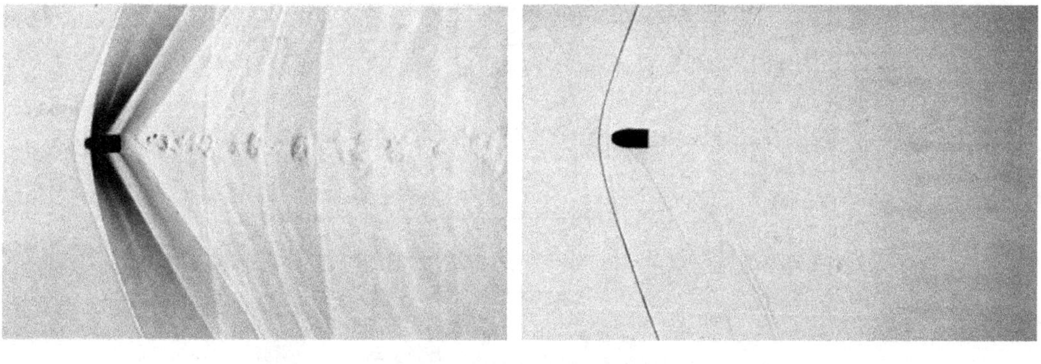

图 7.17　子弹流场纹影（左图）和阴影照片（右图）

7.2.4 背景纹影技术

图 7.18 为背景纹影(background-oriented schlieren, BOS)装置原理图。背景纹影技术和纹影技术一样,都是基于光线的偏折来确定流场密度场,进而获得流动结构特征。相机对背景图像进行拍摄,当光路上存在扰动流场时,光线通过待测流场后会偏离原来的路径,进入到相机成像芯片上的位置会发生改变,这就会造成有流场时相机采集到的背景图像和没有流场时的不同,这样的不同通过分析可以获得流动特征。

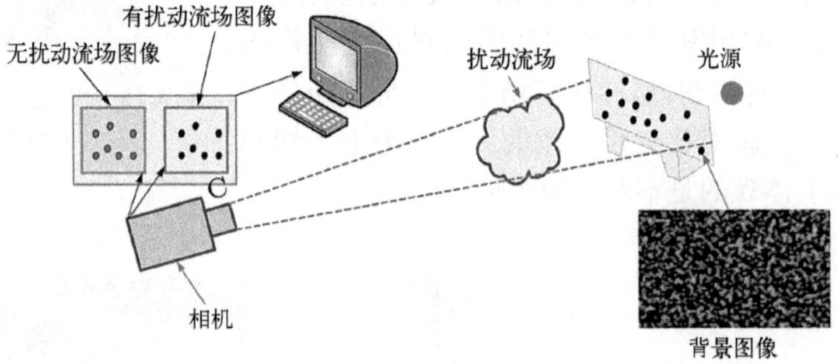

图 7.18 BOS 原理图

BOS 方法利用普通纹影仪的硬件设备即可实现,与纹影仪不同的是,BOS 方法不需要刀口,只需要在试验段的外侧放置一个有随机分布小斑点的背景图案(点阵图案),并用相机对该图案对焦成像。第一步,在开始实验前,保持试验段密度场均匀分布,光线没有发生偏折,先拍摄一幅背景图案的图像作为参考图像。第二步,在实验过程中再拍摄一幅图像作为受流场扰动后图像。因为在实验进行过程中,试验段的密度场会出现不均匀,从而导致光线在穿越流场的过程中发生偏折,这使得获得图像上的小斑点相对于原来没有流场密度变化时的成像位置发生了偏移。这个位移差的大小由光线偏折的角度大小所决定,而光线偏折角度的大小由流场折射率变化决定,由此可以构建折射率与位移、密度之间的关系。

常用的背景纹影光路包括图 7.19 所示的纹影模式和 PIV 模式光路系统。

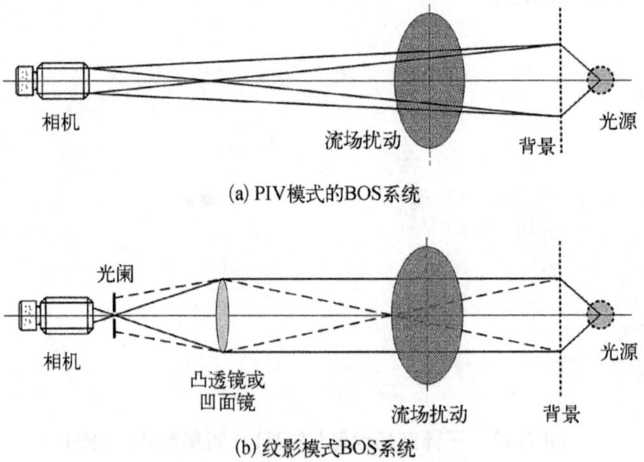

图 7.19 典型 BOS 系统光路示意图

目前一般是使用 PIV 软件或算法来对背景图像进行处理，即一般基于互相关原理，提取图像点位移。如图 7.20 所示，采用 BOS 技术获得了无扰动流场时的参考图像（a），进一步获得有流场时的图像（b），基于互相关算法获得了点阵位移矢量图。基于位移矢量图可以分辨模型周围的激波和膨胀波结构。

(a) 无流场图像　　(b) 有流场图像　　(c) 点阵位移矢量图

图 7.20　基于背景纹影技术获得的背景图像和位移矢量图

7.2.5　干涉技术

阴影法和纹影法是根据光线在气流场中的偏折来确定折射率的分布，主要用于流场的定性显示和分析。光学干涉法（interference）是利用光的波动性，根据光线穿过流场后相位的变化来研究气体折射率的空间分布，利用干涉图中干涉条纹的变化推算出气流密度的变化。

在传统流动显示光学法中，干涉法的种类很多，典型的如马赫-曾德（Mach-Zehnder，MZ）干涉仪。MZ 干涉仪广泛应用于流体力学和其他领域的研究工作，其原理如图 7.21 所示。穿过被测流场的试验光束与参考光束在接收屏上会聚，产生干涉现象。在试验光束没有受到测试流场的扰动时，屏幕上将呈现非常明亮的光场；式（7.18）给出了光程差与折射率场关系，若试验光束受到流场的扰动，屏幕上将呈现干涉条纹，它代表了被测流场等密度线的分布。

$$\delta = \frac{2\pi}{\lambda_0}\int (n - n_{\mathrm{ref}})\,\mathrm{d}z \qquad (7.18)$$

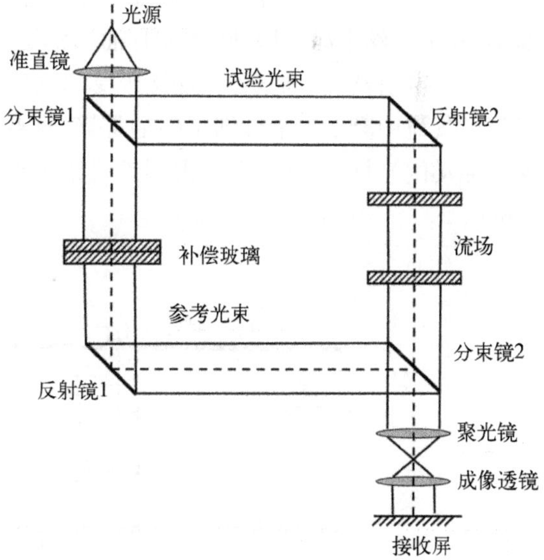

图 7.21　MZ 干涉仪光学系统示意图

式中，λ_0 为光波波长；n_{ref} 参考光路介质的折射率；n 为试验段流场折射率。

MZ 干涉仪中，光源发出的光通过透镜准直成平行光，反射镜 1、反射镜 2、分束镜 1 和分束镜 2 排成一个矩形,分束镜 2 将原来分开的试验光束和参考光束重新叠加在一起,相应光线发生干涉,干涉条纹呈现在观察屏上,观察屏对试验段中心聚焦。四面镜子中的每一面都能绕水平或垂直轴旋转,以对干涉仪进行调节。如果所有镜子相对于入射平行光束都能精确地倾斜 45°,且所有的光学元件的质量都假设是完美无缺的,则到达记录平面上的光线是同相位的,干涉仪在此基本位置时没有条纹出现,这就是“无限宽条纹”。

图 7.22　翼型绕流的干涉条纹

如果试验段中气体的密度不同于补偿光路中气体的密度,但试验段中气体的密度仍然是均匀的,光波在试验段和补偿光路中传播速度不同,因而这两路光线中对应各点都产生了相同的光程差。当光程差为光波半波长的偶数倍时,其相位相同,则屏幕上照度最强;若光程差为光波半波长的奇数倍时,其相位相差 180°,则屏幕上照度最弱。当试验段气流本身非均匀时,那么在观察屏上将产生干涉条纹,如图 7.22 所示为翼型绕流的干涉条纹图像。

7.3　烟线技术

在风洞模型上游气流中与来流相垂直地横放一根细金属电阻丝,如图 7.23 所示。实验前,在电阻丝上涂一层油(例如甘油),油层受表面张力作用形成一串油滴,附着在电阻丝上。当电阻丝通电加热时,油滴因受热气化而变成油蒸气,随气流离开电阻丝后立即在常温的气流中凝结成十分细小的油雾滴,这些雾微粒随气流流动而显示出绕流形态。适时地启动闪光灯和相机,即可得到烟线绕模型的流动图像。这种方法称为烟线法(smoke wire)。

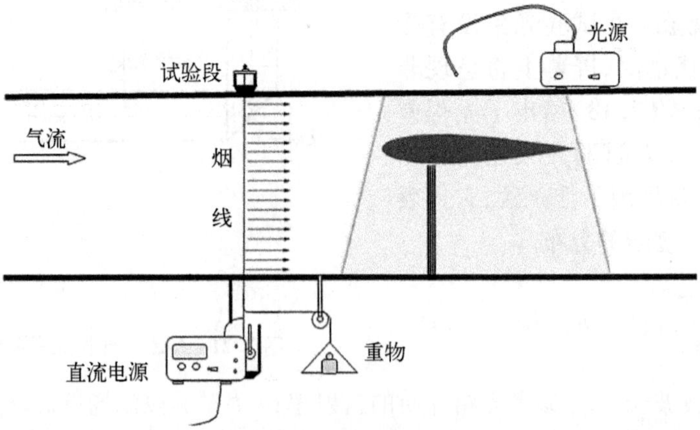

图 7.23　烟线法示意图

发烟电阻丝通常选取不锈钢丝、钨丝或镍铬丝，为了减小丝线对流动的扰动，通常实验中丝线的最优直径大约为 0.1 mm。选择发烟白、浓密、无毒、无腐蚀性、黏度较大的油，如甘油或石蜡油，在电阻丝上会结成许多小的油滴。电源采用连续或脉冲式。采用白光灯照亮实验流场，利用相机进行拍摄或者肉眼观测。发烟的起始时刻和发烟时间的长短由发烟控制装置准确地控制，根据试验目的确定。烟丝的浓度主要通过改变烟线两端的电压来调节。当流场中的风速提高时，为了保证烟丝清晰，必须增加单位时间的发烟量，为此应提高电压。图 7.24 给出了前缘缝翼和后缘襟翼的烟线图像，据此可以判断流场结构和分离等特征。

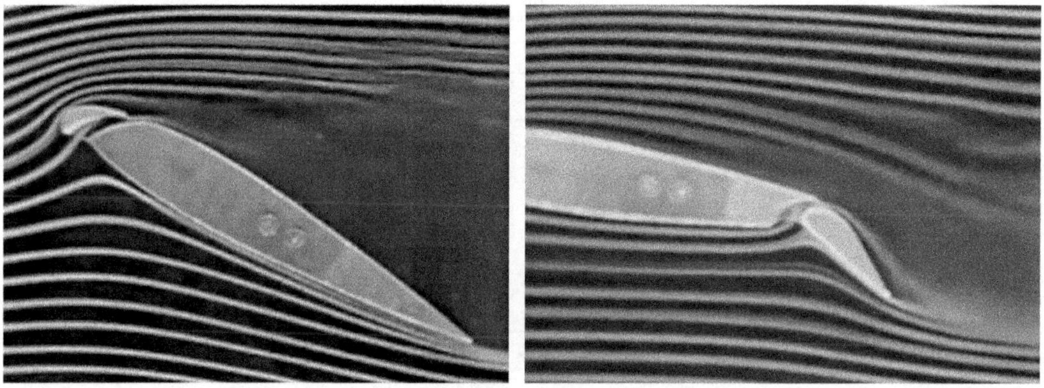

图 7.24　前缘缝翼和后缘襟翼的烟线图

7.4　模型壁面流动显示技术

7.4.1　油流技术

油流显示技术是最为常用的流动显示技术之一，它主要反映物面附近的流动。把一种黏性较大又不易挥发的油和带有一定颜色的指示剂均匀混合后，喷涂在模型表面上，由于边界层不同流态对油膜的剪切作用不同，在模型表面会形成不同的油谱图像，这种显示流动的方法称为油流法(oil flow visualization)。油流法是一种简单有效的流场显示技术，具有显示直观、操作简单、成本低廉等优点。通过对表面油流谱的分析可以了解流体在表面发生分离的位置、分离方式和特点、旋涡的形成等。

1. 油流法的基本原理

在油流显示实验中，通常是将带有极细示踪粒子的油剂薄薄地涂在试验模型的表面上，其油膜厚度往往比边界层厚度要小。当在风洞中进行吹风时，油膜是在边界层内做缓慢的黏性运动，形成油流谱。它的下边界是物面，应满足无滑移条件；其上边界与气流接触，在界面上油流和气流的速度相等，并且油流和气流在该界面上的剪应力也应相等。

油膜流动应满足动量守恒和连续方程，并满足油层在上下界面上的边界条件。应用量纲分析法可获得简化油层方程，对它进行积分，可获得油流轨迹方程为

$$\frac{dy}{dx}=\frac{v_2}{u_2}=\frac{\dfrac{1}{\mu_1}\dfrac{\partial p}{\partial y}\left(\dfrac{z}{2}-h\right)+\left(\dfrac{\partial v_1}{\partial z}\right)_{z=h}}{\dfrac{1}{\mu_1}\dfrac{\partial p}{\partial x}\left(\dfrac{z}{2}-h\right)+\left(\dfrac{\partial u_1}{\partial z}\right)_{z=h}} \tag{7.19}$$

式中,z 方向为壁面法向;v_1 为油膜上气流边界层 x 方向速度;v_2 为油层 x 方向速度;u_1 为油膜上气流边界层 y 方向速度;u_2 为油层 y 方向速度;μ_1 为气体的黏性系数。

在 $z=0$ 处壁面位置,有

$$\frac{dy}{dx}=\frac{-\dfrac{1}{\mu_1}\dfrac{\partial p}{\partial y}h+\left(\dfrac{\partial v_1}{\partial z}\right)_{z=h}}{-\dfrac{1}{\mu_1}\dfrac{\partial p}{\partial x}h+\left(\dfrac{\partial u_1}{\partial z}\right)_{z=h}} \tag{7.20}$$

在 $z=h$ 处,有

$$\frac{dy}{dx}=\frac{-\dfrac{1}{\mu_1}\dfrac{\partial p}{\partial y}\dfrac{h}{2}+\left(\dfrac{\partial v_1}{\partial z}\right)_{z=h}}{-\dfrac{1}{\mu_1}\dfrac{\partial p}{\partial x}\dfrac{h}{2}+\left(\dfrac{\partial u_1}{\partial z}\right)_{z=h}} \tag{7.21}$$

由于油膜厚度 h 是个十分小的量,所以在压力梯度不是很大的地方,由以上两式看到不仅油层内的油流线随 z 的变化很小,且进一步忽略压力项得

$$\frac{dy}{dx}=\frac{\left(\dfrac{\partial v_1}{\partial z}\right)_{z=h}}{\left(\dfrac{\partial u_1}{\partial z}\right)_{z=h}}=\frac{\tau_{yw}}{\tau_{xw}} \tag{7.22}$$

式中,τ_{xw} 与 τ_{yw} 表示气流在壁面上的摩擦应力分量。

由此可知,油流线显示了有油膜流动存在下的气流在 $z=h$ 处的摩擦应力线,这就是油膜流动和气流流动之间的关系。因此,油流法实际上是一种显示气流在物面上摩擦力线图谱的实验方法。

2. 油流法的工艺

油流技术所使用的涂层是由油剂与粒度非常细小的粉末混合组成的。油剂是一种载体,粉末是一种示踪粒子。为了增加油对金属模型表面的浸润力,可适当加入少量的油酸。有一点需要指出,由于油的黏性、表面张力、模型表面光滑程度以及试验温度等均影响油流图谱的清晰度,因此油流试验中涂层配制、涂刷方法等技术有很大的经验性。油流涂料通常包含以下三种基本成分。

(1) 示踪粒子:应选用与模型表面颜色有强烈对比度的粉末原料。粉末应具有良好的分散性且不易受潮结块,其粉末颗粒直径应为微米量级。通常作指示剂的粉末原料有:

白色氧化镁、二氧化钛、高岭土、氧化锌(灰白色)、铬酸铅(黄色)、炭黑(黑);还可以用荧光粉。

(2) 载体:有一定黏性而又能随气流运动的液体,通常选用各种油剂。油剂的黏性、密度、表面张力都会影响油流图像的质量,通常选择油剂时主要考虑其黏性。常用的油剂有:煤油、柴油、机油、硅油、亚麻油、润滑油、变压器油、真空泵油和航空液压油。

(3) 抗凝剂:用来阻止指示剂粉末结团,并在一定程度上调节油剂的黏度。通常选用油酸,有时用丙酮或石油醚,可根据需要选择性添加。

油流法所用的油剂涂层是以上三种成分的混合悬浊液,不同油剂的组成成分及配比将直接影响试验的效果。油剂黏性高,使得油剂难以跟随气流,无法形成有效流迹或流迹不明显;油剂黏性低,使得油剂在短时间内随气流全部或大部分流失,导致试验件表面油剂残留过少,流迹无法辨认。

油剂的涂刷工艺也会影响试验效果:过厚的涂刷可能导致油剂上层随气流流动而下层未流动,使得最终显示效果差;过薄的涂刷则可能导致油剂在短时间内流失,流迹无法辨认。

3. 油流流谱分析

油流谱是涂在物面上的油层在气流带动下油膜流动形成的图画,油流图谱实际上反映了绕流中物面上的摩擦力线谱。层流油谱图像是油膜被吹走形成沿流向均匀而细致的条纹;紊流油谱图像是沿气流方向呈现较粗的沟条或形成类似木纹形状的条纹;在分离区,油膜形成堆积带;在死水区,油膜基本上无变化,保持原状;而在旋涡区油谱图像一般出现螺旋状旋涡痕迹。图 7.25 给出了飞机机身位置表面的油流流谱。

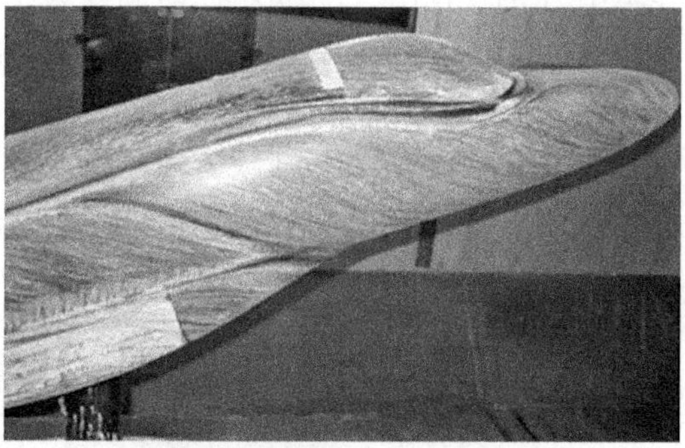

图 7.25　飞机机身表面的油流流谱

7.4.2　丝线技术

丝线(Tuft)流动显示技术也是风洞试验和试飞中常用的流动显示技术之一。该技术是在模型的表面区域粘贴一簇适当长度的丝线,丝线质轻而柔软,另一端能顺着气流摆动,每根丝线指示所在位置的流向,通常用来判别附体与分离流动,也可用来显示空间集中涡[33]。丝线法使用方便,经济性好,又能形象地显示流动状态,因此广泛地应用于流动显示和测试中。

1. 丝线的尺寸

丝线显示技术必须在试验的过程中观察或记录实验现象,因此在一定距离内丝线形态必须能清晰地目视观察或用照相机或摄像机记录。丝线应柔软,通常可选用细尼龙线或羊毛等材料,其长短和粗细取决于模型的大小和实验雷诺数。原则上在保证可观察情况下,为了减小对气流的扰动,应选用细的丝线。当用于显示旋转部件流场时,例如飞机螺旋桨、直升机旋翼,为了减小丝线惯性力,直径 0.02 mm 荧光微丝是合适的,可忽略惯性力的影响。观察模型表面附近流动时，丝线长度 15~20 mm 比较合适。为了避免丝线纠缠在一起，根据经验，丝线之间的间距约为丝线长度的 0.5~1.0 倍。这距离决定了丝线法的空间分辨能力，其空间分辨能力是较小的，不能显示小尺度的流动，适用于大尺度特征的流动显示。

2. 丝线流动显示图像分析

丝线法主要用来显示附体流、分离流和旋涡流动。丝线的一端用磁漆或胶贴在模型表面。当气流流过模型时，丝线自由端会以一定方式运动，在层流边界层内，丝线顺气流方向几乎保持不动；在转捩点后，丝线有明显的抖动；在分离区内，丝线剧烈抖动并有明显的回卷。在不同特征的流动中，丝线的形态不同，依此可显示不同类型的流动。

(1) 在附体流时，丝线保持相对静止状态，并顺着当地气流方向，相邻位置的丝线所显示的流动方向具有良好的相关性，形成表面流谱图。

(2) 在分离流动时，丝线呈现明显的急剧抖动，导致丝线图像模糊，当出现严重分离时可导致丝线呈竖立状抖动，并使丝线向气流主流相反方向弯曲。

(3) 当一定长度丝线置于空间集中涡流场中时，它跟随旋涡转动方向高速旋转，这一特征可以显示并测量大尺度空间集中涡。

通常用照相机或摄像机在试验过程中记录流动图谱，为了记录分离流动区域中丝线抖动产生的模糊图像，相机曝光时间要大于丝线的抖动速度。由于电子闪光灯的持续时间很短，给记录丝线的模糊图像造成困难，因此丝线法中一般选用高亮度连续光源作为照明光源。

如图 7.26 所示为汽车模型的丝线流谱，在后挡风玻璃附近观察到明细的丝线回卷，表明此处出现了分离；同样的在大攻角状态下机翼后侧区域出现一定分离，如图 7.27 所示。

图 7.26　法国 PSA 集团采用丝线技术研究轿车流动

3. 丝线技术的进展

由于模型表面布满丝线，对绕模型流动会有一定的影响。因此，通常丝线法流动显示与测力、测压实验要分开进行，很不方便。为此，又发展了荧光微丝法。荧光微丝是一种直径仅数微米的含有荧光物质的合成纤维。其使用方法基本上与普通丝线相同。虽然丝很细，但在专门的光源照射下，它能发出明亮的光辉，如图 7.28 所示为不同攻角条件下机翼荧光微丝流动显示图像。应用荧光微丝既能进行流动显示又不影响测力和测压，比较方便。

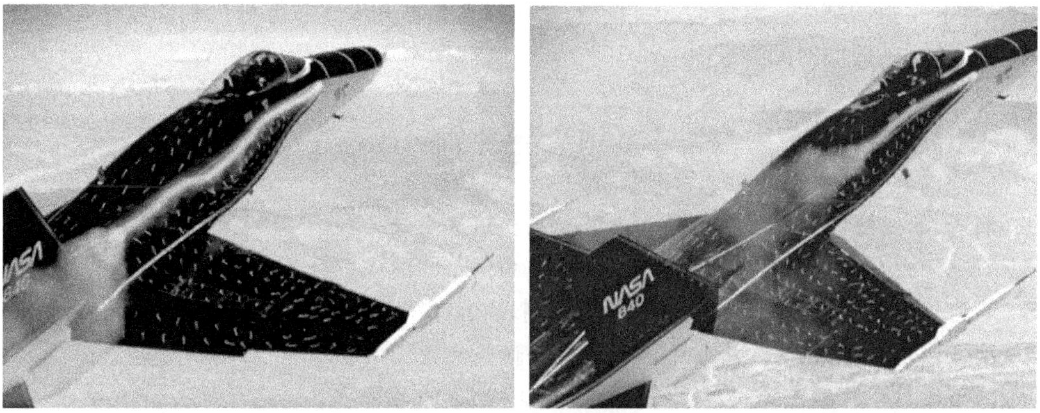

图 7.27　F-18 战斗机上开展流动显示试验,左图 20 度攻角,右图 30 度攻角

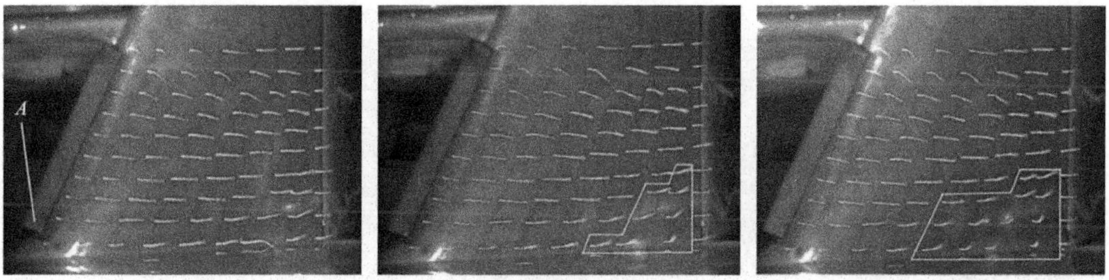

(a) 攻角α=12°　　(b) 攻角α=13°　　(c) 攻角α=14°

图 7.28　机翼表面内侧荧光微丝显示流谱[34]

7.5　流动显示技术的新进展

(1) 以瞬时、定量、三维流动显示和定量测量为目标,既要能展示流动时空结构形态,又要能瞬时获取整个流场的定量数据。亦即既要能定性地观察到流动的整个结构(如拓扑结构,旋涡分布结构等)的时间历程,又要能瞬时取得定量的数据(速度、压力、温度、涡量分布)。引人注目的是 PLIF 技术和 PSP 技术等已达到实用阶段,PLIF 技术既能定性地显示流场,又能定量地测量速度、温度和密度等参数。

(2) 具有观测全尺度时空范围完整性和高时空分辨能力。所谓的全尺度时空范围,是指研究流动所涉及的空间范围或过程的时间经历。其完整性指能够观测完整的空间范围和时间经历过程。结合先进高频激光技术、高分辨率高速成像技术、同步控制技术等,高时空分辨的流动特征捕捉一步步走向现实,并不断发展进步。

(3) 多种流动显示技术的综合使用。流动显示方法各有所长,又各有一定的使用条件。在一个研究项目中往往把多种流动显示方法综合使用,相互补充,相互验证,以获得丰富、可信的复杂流动信息。

(4) 流动显示技术与计算机技术、激光技术、数据处理技术结合,计算机主要用于对流动显示系统实施控制、图像处理和数据处理,把二维图像进行三维重建,获得空间的流动结构和定量的结果。对流动进行重构,基于海量数据开展大数据分析和深度学习等,获取分析流场的时间空间特性。

思 考 题

1. 烟线、丝线技术流动显示的基本原理和主要用途是什么?
2. 当平行光穿过密度不均匀的流场时,光线向哪个方向偏折?为什么?
3. 非均匀密度场内的流动可采用哪些方法来显示?
4. 试描述用纹影法、阴影法和干涉法进行高速气流观测的基本原理及其异同。
5. 画出反射式纹影系统的光路图,并标注主要设备的名称。
6. 判断下面三幅图像是阴影图像还是纹影图像,并给出理由;如果是纹影图像,判断刀口切割方向,给出理由。

附录 A
标准大气数据

高度/km	温度/K	密度 /(kg · m^{-3})	压力/Pa	声速 /(m · s^{-1})	黏性系数 /(kg · s^{-1} · m^{-1})
0	288.15	1.225E+00	101 325	340.3	1.789 4E-05
0.5	284.9	1.167E+00	95 460	338.4	1.774 3E-05
1	281.7	1.112E+00	89 880	336.4	1.757 6E-05
1.5	278.4	1.058E+00	84 560	334.5	1.741 7E-05
2	275.2	1.007E+00	79 500	332.5	1.726 3E-05
2.5	271.9	9.570E-01	74 690	330.6	1.710 1E-05
3	268.7	9.093E-01	70 120	328.6	1.694 1E-05
3.5	265.4	8.634E-01	65 780	326.6	1.677 5E-05
4	262.2	8.194E-01	61 660	324.6	1.661 7E-05
4.5	258.9	7.770E-01	57 750	322.6	1.644 9E-05
5	255.7	7.365E-01	54 050	320.5	1.628 3E-05
5.5	252.4	6.975E-01	50 540	318.5	1.612 0E-05
6	249.2	6.602E-01	47 220	316.5	1.594 9E-05
6.5	245.9	6.243E-01	44 080	314.4	1.578 1E-05
7	242.7	5.901E-01	41 110	312.3	1.561 4E-05
7.5	239.5	5.573E-01	38 300	310.2	1.544 1E-05
8	236.2	5.258E-01	35 650	308.1	1.526 8E-05
8.5	233	4.958E-01	33 150	306	1.510 1E-05
9	229.7	4.671E-01	30 800	303.8	1.492 8E-05
9.5	226.5	4.397E-01	28 580	301.7	1.475 0E-05
10	223.3	4.136E-01	26 500	299.8	1.457 8E-05
10.5	220	3.886E-01	24 540	297.4	1.440 0E-05
11	216.8	3.648E-01	22 700	295.2	1.422 4E-05
11.5	216.7	3.375E-01	20 980	295.1	1.421 8E-05
12	216.7	3.119E-01	19 400	295.1	1.421 3E-05
12.5	216.7	2.884E-01	17 930	295.1	1.421 6E-05
13	216.7	2.666E-01	16 580	295.1	1.421 6E-05
13.5	216.7	2.465E-01	15 330	295.1	1.421 6E-05
14	216.7	2.279E-01	14 170	295.1	1.421 6E-05
14.5	216.7	2.107E-01	13 100	295.1	1.422 0E-05

续 表

高度/km	温度/K	密度 /(kg·m^{-3})	压力/Pa	声速 /(m·s^{-1})	黏性系数 /(kg·s^{-1}·m^{-1})
15	216.7	1.948E-01	12 110	295.1	1.421 9E-05
15.5	216.7	1.801E-01	11 200	295.1	1.421 7E-05
16	216.7	1.665E-01	10 350	295.1	1.421 7E-05
16.5	216.7	1.539E-01	9 572	295.1	1.421 2E-05
17	216.7	1.423E-01	8 850	295.1	1.422 0E-05
17.5	216.7	1.316E-01	8 182	295.1	1.421 6E-05
18	216.7	1.216E-01	7 565	295.1	1.421 5E-05
18.5	216.7	1.125E-01	6 995	295.1	1.421 6E-05
19	216.7	1.040E-01	6 467	295.1	1.421 5E-05
19.5	216.7	9.616E-02	5 980	295.1	1.421 7E-05
20	216.7	8.891E-02	5 529	295.1	1.421 6E-05
21	217.581	7.571E-02	4 729	295.7	1.426 7E-05
22	218.574	6.451E-02	4 047	296.38	1.432 2E-05
23	219.567	5.501E-02	3 467	297.05	1.437 6E-05
24	220.56	4.694E-02	2 972	297.72	1.443 0E-05
25	221.552	4.015E-02	2 549	298.39	1.448 4E-05
26	222.544	3.426E-02	2 188	299.06	1.453 8E-05
27	223.536	2.930E-02	1 880	299.72	1.459 2E-05
28	224.527	2.508E-02	1 616	300.39	1.464 6E-05
29	225.518	2.148E-02	1 390	301.05	1.469 9E-05
30	226.509	1.841E-02	1 197	301.71	1.475 3E-05
31	227.5	1.579E-02	1 031	302.37	1.480 6E-05
32	228.49	1.355E-02	889	303.02	1.485 9E-05
33	230.973	1.157E-02	767	304.67	1.499 2E-05
34	233.743	9.900E-03	663	306.49	1.514 0E-05
35	236.513	8.463E-03	575	308.3	1.528 7E-05
36	239.282	7.258E-03	499	310.1	1.543 3E-05
37	242.05	6.235E-03	433	311.89	1.557 8E-05
38	244.818	5.367E-03	377	313.67	1.572 3E-05
39	247.584	4.627E-03	329	315.43	1.586 6E-05
40	250.35	3.996E-03	287	317.19	1.600 9E-05
41	253.114	3.456E-03	251	318.94	1.615 1E-05
42	255.878	2.995E-03	220	320.67	1.629 3E-05
43	258.641	2.599E-03	193	322.4	1.643 3E-05
44	261.403	2.259E-03	169	324.12	1.657 3E-05
45	264.164	1.966E-03	149	325.82	1.671 3E-05
46	266.925	1.714E-03	131	327.52	1.685 1E-05
47	269.684	1.497E-03	116	329.21	1.698 9E-05
48	270.65	1.317E-03	102	329.8	1.703 7E-05

续 表

高度/km	温度/K	密度/($kg \cdot m^{-3}$)	压力/Pa	声速/($m \cdot s^{-1}$)	黏性系数/($kg \cdot s^{-1} \cdot m^{-1}$)
49	270.65	1.163E-03	90	329.8	1.703 7E-05
50	270.65	1.027E-03	80	329.8	1.703 7E-05
55	260.771	5.681E-04	43	323.72	1.654 2E-05
60	247.021	3.097E-04	22	315.07	1.583 7E-05

附录 B
等熵流特性

Ma	p/p_0	T/T_0	ρ/ρ_0	A/A^*
1.10	4.683 5E-01	8.051 5E-01	5.817 0E-01	1.007 9E+00
1.20	4.123 8E-01	7.764 0E-01	5.311 4E-01	1.030 4E+00
1.30	3.609 1E-01	7.473 8E-01	4.829 0E-01	1.066 3E+00
1.40	3.142 4E-01	7.183 9E-01	4.374 2E-01	1.114 9E+00
1.50	2.724 0E-01	6.896 6E-01	3.949 8E-01	1.176 2E+00
1.60	2.352 7E-01	6.613 8E-01	3.557 3E-01	1.250 2E+00
1.70	2.025 9E-01	6.337 1E-01	3.196 9E-01	1.337 6E+00
1.80	1.740 4E-01	6.068 0E-01	2.868 2E-01	1.439 0E+00
1.90	1.492 4E-01	5.807 2E-01	2.569 9E-01	1.555 3E+00
2.00	1.278 0E-01	5.555 6E-01	2.300 5E-01	1.687 5E+00
2.10	1.093 5E-01	5.313 5E-01	2.058 0E-01	1.836 9E+00
2.20	9.352 2E-02	5.081 3E-01	1.840 5E-01	2.005 0E+00
2.30	7.997 3E-02	4.859 1E-01	1.645 8E-01	2.193 1E+00
2.40	6.839 9E-02	4.646 8E-01	1.472 0E-01	2.403 1E+00
2.50	5.852 8E-02	4.444 4E-01	1.316 9E-01	2.636 7E+00
2.60	5.011 5E-02	4.251 7E-01	1.178 7E-01	2.896 0E+00
2.70	4.295 0E-02	4.068 3E-01	1.055 7E-01	3.183 0E+00
2.80	3.684 8E-02	3.894 1E-01	9.462 6E-02	3.500 1E+00
2.90	3.165 1E-02	3.728 6E-01	8.488 9E-02	3.849 8E+00
3.00	2.722 4E-02	3.571 4E-01	7.622 6E-02	4.234 6E+00
3.10	2.344 9E-02	3.422 3E-01	6.851 7E-02	4.657 3E+00
3.20	2.022 8E-02	3.280 8E-01	6.165 4E-02	5.121 0E+00
3.30	1.747 7E-02	3.146 6E-01	5.554 1E-02	5.628 6E+00
3.40	1.512 5E-02	3.019 3E-01	5.009 3E-02	6.183 7E+00
3.50	1.311 1E-02	2.898 6E-01	4.523 3E-02	6.789 6E+00
3.60	1.138 5E-02	2.784 0E-01	4.089 4E-02	7.450 1E+00
3.70	9.902 9E-03	2.675 2E-01	3.701 7E-02	8.169 1E+00
3.80	8.629 0E-03	2.572 0E-01	3.354 9E-02	8.950 6E+00
3.90	7.532 0E-03	2.474 0E-01	3.044 5E-02	9.799 0E+00
4.00	6.586 1E-03	2.381 0E-01	2.766 2E-02	1.071 9E+01
4.10	5.769 0E-03	2.292 5E-01	2.516 4E-02	1.171 5E+01

续 表

Ma	p/p_0	T/T_0	ρ/ρ_0	A/A^*
4.20	5.062 1E−03	2.208 5E−01	2.292 1E−02	1.279 2E+01
4.30	4.449 4E−03	2.128 6E−01	2.090 3E−02	1.395 5E+01
4.40	3.917 6E−03	2.052 5E−01	1.908 7E−02	1.521 0E+01
4.50	3.455 3E−03	1.980 2E−01	1.744 9E−02	1.656 2E+01
4.60	3.052 6E−03	1.911 3E−01	1.597 1E−02	1.801 8E+01
4.70	2.701 2E−03	1.845 7E−01	1.463 5E−02	1.958 3E+01
4.80	2.394 3E−03	1.783 2E−01	1.342 7E−02	2.126 4E+01
4.90	2.125 6E−03	1.723 5E−01	1.233 3E−02	2.306 7E+01
5.00	1.890 0E−03	1.666 7E−01	1.134 0E−02	2.500 0E+01
5.10	1.683 2E−03	1.612 4E−01	1.043 9E−02	2.707 0E+01
5.20	1.501 3E−03	1.560 5E−01	9.620 4E−03	2.928 3E+01
5.30	1.341 1E−03	1.511 0E−01	8.875 3E−03	3.164 9E+01
5.40	1.199 7E−03	1.463 7E−01	8.196 5E−03	3.417 5E+01
5.50	1.074 8E−03	1.418 4E−01	7.577 5E−03	3.686 9E+01
5.60	9.643 0E−04	1.375 1E−01	7.012 4E−03	3.974 0E+01
5.70	8.663 5E−04	1.333 7E−01	6.495 9E−03	4.279 7E+01
5.80	7.794 1E−04	1.294 0E−01	6.023 3E−03	4.605 0E+01
5.90	7.021 4E−04	1.256 0E−01	5.590 4E−03	4.950 7E+01
6.00	6.333 6E−04	1.219 5E−01	5.193 6E−03	5.318 0E+01
6.10	5.720 6E−04	1.184 6E−01	4.829 3E−03	5.707 7E+01
6.20	5.173 5E−04	1.151 0E−01	4.494 7E−03	6.121 0E+01
6.30	4.684 5E−04	1.118 8E−01	4.187 0E−03	6.559 0E+01
6.40	4.246 8E−04	1.087 9E−01	3.903 7E−03	7.022 7E+01
6.50	3.854 7E−04	1.058 2E−01	3.642 7E−03	7.513 4E+01
6.60	3.502 8E−04	1.029 7E−01	3.402 0E−03	8.032 3E+01
6.70	3.186 7E−04	1.002 2E−01	3.179 7E−03	8.580 5E+01
6.80	2.902 4E−04	9.758 0E−02	2.974 4E−03	9.159 4E+01
6.90	2.646 4E−04	9.503 9E−02	2.784 5E−03	9.770 2E+01
7.00	2.415 6E−04	9.259 3E−02	2.608 8E−03	1.041 4E+02
7.10	2.207 2E−04	9.023 6E−02	2.446 0E−03	1.109 3E+02
7.20	2.018 9E−04	8.796 6E−02	2.295 0E−03	1.180 8E+02
7.30	1.848 5E−04	8.577 8E−02	2.155 0E−03	1.256 0E+02
7.40	1.694 2E−04	8.366 8E−02	2.024 9E−03	1.335 2E+02
7.50	1.554 3E−04	8.163 3E−02	1.904 0E−03	1.418 4E+02
7.60	1.427 3E−04	7.966 9E−02	1.791 5E−03	1.505 8E+02
7.70	1.311 9E−04	7.777 3E−02	1.686 8E−03	1.597 7E+02
7.80	1.206 9E−04	7.594 2E−02	1.589 3E−03	1.694 0E+02
7.90	1.111 4E−04	7.417 3E−02	1.498 4E−03	1.795 1E+02
8.00	1.024 3E−04	7.246 4E−02	1.413 5E−03	1.901 1E+02

附录 C
K 型热电偶分度表

热电动势(mV),参考端温度为 0℃

温度/℃	0	1	2	3	4	5	6	7	8	9
0	0	0.039	0.079	0.119	0.158	0.198	0.238	0.277	0.317	0.357
10	0.397	0.437	0.477	0.517	0.557	0.597	0.637	0.677	0.718	0.758
20	0.798	0.838	0.879	0.919	0.96	1	1.041	1.081	1.122	1.162
30	1.203	1.244	1.285	1.325	1.366	1.407	1.448	1.489	1.529	1.57
40	1.611	1.652	1.693	1.734	1.776	1.817	1.858	1.899	1.94	1.981
50	2.022	2.064	2.105	2.146	2.188	2.229	2.27	2.312	2.353	2.394
60	2.436	2.477	2.519	2.56	2.601	2.643	2.684	2.726	2.767	2.809
70	2.85	2.892	2.933	2.875	3.016	3.058	3.1	3.141	3.183	3.224
80	3.266	3.307	3.349	3.39	3.432	3.473	3.515	3.556	3.598	3.639
90	3.681	3.722	3.764	3.805	3.847	3.888	3.93	3.971	4.012	4.054
100	4.095	4.137	4.178	4.219	4.261	4.302	4.343	4.384	4.426	4.467
110	4.508	4.549	4.59	4.632	4.673	4.714	4.755	4.796	4.837	4.878
120	4.919	4.96	5.001	5.042	5.083	5.124	5.164	5.205	5.246	5.287
130	5.327	5.368	5.409	5.45	5.49	5.531	5.571	5.612	5.652	5.693
140	5.733	5.774	5.814	5.855	5.895	5.936	5.976	6.016	6.057	6.097
150	6.137	6.177	6.218	6.258	6.298	6.338	6.378	6.419	6.459	6.499
160	6.539	6.579	6.619	6.659	6.699	6.739	6.779	6.819	6.859	6.899
170	6.939	6.979	7.019	7.059	7.099	7.139	7.179	7.219	7.259	7.299
180	7.338	7.378	7.418	7.458	7.498	7.538	7.578	7.618	7.658	7.697
190	7.737	7.777	7.817	7.857	7.897	7.937	7.977	8.017	8.057	8.097
200	8.137	8.177	8.216	8.256	8.296	8.336	8.376	8.416	8.456	8.497
210	8.537	8.577	8.617	8.657	8.697	8.737	8.777	8.817	8.857	8.898
220	8.938	8.978	9.018	9.058	9.099	9.139	9.179	9.22	9.26	9.3
230	9.341	9.381	9.421	9.462	9.502	9.543	9.583	9.624	9.664	9.705
240	9.745	9.786	9.826	9.867	9.907	9.948	9.989	10.029	10.07	10.111
250	10.151	10.192	10.233	10.274	10.315	10.355	10.396	10.437	10.478	10.519
260	10.56	10.6	10.641	10.882	10.723	10.764	10.805	10.848	10.887	10.928
270	10.969	11.01	11.051	11.093	11.134	11.175	11.216	11.257	11.298	11.339
280	11.381	11.422	11.463	11.504	11.545	11.587	11.628	11.669	11.711	11.752

续　表

温度/℃	0	1	2	3	4	5	6	7	8	9
290	11.793	11.835	11.876	11.918	11.959	12	12.042	12.083	12.125	12.166
300	12.207	12.249	12.29	12.332	12.373	12.415	12.456	12.498	12.539	12.581
310	12.623	12.664	12.706	12.747	12.789	12.831	12.872	12.914	12.955	12.997
320	13.039	13.08	13.122	13.164	13.205	13.247	13.289	13.331	13.372	13.414
330	13.456	13.497	13.539	13.581	13.623	13.665	13.706	13.748	13.79	13.832
340	13.874	13.915	13.957	13.999	14.041	14.083	14.125	14.167	14.208	14.25
350	14.292	14.334	14.376	14.418	14.46	14.502	14.544	14.586	14.628	14.67
360	14.712	14.754	14.796	14.838	14.88	14.922	14.964	15.006	15.048	15.09
370	15.132	15.174	15.216	15.258	15.3	15.342	15.394	15.426	15.468	15.51
380	15.552	15.594	15.636	15.679	15.721	15.763	15.805	15.847	15.889	15.931
390	15.974	16.016	16.058	16.1	16.142	16.184	16.227	16.269	16.311	16.353
400	16.395	16.438	16.48	16.522	16.564	16.607	16.649	16.691	16.733	16.776
410	16.818	16.86	16.902	16.945	16.987	17.029	17.072	17.114	17.156	17.199
420	17.241	17.283	17.326	17.368	17.41	17.453	17.495	17.537	17.58	17.622
430	17.664	17.707	17.749	17.792	17.834	17.876	17.919	17.961	18.004	18.046
440	18.088	18.131	18.173	18.216	18.258	18.301	18.343	18.385	18.428	18.47
450	18.513	18.555	18.598	18.64	18.683	18.725	18.768	18.81	18.853	18.896
460	18.938	18.98	19.023	19.065	19.108	19.15	19.193	19.235	19.278	19.32
470	19.363	19.405	19.448	19.49	19.533	19.576	19.618	19.661	19.703	19.746
480	19.788	19.831	19.873	19.916	19.959	20.001	20.044	20.086	20.129	20.172
490	20.214	20.257	20.299	20.342	20.385	20.427	20.47	20.512	20.555	20.598
500	20.64	20.683	20.725	20.768	20.811	20.853	20.896	20.938	20.981	21.024
510	21.066	21.109	21.152	21.194	21.237	21.28	21.322	21.365	21.407	21.45
520	21.493	21.535	21.578	21.621	21.663	21.706	21.749	21.791	21.834	21.876
530	21.919	21.962	22.004	22.047	22.09	22.132	22.175	22.218	22.26	22.303
540	22.346	22.388	22.431	22.473	22.516	22.559	22.601	22.644	22.687	22.729
550	22.772	22.815	22.857	22.9	22.942	22.985	23.028	23.07	23.113	23.156
560	23.198	23.241	23.284	23.326	23.369	23.411	23.454	23.497	23.539	23.582
570	23.624	23.667	23.71	23.752	23.795	23.837	23.88	23.923	23.965	24.008
580	24.05	24.093	24.136	24.178	24.221	24.263	24.306	24.348	24.391	24.434
590	24.476	24.519	24.561	24.604	24.646	24.689	24.731	24.774	24.817	24.859
600	24.902	24.944	24.987	25.029	25.072	25.114	25.157	25.199	25.242	25.284
610	25.327	25.369	25.412	25.454	25.497	25.539	25.582	25.624	25.666	25.709
620	25.751	25.794	25.836	25.879	25.921	25.964	26.006	26.048	26.091	26.133
630	26.176	26.218	26.26	26.303	26.345	26.387	26.43	26.472	26.515	26.557
640	26.599	26.642	26.684	26.726	26.769	26.811	26.853	26.896	26.938	26.98
650	27.022	27.065	27.107	27.149	27.192	27.234	27.276	27.318	27.361	27.403
660	27.445	27.487	27.529	27.572	27.614	27.656	27.698	27.74	27.783	27.825
670	27.867	27.909	27.951	27.993	28.035	28.078	28.12	28.162	28.204	28.246
680	28.288	28.33	28.372	28.414	28.456	28.498	28.54	28.583	28.625	28.667

续 表

温度/℃	0	1	2	3	4	5	6	7	8	9
690	28.709	28.751	28.793	28.835	28.877	28.919	28.961	29.002	29.044	29.086
700	29.128	29.17	29.212	29.264	29.296	29.338	29.38	29.422	29.464	29.505
710	29.547	29.589	29.631	29.673	29.715	29.756	29.798	29.84	29.882	29.924
720	29.965	30.007	30.049	30.091	30.132	30.174	30.216	20.257	30.299	30.341
730	30.383	30.424	30.466	30.508	30.549	30.591	30.632	30.674	30.716	30.757
740	30.799	30.84	30.882	30.924	30.965	31.007	31.048	31.09	31.131	31.173
750	31.214	31.256	31.297	31.339	31.38	31.422	31.463	31.504	31.546	31.587
760	31.629	31.67	31.712	31.753	31.794	31.836	31.877	31.918	31.96	32.001
770	32.042	32.084	32.125	32.166	32.207	32.249	32.29	32.331	32.372	32.414
780	32.455	32.496	32.537	32.578	32.619	32.661	32.702	32.743	32.784	32.825
790	32.866	32.907	32.948	32.99	33.031	33.072	33.113	33.154	33.195	33.236
800	33.277	33.318	33.359	33.4	33.441	33.482	33.523	33.564	33.606	33.645
810	33.686	33.727	33.768	33.809	33.85	33.891	33.931	33.972	34.013	34.054
820	34.095	34.136	34.176	34.217	34.258	34.299	34.339	34.38	34.421	34.461
830	34.502	34.543	34.583	34.624	34.665	34.705	34.746	34.787	34.827	34.868
840	34.909	34.949	34.99	35.03	35.071	35.111	35.152	35.192	35.233	35.273
850	35.314	35.354	35.395	35.435	35.476	35.516	35.557	35.597	35.637	35.678
860	35.718	35.758	35.799	35.839	35.88	35.92	35.96	36	36.041	36.081
870	36.121	36.162	36.202	36.242	36.282	36.323	36.363	36.403	36.443	36.483
880	36.524	36.564	36.604	36.644	36.684	36.724	36.764	36.804	36.844	36.885
890	36.925	36.965	37.005	37.045	37.085	37.125	37.165	37.205	37.245	37.285
900	37.325	37.365	37.405	37.443	37.484	37.524	37.564	37.604	37.644	37.684
910	37.724	37.764	37.833	37.843	37.883	37.923	37.963	38.002	38.042	38.082
920	38.122	38.162	38.201	38.241	38.281	38.32	38.36	38.4	38.439	38.479
930	38.519	38.558	38.598	38.638	38.677	38.717	38.756	38.796	38.836	38.875
940	38.915	38.954	38.994	39.033	39.073	39.112	39.152	39.191	39.231	39.27
950	39.31	39.349	39.388	39.428	39.467	39.507	39.546	39.585	39.625	39.664
960	39.703	39.743	39.782	39.821	39.861	39.9	39.939	39.979	40.018	40.057
970	40.096	40.136	40.175	40.214	40.253	40.292	40.332	40.371	40.41	40.449
980	40.488	40.527	40.566	40.605	40.645	40.634	40.723	40.762	40.801	40.84
990	40.879	40.918	40.957	40.996	41.035	41.074	41.113	41.152	41.191	41.23

附录 D
E 型热电偶分度表

热电动势(mV),参考端温度为 0℃

温度/℃	0	1	2	3	4	5	6	7	8	9
0	0	0.059	0.118	0.176	0.235	0.294	0.354	0.413	0.472	0.532
10	0.591	0.651	0.711	0.77	0.83	0.89	0.95	1.01	1.071	1.131
20	1.192	1.252	1.313	1.373	1.434	1.495	1.556	1.617	1.678	1.74
30	1.801	1.862	1.924	1.986	2.047	2.109	2.171	2.233	2.295	2.357
40	2.42	2.482	2.545	2.607	2.67	2.733	2.795	2.858	2.921	2.984
50	3.048	3.111	3.174	3.238	3.301	3.365	3.429	3.492	3.556	3.62
60	3.685	3.749	3.813	3.877	3.942	4.006	4.071	4.136	4.2	4.265
70	4.33	4.395	4.46	4.526	4.591	4.656	4.722	4.788	4.853	4.919
80	4.985	5.051	5.117	5.183	5.249	5.315	5.382	5.448	5.514	5.581
90	5.648	5.714	5.781	5.848	5.915	5.982	6.049	6.117	6.184	6.251
100	6.319	6.386	6.454	6.522	6.59	6.658	6.725	6.794	6.862	6.93
110	6.998	7.066	7.135	7.203	7.272	7.341	7.409	7.478	7.547	7.616
120	7.685	7.754	7.823	7.892	7.962	8.031	8.101	8.17	8.24	8.309
130	8.379	8.449	8.519	8.589	8.659	8.729	8.799	8.869	8.94	9.01
140	9.081	9.151	9.222	9.292	9.363	9.434	9.505	9.576	9.647	9.718
150	9.789	9.86	9.931	10.003	10.074	10.145	10.217	10.288	10.36	10.432
160	10.503	10.575	10.647	10.719	10.791	10.863	10.935	11.007	11.08	11.152
170	11.224	11.297	11.369	11.442	11.514	11.587	11.66	11.733	11.805	11.878
180	11.951	12.024	12.097	12.17	12.243	12.317	12.39	12.463	12.537	12.61
190	12.684	12.757	12.831	12.904	12.978	13.052	13.126	13.199	13.273	13.347
200	13.421	13.495	13.569	13.644	13.718	13.792	13.866	13.941	14.015	14.09
210	14.164	14.239	14.313	14.388	14.463	14.537	14.612	14.687	14.762	14.837
220	14.912	14.987	15.062	15.137	15.212	15.287	15.362	15.438	15.513	15.588
230	15.664	15.739	15.815	15.89	15.966	16.041	16.117	16.193	16.269	16.344
240	16.42	16.496	16.572	16.648	16.724	16.8	16.876	16.952	17.028	17.104
250	17.181	17.257	17.333	17.409	17.486	17.562	17.639	17.715	17.792	17.868
260	17.945	18.021	18.098	18.175	18.252	18.328	18.405	18.482	18.559	18.636
270	18.713	18.79	18.867	18.944	19.021	19.098	19.175	19.252	19.33	19.407
280	19.484	19.561	19.639	19.716	19.794	19.871	19.948	20.026	20.103	20.181

续 表

温度/℃	0	.1	2	3	4	5	6	7	8	9
290	20.259	20.336	20.414	20.492	20.569	20.647	20.725	20.803	20.88	20.958
300	21.036	21.114	21.192	21.27	21.348	21.426	21.504	21.582	21.66	21.739
310	21.817	21.895	21.973	22.051	55.13	22.208	22.286	22.365	22.443	22.522
320	22.6	22.678	22.757	22.835	22.914	22.993	23.071	23.15	23.228	23.307
330	23.386	23.464	23.543	23.622	23.701	23.78	23.858	23.937	24.016	24.095
340	24.174	24.253	24.332	24.411	24.49	24.569	24.648	24.727	24.806	24.885
350	24.964	25.044	25.123	25.202	25.281	25.36	25.44	25.519	25.598	25.678
360	25.757	25.836	25.916	25.995	26.075	26.154	26.233	26.313	26.392	26.472
370	26.552	26.631	26.711	26.79	26.87	26.95	27.029	27.109	27.189	27.268
380	27.348	27.428	27.507	27.587	27.667	27.747	27.827	27.907	27.986	28.066
390	28.146	28.226	28.306	28.386	28.466	28.546	28.626	28.706	28.786	28.866
400	28.946	29.026	29.106	29.186	29.266	29.346	29.427	29.507	29.587	29.667
410	29.747	29.827	29.908	29.988	30.068	30.148	30.229	30.309	30.389	30.47
420	30.55	30.63	30.711	30.791	30.871	30.952	31.032	31.112	31.193	31.273
430	31.354	31.434	31.515	31.595	31.676	31.756	31.837	31.917	31.998	32.078
440	32.159	32.239	32.32	32.4	32.481	32.562	32.642	32.723	32.803	32.884
450	32.965	33.045	33.126	33.027	33.287	33.368	33.449	33.529	33.61	33.691
460	33.772	33.852	33.933	34.014	34.095	37.175	34.256	34.337	34.418	34.498
470	34.579	34.66	34.741	34.822	34.902	34.983	35.064	35.145	35.226	35.307
480	35.387	35.468	35.549	35.63	35.711	35.792	35.873	35.954	36.034	36.115
490	36.196	36.277	36.358	36.439	36.52	36.601	36.682	36.763	36.843	36.924
500	37.005	37.086	37.167	37.248	37.329	37.41	37.491	37.572	37.653	67.734
510	37.815	37.896	37.977	38.058	38.139	38.22	38.3	38.381	38.462	38.543
520	38.624	38.705	38.786	38.867	38.948	39.029	39.11	39.191	39.272	39.353
530	39.434	39.515	39.596	39.677	39.758	39.839	39.92	40.001	40.082	40.163
540	40.243	40.324	40.405	40.486	40.567	40.648	40.729	40.81	40.891	40.972
550	41.053	41.134	41.215	41.296	41.377	41.457	41.538	41.619	41.7	41.781
560	41.862	41.943	42.024	42.105	42.185	42.266	42.347	42.428	42.509	42.59
570	42.671	42.751	42.832	42.913	42.994	43.075	43.156	43.236	43.317	43.398
580	43.479	43.56	43.64	43.721	43.802	43.883	43.963	44.044	44.125	44.206
590	44.286	44.367	44.448	44.529	44.609	44.69	44.771	44.851	44.932	45.013
600	45.093	45.174	45.255	45.335	45.416	45.497	45.577	45.658	45.738	45.819
610	45.9	45.98	46.061	46.141	46.222	46.302	46.383	46.463	46.544	46.624
620	46.705	46.785	46.866	46.946	47.027	47.107	47.188	47.268	47.349	47.429
630	47.509	47.59	47.67	47.751	47.831	47.911	47.992	48.072	48.152	48.233
640	48.313	48.393	48.474	48.554	48.634	48.715	48.795	48.875	48.955	49.035
650	49.116	49.196	49.276	49.356	49.436	49.517	49.597	49.677	49.757	49.837
660	49.917	49.997	50.077	50.157	50.238	50.318	50.398	50.478	50.558	50.638
670	50.718	50.798	50.878	50.958	51.038	51.118	51.197	51.277	51.357	51.437
680	51.517	51.597	51.677	51.757	51.837	51.916	51.996	52.076	52.156	52.236

续　表

温度/℃	0	1	2	3	4	5	6	7	8	9
690	52.315	52.395	52.475	52.555	52.634	52.714	52.794	52.873	52.953	53.033
700	53.112	53.192	53.272	53.351	53.431	53.51	53.59	53.67	53.749	53.829
710	53.908	53.988	54.067	54.147	54.226	54.306	54.385	54.465	54.544	54.624
720	54.703	54.782	54.862	54.941	55.021	55.1	55.179	55.259	55.338	55.417
730	55.497	55.576	55.655	55.734	55.814	55.893	55.972	56.051	56.131	56.21
740	56.289	56.368	56.447	56.526	56.606	56.685	56.764	56.843	56.922	57.001
750	57.08	57.159	57.238	57.317	57.396	57.475	57.554	57.633	57.712	57.791
760	57.87	57.949	58.028	58.107	58.186	58.265	58.343	58.422	58.501	58.58
770	58.659	58.738	58.816	58.895	58.974	59.053	59.131	59.21	59.289	59.367
780	59.446	59.525	59.604	59.682	59.761	59.839	59.918	59.997	60.075	60.154
790	60.232	60.311	60.39	60.468	60.547	60.625	60.704	60.782	60.86	60.939
800	61.017	61.096	61.174	61.253	61.331	61.409	61.488	61.566	61.644	61.723
810	61.801	61.879	61.958	62.036	62.114	62.192	62.271	62.349	62.427	62.505
820	62.583	62.662	62.74	62.818	62.896	62.974	63.052	63.13	63.208	63.286
830	63.364	63.442	63.52	63.598	63.676	63.754	63.832	63.91	63.988	64.066
840	64.144	64.222	64.3	64.377	64.455	64.533	64.611	64.689	64.766	64.844
850	64.922	65	65.077	65.155	65.233	65.31	65.388	65.465	65.543	65.621
860	65.698	65.776	65.853	65.931	66.008	66.086	66.163	66.241	66.318	66.396
870	66.473	66.55	66.628	66.705	66.782	66.86	66.937	67.014	67.092	67.169
880	67.246	67.323	67.4	67.478	67.555	67.632	67.709	67.786	67.863	67.94
890	68.017	68.094	68.171	68.248	68.325	68.402	68.479	68.556	68.633	68.71
900	68.787	68.863	68.94	69.017	69.094	69.171	69.247	69.324	69.401	69.477
910	69.554	69.631	69.707	69.784	69.86	69.937	70.013	70.09	70.166	70.243
920	70.319	70.396	70.472	70.548	70.625	70.701	70.777	70.854	70.93	71.006
930	71.082	71.159	71.235	71.311	71.387	71.463	71.539	71.615	71.692	71.768
940	71.844	71.92	71.996	72.072	72.147	72.223	72.299	72.375	72.451	72.527
950	72.603	72.678	72.754	72.83	72.906	72.981	73.057	73.133	73.208	73.284
960	73.36	73.435	73.511	73.586	73.662	73.738	73.813	73.889	73.964	74.04
970	74.115	74.19	74.266	74.341	74.417	74.492	74.567	74.643	74.718	74.793
980	74.869	74.944	75.019	75.095	75.17	75.245	75.32	75.395	75.471	75.546
990	75.621	75.696	75.771	75.847	75.922	75.997	76.072	76.147	76.223	76.298

参考文献

[1] 朱仁庆,杨松林,杨大明. 实验流体力学[M].北京:国防工业出版社, 2005.

[2] 王铁城. 空气动力学实验技术[M]. 修订版. 北京:航空工业出版社, 1995.

[3] 徐挺. 相似理论与模型试验[M]. 北京:中国农业机械出版社, 1982.

[4] 恽起麟. 风洞实验[M]. 北京:国防工业出版社, 2002.

[5] 刘伟雄, 吴颖川, 王泽江, 等. 超燃冲压发动机风洞试验技术[M]. 北京:国防工业出版社, 2019.

[6] 谈庆明. 量纲分析[M]. 合肥:中国科学技术大学出版社, 2005.

[7] 曾明, 刘伟, 邹建军. 空气动力学基础[M]. 北京:科学出版社, 2016.

[8] 吴建平. 传感器原理及应用.第 3 版[M]. 北京:机械工业出版社, 2016.

[9] 祝诗平, 李鸿征, 朱杰斌. 传感器与检测技术[M]. 北京:北京大学出版社, 2006.

[10] 伍荣林. 风洞设计原理[M]. 北京:北京航空学院出版社, 1985.

[11] 李周复. 风洞试验手册[M]. 北京:航空工业出版社, 2015.

[12] 易仕和, 赵玉新, 何霖, 等. 超声速与高超声速喷管设计[M]. 北京:国防工业出版社, 2013.

[13] 张敏莉. 超声速喷管设计 [D]. 长沙:国防科学技术大学, 2007.

[14] Lafferty J F, Norris J D. Measurements of fluctuating pitot pressure, "Tunnel Noise", in the AEDC Hypervelocity Wind Tunnel No. 9[R]. AIAA 2007 - 1678, 2007.

[15] 刘云峰,汪运鹏,苑朝凯,等. JF12 长实验时间激波风洞 10°尖锥气动力实验研究[J]. 气体物理, 2017,2(2):1 - 7.

[16] 任思根. 实验空气动力学[M]. 北京:中国宇航出版社, 1996.

[17] Tropea C, Yarin A L, Foss John F. Springer Handbook of Experimental Fluid Mechanics[M]. Berlin: Springer, 2007.

[18] 唐娟. 稀土掺杂铕配合物的制备及其温敏漆性能研究 [D]. 长春:长春理工大学, 2020.

[19] Peng D, Jiao L, Sun Z, et al. Simultaneous PSP and TSP measurements of transient flow in a long-duration hypersonic tunnel[J]. Experiments in Fluids, 2016; 57(12): 188.

[20] 万金庆,陈占秀,关欣. 热工测量 [M]. 北京:机械工业出版社, 2013.

[21] 周庆,R. Haag, 王磊. 实用流量仪表的原理及其应用 [M]. 2 版. 北京:国防工业出版社,2008.

[22] 章鹏. 多孔探针移测系统研究 [D]. 南京:南京航空航天大学, 2017.

[23] 颜大椿. 实验流体力学[M]. 北京:高等教育出版社, 1992.

[24] 钟志鹏. 基于 STM32 高频响热线风速仪的研制 [D]. 南京:南京理工大学, 2016.

[25] 戴昌辉. 流体流动测量[M]. 北京:航空工业出版社, 1992.

[26] 郭隆德. 风洞非接触测量技术[M]. 北京:国防工业出版社, 2013.

[27] 田海平. 壁湍流相干结构及超疏水壁面减阻机理的 PIV 实验研究 [D]. 天津:天津大学, 2017.

[28] 包全. 层析粒子图像测速技术几个关键问题研究及湍流边界层 Tomo-TRPIV 测量 [D]. 天津:天

津大学, 2014.
[29] Chanetz B, Délery J, Gilliéron P, et al. Experimental Aerodynamics: An Introductory Guide[M]. Berlin: Springer, 2020.
[30] 刘沛清. 流体力学通论[M]. 北京: 科学出版社, 2017.
[31] Gardiner W C, Hidaka Y, Tanzawa T. Refractivity of combustion gases[J]. Combustion and Flame, 1981, 40: 213-219.
[32] Kaushik M. Theoretical and Experimental Aerodynamics[M]. Berlin: Springer, 2019.
[33] 范洁川. 近代流动显示技术[M]. 北京: 国防工业出版社, 2002.
[34] 惠增宏,侯金玉,邓磊. 荧光微丝在低速风洞试验中应用的关键技术研究[J]. 实验流体力学, 2015,29(1): 92-96.